中国大学生劳动素养状况研究报告（2023）

Research report on labor competences of Chinese university students (2023)

任国友　石　晶　主编

气象出版社
China Meteorological Press

内容简介

劳动教育在2018年全国教育大会上被提出并成为与德智体美并重的国家教育战略，大学生劳动素养评价由此成为一个重要的前沿学术问题。本书以高校大学生为研究对象，在新时代的视角下分五个维度探讨了高校大学生劳动素养状况，并给出了大学生劳动素养培育的对策和建议。本书分为主报告、分报告和专题报告三部分。主报告为《中国大学生劳动素养指数及趋势分析》，分报告包括《高校大学生劳动价值观状况调查》《高校大学生劳动知识状况调查》《高校大学生劳动能力状况调查》《高校大学生劳动素质状况调查》《高校大学生劳动认知状况调查》，专题报告包括《北京L高校大学生家务劳动状况调查》《北京S高校大学生职业生涯规划与就业能力调查》《上海Y高校大学生志愿服务与公益劳动调查》《山东G高校大学生生产实习状况调查》。

本书既可供高校相关专业师生教学研究使用，也可供教育部门制定劳动教育相关政策阅读参考。

图书在版编目（CIP）数据

中国大学生劳动素养状况研究报告. 2023 / 任国友，石晶主编. -- 北京 : 气象出版社, 2024. 10. -- ISBN 978-7-5029-8320-8

Ⅰ. G40-015

中国国家版本馆CIP数据核字第2024T1R884号

中国大学生劳动素养状况研究报告(2023)

ZHONGGUO DAXUESHENG LAODONG SUYANG ZHUANGKUANG YANJIU BAOGAO（2023）

任国友　石　晶　**主编**

出版发行：气象出版社

地　　址：北京市海淀区中关村南大街46号　　**邮政编码**：100081

电　　话：010-68407112(总编室)　010-68408042(发行部)

网　　址：http://www.qxcbs.com　　**E-mail**：qxcbs@cma.gov.cn

责任编辑：彭淑凡　　**终　　审**：张　斌

责任校对：张硕杰　　**责任技编**：赵相宁

封面设计：楠竹文化

印　　刷：北京中石油彩色印刷有限责任公司

开　　本：710 mm×1000 mm　1/16　　**印　　张**：18.25

字　　数：378千字

版　　次：2024年10月第1版　　**印　　次**：2024年10月第1次印刷

定　　价：78.00元

《中国大学生劳动素养状况研究报告(2023)》

编写委员会

顾　　问：刘向兵

主　　编：任国友　石　晶

编写人员（按姓氏笔画排序）：

王　坤　王永柱　石　晶　任国友

刘　燕　孙　娟　李　陶　杨鑫刚

余志红　罗　广　胡广霞　钱雪骏

窦培谦

前　言

劳动素养是新时代大学生的核心素养，更是新时代劳动教育的核心目标，集中体现了劳动教育特有的育人价值。2018 年 9 月，习近平总书记在全国教育大会上提出了培养德智体美劳全面发展的社会主义建设者和接班人的人才培养目标，高等学校（简称高校）劳动教育进入更高质量发展的新时代。面对日新月异的社会与经济变革，着力培养大学生良好的劳动素养以适应人的全面发展和社会全面进步成为新时代劳动教育的根本问题。进入新时代以来，特别是近五年中国特色的劳动教育发生了根本性变化，从传统劳动教育快速迈上了新时代劳动教育更高质量发展的新征程，中国大学生劳动素养状况也发生了重大变化。党的二十大报告指出："办好人民满意的教育……全面贯彻党的教育方针，落实立德树人根本任务，培养德智体美劳全面发展的社会主义建设者和接班人。坚持以人民为中心发展教育，加快建设高质量教育体系，发展素质教育，促进教育公平。"那么，站在新时代的历史交汇点上回溯：高校大学生劳动教育实施效果如何评价？中国大学生劳动素养状况发展变化趋势又将如何？《中国大学生劳动素养状况研究报告（2023）》从中国大学生劳动素养总体状况指数和劳动认知、劳动知识、劳动能力、劳动素质、劳动价值观五个维度进行了深入分析，同时结合典型高校、典型群体、典型案例的深度调查研究，首次全面、客观、定量地反映当前中国高校大学生劳动素养的整体状况、区域特征和发展趋势。

中国大学生劳动素养评价科研团队依托职业风险与劳动素养评价研究所、大数据与安全研究所科研平台，积极发挥中国劳动关系学院劳动＋学科、专业群优势，在国内首次提出"中国大学生劳动素养指数"，填补了该领域的研究空白。开展大学生劳动素养研究源于以下三个方面的考虑。

一是如何传承劳动文化基因，赓续劳动素养更高质量提升。劳动文化传承的重点在于深刻认识劳动是人和人类社会产生与发展的本源和根本动力，是中华文化的源头①。“劳动”一词最早见于《庄子·让王》中的“春耕种,形足以劳动”,这里的“劳动”指的是操作或活动。“凡天下群百工,轮车鞼鞄,陶冶梓匠,使各从事其所能。”追根溯源,劳动教育发端于中国古代长期的农业耕种生产活动和技艺教育。中华民族自古以来就是一个热爱劳动的民族,劳动人民自强不息,用劳动创造了美好生活和灿烂文化,形成了“崇尚劳动、热爱劳动、辛勤劳动、诚实劳动”的劳动精神。勤于劳动、热爱劳动是根植于中华儿女内心深处的文化基因,绵延不断的劳动文化传承使我们的生活发生了翻天覆地的变化,从“解决温饱问题”到“建设小康社会”,再到“全面建设小康社会”,到如今的“全面建成小康社会”,这一历程告诉我们,劳动是人类生存和发展的基础,劳动成就了人的全面发展,劳动赓续着人类劳动素养的提升。

二是如何强化教育劳育目标,推动劳动教育更高质量开展。教育是国之大计、党之大计,劳动教育是高校立德树人的重要内容。党的二十大报告指出:“培养什么人、怎样培养人、为谁培养人是教育的根本问题。”2018 年 9 月,习近平总书记在全国教育大会上指出,培养德智体美劳全面发展的社会主义建设者和接班人,加快推进教育现代化、建设教育强国、办好人民满意的教育,明确要求要在学生中弘扬劳动精神,教育引导学生崇尚劳动、尊重劳动,懂得劳动最光荣、劳动最崇高、劳动最伟大、劳动最美丽的道理,长大后能够辛勤劳动、诚实劳动、创造性劳动。这是从战略高度对劳动教育的顶层设计,是从新时代角度对劳动教育的科学擘画,是将马克思主义劳动观与新时代中国教育实际相结合提出的新论断。2020 年 3 月,中共中央、国务院印发《关于全面加强新时代大中小学劳动教育的意见》(以下简称《意见》)指出:“劳动教育是中国特色社会主义教育制度的重要内容,直接决定社会主义建设者和接班人的劳动精神面貌、劳动价值取向和劳动技能水平。”2020 年 7 月,教育部印发《大中小学劳动教育指导纲要(试行)》(以下简称《纲要》)明确提出:“普通高等学校要将劳动教育有机纳入专业教育、创新创业教育,不断深化产教融合,强化劳动锻炼要求,加强高等学校与行业骨干企业、高新企业、中小微企业紧密协同,推动人才培养模式改革。”劳动教育作为教育的重要组成部分,已成为推动新时代高等教育全面发展的基本方向和重要内核。

三是如何评价劳动素养状况,服务学生更高质量全面发展。劳动素养是衡量劳动教育成效的重要指标,是劳动教育培养目标的具体阐述与可操作性表达,更是落实劳动教育的重要手段与必要途径②,其核心是培养正确的劳动价值观,培养有劳动素养的时代新人。党的二十大报告提出:“提高全社会文明程度。实施公民道

① 王飞.新时代劳动教育核心素养的体系构建与培育路径[J].北京教育学院学报,2022,36(3):61-68.

② 杨秋月,顾建军.新时代职业院校学生劳动素养评价指标体系构建与培养路径研究[J].职教论坛,2022,38(7):81-86.

德建设工程，弘扬中华传统美德，加强家庭家教家风建设，加强和改进未成年人思想道德建设，推动明大德、守公德、严私德，提高人民道德水准和文明素养……在全社会弘扬劳动精神、奋斗精神、奉献精神、创造精神、勤俭节约精神，培育时代新风新貌。"2022 年，教育部制定的《义务教育课程方案和课程标准(2022 年版)》将劳动从综合实践活动课程中独立出来，制定了独立的《义务教育劳动课程标准(2022 年版)》(以下简称《劳动新课标》)，指出："劳动课程要培养的核心素养，即劳动素养，主要是指学生在学习与劳动实践过程中逐步形成的适应个人终身发展和社会发展需要的正确价值观、必备品格和关键能力，是劳动课程育人价值的集中体现，主要包括劳动观念、劳动能力、劳动习惯和品质、劳动精神。"《意见》明确指出"把劳动素养评价结果作为衡量学生全面发展情况的重要内容"。《纲要》也明确指出："将劳动素养纳入学生综合素质评价体系。"劳可树德、劳可增智、劳可强体、劳可育美，凸显了劳动素养在全面育人体系中的不可替代性。换言之，劳动素养是衡量劳动教育效果的核心指标，开展高校大学生劳动素养评价意义重大。

《中国大学生劳动素养状况研究报告(2023)》是中国大学生劳动素养状况评价的首部年度报告，也是全面总结、定量评价中国高校大学生劳动教育开展效果的第一部系统研究报告，共分为三个部分。

第一部分是主报告，提出"中国大学生劳动素养指数"及其评价指标体系。通过全国高校抽样样本大数据调查，定量化测算了中国大学生劳动素养指数，客观地诠释了中国高校大学生劳动素养的区域分布特征和整体状况。

第二部分是分报告，主要描述与大学生劳动素养状况相关的劳动价值观、劳动知识、劳动能力、劳动素质和劳动认知等年度分报告。

第三部分是专题报告，是课题团队在 2022 年围绕大学生劳动素养状况进行的专题调查，主要包括大学生家务劳动状况调查、大学生职业生涯规划与就业能力调查、大学生志愿与公益劳动调查和工科大学生生产实习状况调查。

最后还给出了相关图书列表，主要汇编了 2018—2022 年劳动与职业素养类图书清单，供读者全面了解大学生劳动素养评价研究的经典著作。

《中国劳动教育发展报告(2022)》[①]提出，当前劳动教育政策体系更加健全，劳动教育基础理论研究更加深入，教育系统内外相互配合，各级政府和教育行政部门共同努力，各级各类学校劳动教育开展形式更加多元，劳动教育资源保障更为有力，劳动教育受到越来越多的关注，形成了广泛共识，取得了显著进展。《中国大学生劳动素养状况研究报告(2023)》研究成果恰恰反映和印证了新时代劳动教育下大学生劳动素养的新变化和新特征。

中国劳动关系学院是中华全国总工会直属的唯一一所普通本科院校，已经发

① 曲霞，党印. 中国劳动教育发展报告(2022)[M]. 北京：社会科学文献出版社，2022.

展成为劳动和工会领域学科门类较为齐全、完整的大学。中国大学生劳动素养评价团队成员主要来自中国劳动关系学院和100余所全国高校中劳动教育领域研究学者，经过五年的协同创新研究，完成了“中国大学生劳动素养指数”的体系构建和评价方法，实施了大学生劳动素养评价的全国抽样大数据调查。

《中国大学生劳动素养状况研究报告（2023）》是中国劳动关系学院2022年特别委托项目的阶段成果之一，是面向全国七大地理分区（包括华北、华东、东北、华中、华南、西南、西北地区）31个省级行政区（包括22个省、5个自治区、4个直辖市，暂不考虑港澳台地区）中358所高校参与的大数据调查成果，定量化呈现了当前中国高校大学生劳动素养状况的发展趋势，客观反映了当前高校大学生劳动教育开展的实际效果，既可以为政府教学部门制定劳动教育政策和各类高等学校开展劳动教育及学生劳动素养评价提供参考依据，又能为研究人员、高校教师、研究生等在研究、教学及学习时提供多角度的研究信息和第一手资料。

在《中国大学生劳动素养状况研究报告（2023）》编制过程中，中国高等教育学会劳动教育专业委员会理事长、中国劳动关系学院党委书记刘向兵作为顾问对课题组的工作给予了全面指导与大力支持，中国劳动关系学院科研处处长燕晓飞、劳动教育学院副院长党印以及职业风险与劳动素养评价研究所、安全工程学院的全体老师也给予了大力支持，在此一并表示衷心感谢！感谢研究生段珂然、刘少东、甄士斌、杨茂玮参与问卷调查和部分数据采集工作！

最后，因调查数据和资料有限，对大学生劳动素养评价探索也刚刚起步，其中相关内容的问题很多，本书只是高校大学生劳动素养状况调查成果的初步总结，难免存在疏漏甚至不当之处，敬请读者多提宝贵意见，以便我们在今后的研究与调查中加以总结和改进，更加全面、客观、及时地做好大学生劳动素养状况研究报告的编写工作。

《中国大学生劳动素养状况研究报告（2023）》编写委员会
2023年12月

目　录

第三部分　专题报告

附 录

第一部分

主报告

中国大学生劳动素养指数及趋势分析

任国友[①] 石 晶[②]

摘要:2018年以来,中国对大学生劳动素养的认识突破了传统劳动教育的局限,确立了"培养德智体美劳全面发展的社会主义建设者和接班人"的人才培养目标,推动德智体美劳"五育"融合发展,意义重大。如何科学衡量劳动教育效果成为当前劳动素养评价的重要任务和首要目标。本文以劳动为认识起点,基于生命历程下的学段单元劳动素养动态形成机理模型,提出大学生劳动素养概念及其评价指标体系,建立中国大学生劳动素养指数测算方法,客观反映当前中国大学生劳动素养的整体状况、区域特征和发展趋势。

关键词:劳动教育 劳动素养 大学生劳动素养指数 区域特征

一、中国大学生劳动素养指数的提出依据

(一)2012—2022年劳动素养研究趋势分析

以中国知网(CNKI)为来源数据库,以"劳动素养"为主题词,以1949年10月1日和2022年12月31日为起止时间节点,运用Cite Space软件进行了劳动素养知识图谱大数据分析。1949—2022年共计检索到1676篇(其中包括学术期刊论文520篇、学位论文404篇),其中2012—2022年共计检索到1660篇(其中包括学术期刊论文512篇、学位论文403篇)。1949—2022年劳动素养期刊论文发文量和基本趋势见图1。2012年后伴随着新时代劳动教育战略的全面实施,逐步突破传统劳动教育的束缚,特别是2018年全国教育大会之后,劳动素养研究发文量呈快速上升趋势(图2),其中"劳动素养评价"成为一个前沿研究领域和方向。

---

① 任国友,男,教授,硕士生导师,教育部首批课程思政教学名师、教学团队负责人、安全工程学科带头人,中国劳动关系学院安全工程学院副院长、职业风险与劳动素养评价研究所所长,主要从事城市公共安全科学与技术、工业安全与风险评估、应急决策与仿真分析、劳动风险与大数据研究。

② 石晶,女,副教授,硕士生导师,中国劳动关系学院人事处副处长、教师发展中心副主任、职业卫生工程系副主任,主要从事安全工程、职业卫生工程、应急管理研究。

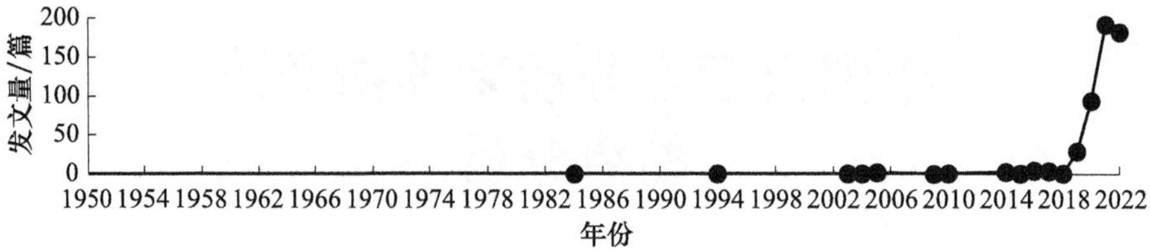

图 1　1949—2022 年劳动素养研究期刊论文发文量及其趋势

图 2　2012—2022 年劳动素养研究期刊论文和学位论文发文量及其趋势

1. 劳动素养研究成果的高产出作者

如图 3 所示，劳动素养研究成果作者主要来自师范类重点大学和劳动类大学。排在前 3 名的是顾建军(发文 8 篇)、曲霞(发文 4 篇)和张瑞青(发文 4 篇)等。

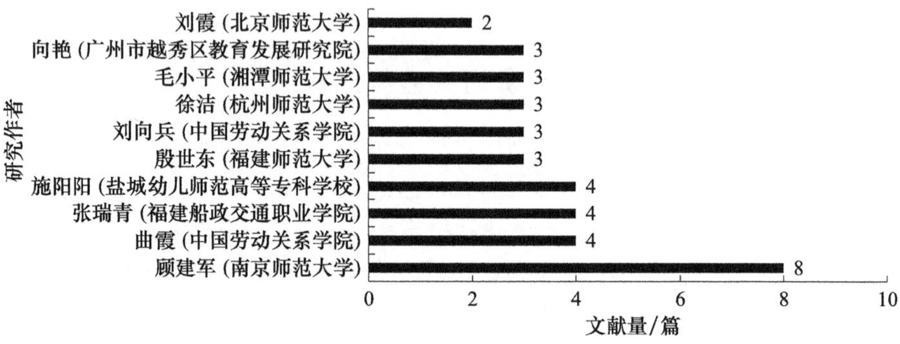

图 3　2012—2022 年劳动素养研究成果高产出作者的基本情况

2. 劳动素养研究的主要机构

如图 4 所示，研究文献的主要产出机构集中在师范类大学，排在前 3 名的是北京师范大学(发文 12 篇)、南京师范大学(发文 11 篇)和西南大学(发文 9 篇)等。

3. 劳动素养研究成果的主要刊出期刊

如图 5 所示，文献来源主要集中在教育领域重要期刊。排在前 3 名的是《中国教育学刊》(发文 7 篇)、《中国职业技术教育》(发文 5 篇)和《教育发展研究》(发文 4 篇)等。

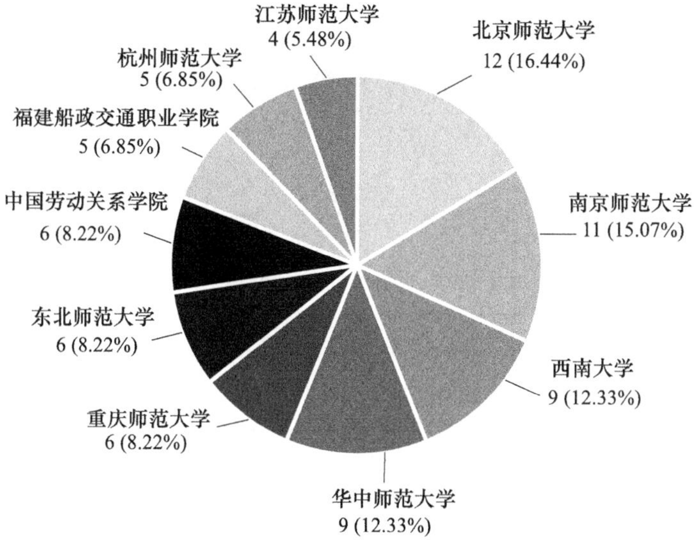

图 4 2012—2022 年劳动素养研究成果产出机构的基本情况

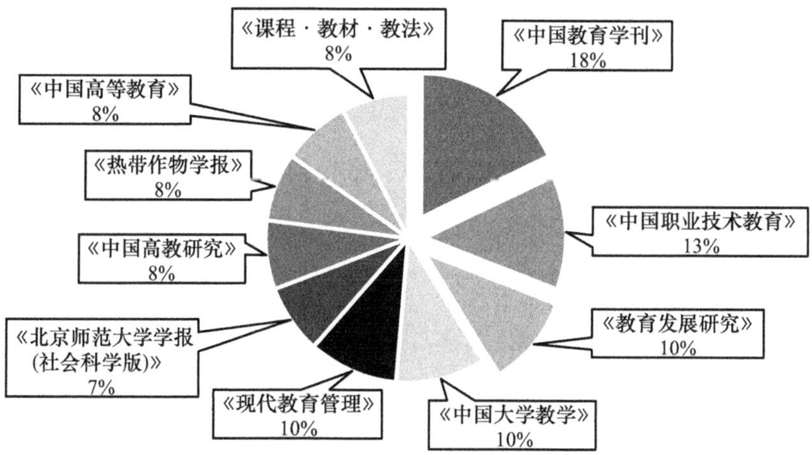

图 5 2012—2022 年劳动素养研究成果刊出期刊的基本情况

4. 劳动素养研究的学科分布

如图 6 所示，研究学科排在前 3 名的是职业教育（发文 148 篇）、高等教育（发文 110 篇）、中等教育（发文 107 篇）。可见，职业教育、高等教育和中等教育成为主流研究学科。

5. 劳动素养研究的资助基金

如图 7 所示，有关研究基金排在前 3 名的是全国教育科学规划课题（资助 25 项）、江苏省教育厅高等学校哲学社会科学基金项目（资助 20 项）和国家社会科学基金项目（资助 19 项）。

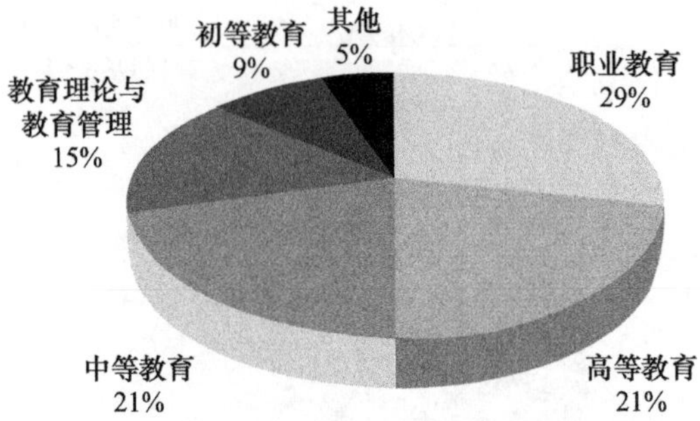

图 6　2012—2022 年劳动素养研究学科的基本情况

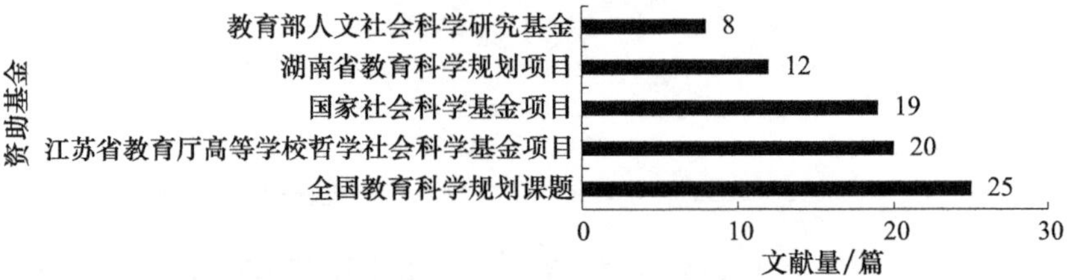

图 7　2012—2022 年劳动素养研究基金的基本情况

6. 劳动素养研究的热点主题

如图 8 所示,从研究的主要主题来看,排在前 5 名的是劳动教育(发文 271 篇)、劳动素养评价(发文 70 篇)、高职院校(发文 53 篇)、新时代(发文 38 篇)和核心素养(发文 27 篇)。如图 9 所示,从研究的次要主题来看,排在前 5 名的是劳动价值观(发文 59 篇)、劳动素养(发文 56 篇)、劳动教育(发文 45 篇)、劳动技能(发文 35 篇)和劳动习惯(发文 23 篇)。总之,劳动教育与劳动素养成为当前劳动领域研究的热点主题。

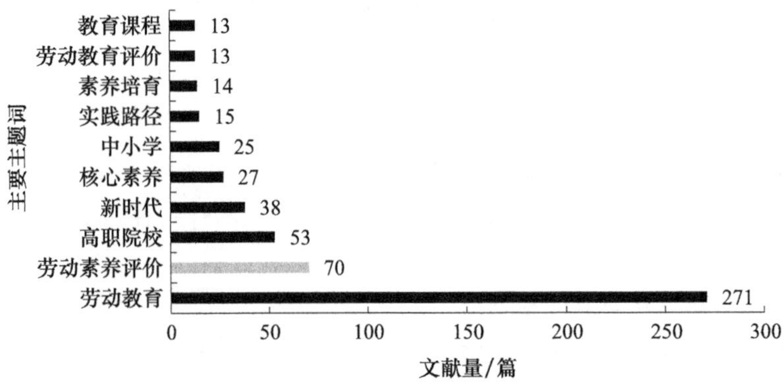

图 8　2012—2022 年劳动素养研究的主要主题情况

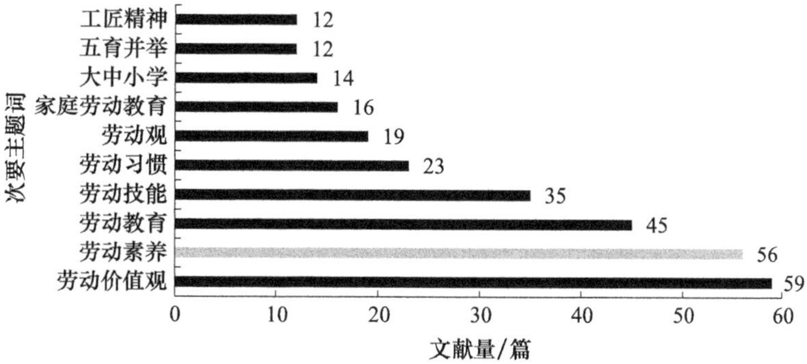

图 9 2012—2022 年劳动素养研究的次要主题情况

(二)大学生劳动素养概念的提出及内涵界定

1. 素养概念的提出与内涵界定

在中文语境里,“素养”(competencies)一词最早出现在《汉书 · 李寻传》:“马不伏历(枥),不可以趋道;士不素养,不可以重国。”在现代汉语中,一般意指“平日的修养”(中国社会科学院语言研究所词典编辑室,2005),与“素质”“能力”“技能”“知能”等词意义相近。在英文语境下,一般认为人的技能、态度和知识综合构成素养的内涵(Stoof et al.,2002)。相较而言,“素养”一词更为全面,主要体现为个体在面对生活情境中的实际问题与可能的挑战时,能够运用知识、能力与态度,采取有效行动,以满足生活情境的复杂需要,达到目的或解决问题(林崇德,2016)。可见,素养作为人的内在身心特征决定着人的外部行为(活动)的状况与质量(钟苗,2021)。事实上,素养概念的演变与人类进步与社会发展密切相关,反映了人在不同社会发展阶段的需求,其范畴超越了行为主义层面的能力,涵盖态度(观念)、知识、能力、素质等方面,具有指向未来、不断优化发展的动态性、多维性和复杂性。在以农业经济形态为主导的古代社会背景下,人才的培养重视道德品性;在以工业经济形态为主导的现代社会背景下,人才的培养重视能力本位;在以数字经济为主导的当代社会背景下,人才的培养则重视核心素养。

一般而言,核心素养的内涵从实质上强调学生在接受相应学段的教育过程中,逐步形成的适应个人终身发展和社会发展需要的必备品格与关键能力(林崇德,2017a)。Spencer 等(1993)提出“冰山模型”,认为人的素养既包括外显表现,也包括潜在特质,是指一个人所具备的外显特质和潜在特质的总和,是执行某项特定工作所需要具备的关键能力。Jones 等(2002)在研究中进一步指出,素养是知识、技能、能力在相关工作领域与个体特质相互作用的结果,是个体学习经验的整合,并通过一定的方式表现出来(图 10),重视学习经验、整合过程与表现评价(蔡瑞林等,2021b)。总之,素养是一个多维分析视角的新概念,不仅包括外显的知识迁移和问题解决能力,而且也包括内隐的价值认知和情感态度。

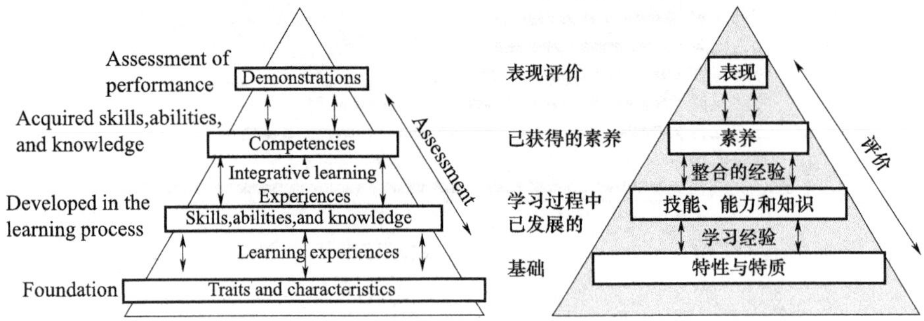

(a) 英文原文 (b) 中文译文

图 10 素养的形成与表现

2. 核心素养概念的提出与理论演化

劳动素养概念的提出经历了核心素养的演化阶段。面对日新月异的社会与经济变革,国际组织和世界各国在教育实践中均重视培养学生的核心素养,以适应个人终身发展和社会发展的需要(王晖 等,2022),其内涵在不断丰富和完善,体现出对劳动素养指标的关注。经合组织(Organization for Economic Co-operation and Development, OECD)最早于 1997 年提出“能互动地使用工具、能在异质社会团体中互动、能自主地行动”三类核心素养。同时,2017 年在哈佛大学发布的《PISA 全球素养框架》提出“创新素养、应变能力和责任感”这三类素养的培育与鼓励学生养成创造性的劳动态度、形成健康的劳动价值观等紧密关联。联合国教科文组织(United Nations Educational, Scientific and Cultural Organization, UNESCO) 2003 年提出“学会求知、学会做事、学会共处、学会发展、学会改变”即“五大学习之柱”作为终身学习关键能力,强调了劳动素养对于学生未来生存与发展的不可替代性,体现了劳动教育的重要性,其中“做事”是劳动的本质,生存中离不开劳动。欧盟(European Union, EU)2005 年发布《终身学习核心素养:欧盟参考架构》,从知识、技能和态度维度提出八类核心素养,指出基本的语言、文字、数学、信息能力是终身学习的基础。此外,世界各国虽略有差异,但总体认识趋于一致。例如,美国强调“生活与职业生涯技能,学习与创新技能,信息、媒体与科技技能”;法国则强调“知识、技能和社交能力”;德国则强调“专业能力、社会能力和自主能力”。

以上核心素养理论认识与实践探索为中国学生核心素养体系与框架提供了借鉴案例与参考样本。2016 年,在借鉴国际经验的基础上,考虑中国国情特点,教育部发布的《中国学生发展核心素养》提出以培养“全面发展的人”为核心,将学生发展核心素养细化为“人文底蕴、科学精神、学会学习、健康生活、责任担当、实践创新”六大素养（林崇德，2017b），见图 11。其中，实践创新素养要求学生具备“劳动意识”，劳动素养成为核心素养的重要内容（崔杨 等，2021）。具体含义包括尊重劳动，具有积极的劳动态度和良好的劳动习惯；具有动手操作能力，掌握一定的劳动技能；在主动参加的家务劳动、生产劳动、公益活动和社会实践中，具有改进和创新劳动方式、提高劳动效率的意识；具有通过诚实合法劳动创造成功生活的意识和行动等内容。总之，中国特色的学生核心素养明确提出“实践创新”“科学精神”等系列指标，为大学生劳动素养体系全面建构提供了理论依据。

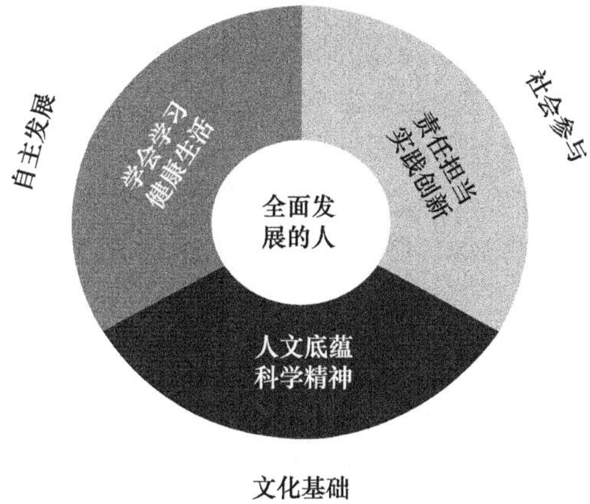

图 11　中国学生发展核心素养框架与核心内容

3. 大学生劳动素养的概念提出及其内涵分析

“劳动素养”一词最早是苏联教育家苏霍姆林斯基（1983）提出的，主张劳动教育的最终目标是提高人的劳动素养，成就真正完整的人，这为全面建构新时代大学生劳动素养体系提供了理论源头和逻辑判断。之后，学者们从多个维度探讨了劳动素养的内涵。K・H・卡特哈诺夫（1984）认为劳动素养是个性全面发展的最重要的组成部分之一，应从小培养人的劳动技术素养（顾金娟，2009）。这时还处于劳动素养认识的萌芽阶段，人们对劳动素养认识存在两个误区：一是把劳动素养完全等同于劳动能力或劳动技术，忽略其对人的“全面发展”的关注；二是将劳动素养研究隶属于德育范畴，只着眼于情感、态度、价值观等方面的培养，弱化了知识、技能、素质等其他重要维度（王泉泉 等，2021）。2018 年全国教育大会之后，劳动素养研究成为学术热点，其内涵不断丰富与发展，分析维度和视角不断扩大。关颖（2018）认为劳动素养是人在劳动过程中的劳动观念、劳动心态和劳动技能的综合体现。刘向兵（2019）提出劳动素养是指在劳动实践过程中形成的认知、分析、判断、创造和生产的能力，具体包括劳动知识、劳动技能、劳动价值观、劳动伦理等维度的价值判断、规范及行动指南。党刘栓（2019）认为劳动素养在中国高校人才培养体系中是一个不容忽视的短板，与社会对高素质劳动者的需求存在着较大的差距，既有高等学校劳动教育不足的原因，也有社会、家庭和大学生自身的原因。邵长威(2019)认为劳动素养是指处于社会实践活动中的实践主体在掌握一定知识储备和劳动技能的基础上开展实践活动，特别是劳动实践中所展现的优良品质的集合。檀传宝(2019)认为劳动素养是指经过生活和教育活动形成的与劳动有关的人的素养，包括劳动的价值观(态度)、劳动的知识与能力等维度。龚春燕等(2020)认为劳动素养是劳动教育的核心，包括劳动观念、劳动能力、劳动习惯和劳动精神，是学生全面发展的根本，是学生的必备品格和关键能力。顾建军(2020)认为劳动素养是学生通过多方面的劳动教育而逐步形成的劳动精神面貌、劳动价值取向和劳动技能水平等要素凝结而成的整体状态，在日常生活、生产实践、职业劳动和社会参与活动中得到体现，并融入人生及其观念、习惯、品质、能力之中。徐洁等(2020)认为劳动素养是对劳动者在劳动过程中与之相匹配的劳动心态和劳动技能的综合概括，它具体包括劳动价值观、劳动意识、劳动情感、劳动意志、劳动能力五个方面。纪德奎(2021)认为劳动素养是指个体通过体力劳动和脑力劳动所形成的与劳动相关的品质修养和行为能力。王泉泉等(2021)认为劳动素养是学生在长期劳动学习与实践过程中逐步形成的，适应个人终身发展和社会发展需要的价值观、必备品格和关键能力的综合表现，并表现出育人性、时代性和具身性三大特点。刘婷婷(2021)认为劳动素养是指劳动者在劳动过程中与之相匹配的劳动心态和劳动技能的综合概括。蔡瑞林等(2021)认为劳动素养是人类综合运用体力、智力、劳动工具，面对真实社会现象进行的有目的的改变外部世界和周围环境所需要的多维复杂能力。束仁龙(2021)认为劳动素养是指应用型本科高校大学生在日常生活劳动、生产劳动和服务劳动等多种形式的劳动中逐渐形成并不断深化的相关的人格品质和行为能力。王正青等(2021a)认为大学生劳动素养是指正在接受高等教育的大学生在学习和生活中形成的与劳动有关的个人素养，包括劳动价值观、劳动知识、劳动技能以及创新劳动。姚林等(2022)认为劳动素养是大学生适应未来生活与职业发展所必备的劳动观念、劳动情感、劳动精神、劳动行为与能力的统称。王晓杰等(2022)认为劳动素养是学生适应未来生活与职业发展所必备的劳动观念、劳动情感、劳动精神、劳动参与和劳动能力的统称。温晓年等(2022)认为大学生劳动素养是指大学生在高校劳动教育过程中形成的劳动意识、劳动知识、劳动能力、劳动习惯与品质、劳动精神的有机统一。2022 年版的《劳动新课标》提出，劳动素养即劳动课程要培养的核心素养，是学生在学习与劳动实践过程中逐步形成的适应个人终身发展和社会需求的正确价值观、必备品格和关键能力。在此基础上提出本研究中的大学生劳动素养概念。

本研究以劳动为起点，按照人的生命历程，运用布迪厄“场域—惯习”理论建立了不同学段单元下劳动素养形成的机理模型(图 12)。该模型以自我认知为基础，将劳动教育纳入生命历程进行考察，既考虑了大学生生命历程不同时段和不同生活或学习场域中的劳动教育对其劳动素养差异的累积分化效应，又考虑了宏观因素与个体因素对劳动素养的影响（毛小平，2022），客观展现了劳动素养是一个既能静态评估劳动成果，又能动态测量劳动过程的完整系统，其起点是体力和脑力上的劳动付出，终点是心灵和情感上的劳动投入（范伟伟 等，2022）。在一个人所处的任何一个学段单元（如高等教育）劳动素养从自我认知劳动开始，经过经验学习和劳动惯习的累积与分化，逐步整合为自身的劳动知识、能力和素质，在“五育”融合过程中素养不断动态“涌现”，体现了劳动素养的发展性、阶段性和层次性，决定了处于不同场域、不同学段下的个体或群体劳动素养的差异。

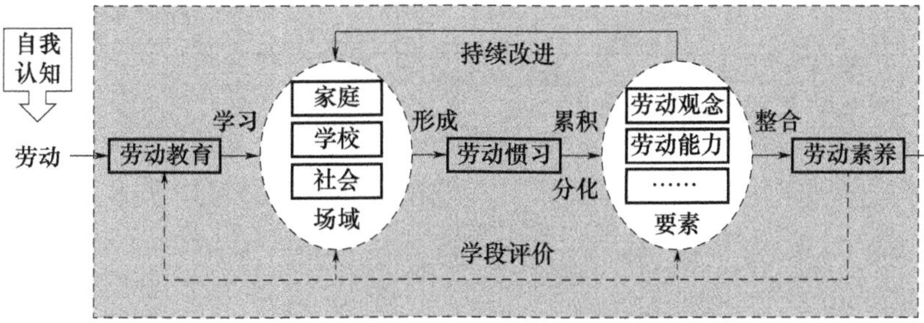

图 12　学段单元劳动素养形成的机理模型

依据学段单元劳动素养的动态形成机理，借鉴中外主流的核心素养概念内涵的合理成分及中外劳动素养相关文献分析，课题团队提出劳动素养的概念，认为劳动素养是指劳动者个体在不同场域劳动过程中自觉提升劳动认知的基础上，其劳动知识、能力和素质的整体涌现以及促进劳动价值观螺旋式升华的过程与自我实现能力的综合体现。就内涵而言，劳动素养作为人现代性的重要映射，反映的是受教育者在经过劳动教育过程之后，应具备一种“应然”的观念、精神、知识、能力、习惯与品质等素养。其中，家庭、学校和社会是大学生劳动素养培育的重要场域，共同形塑着大学生的劳动素养（毛小平，2022），即不仅要有劳动精神和意志的情感激发，还要有劳动知识和技能的灵活应用，更要有劳动实践和创新的价值追求（温晓年 等，2022）以及客观的表现性评价和学段过程的及时反馈，从自我认知劳动开始，人的劳动知识、能力和素质螺旋式上升、涌现，在整个生命周期中不断提升劳动素养，成为合格的劳动者，进而实现“培养德智体美劳全面发展的社会主义建设者和接班人”的人才培养目标，展现了人的劳动素养形成与表现的动态过程（图 13）。

（1）自我认知过程。家庭作为劳动教育的原生地点，是劳动意识启蒙和劳动习惯养成的起点（姜大源，2020），一个人的劳动理念启蒙于家庭，意在劳动的模仿同化，是一个人作为家庭成员入世涉世的生命起点，在终身的学习经验、“五育”融合的过程中，劳动素养不断涌现。《2022 年中国家庭教育行业研究报告》指出，《中华

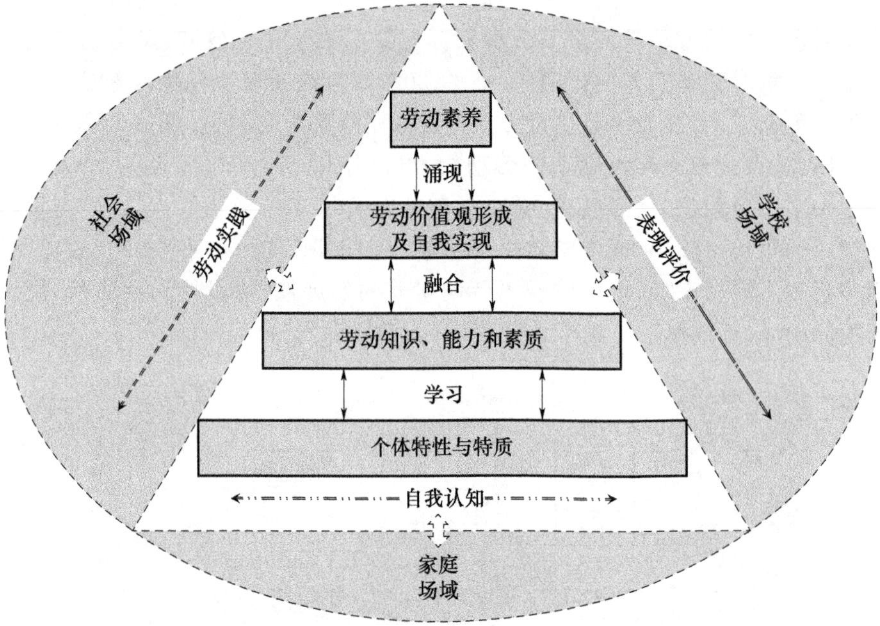

图 13　劳动素养形成与表现的动态过程

人民共和国家庭教育促进法》于 2022 年 1 月 1 日起正式实施,标志着家庭教育正式走上法治轨道,从“家事”变为“国事”,明确了家长作为家庭教育的责任主体。同时引导全社会注重家庭、积极关注儿童健康成长。需要指出的是,家庭作为人生的第一所学校,父母作为学生的第一任老师,应当发挥好在劳动教育中的启蒙、奠基、持续的基础性作用(郝志军 等,2020)。《2021 年中国家庭教育白皮书》显示,58%的家长表示当前缺乏完善、系统的家庭教育方法。家长是学生劳动素养提升的第一位老师,不可替代,不容忽视。

(2)劳动实践过程。学校作为强化的主导性劳动教育的最好场所,也是劳动教育的关键场域。劳动教育强化于学校,指向劳动的认知习得,是学生作为学校成员明理做人的探究课堂;社会作为泛在的支撑性劳动教育的最好场所,正是劳动教育的协同地点。劳动教育泛在于社会,彰显劳动的价值体现,是个体作为社会成员认真做事的实践场域。家庭、学校和社会应协同实施劳动教育,学校要明确实施机构和人员,开齐开足劳动教育课程,切实保证劳动教育进教学大纲、进培养方案、进课堂。同时,要结合学段特点和所在地区实际,科学设计课内外劳动项目,规划好劳动教育课程内容和课外基地实践。此外,大中小学每学年要设劳动周,高校也可安排劳动教育月,有序开展学生的集体劳动实践。社会机构也要提供足够、必要的劳动实践基地,与家校协同配合开展学生劳动教育实践。

(3)表现评价过程。评价是学生劳动素养提升的动力、手段和“指挥棒”。劳动需要满足三种关系属性，即人与自我、人与自然、人与社会，家、校、社良好的协同评价是关键。学生个人要提高劳动认识和意识，认真做好自我评价和相互评价；学校劳动教育机构、教学人员要严格劳动教育过程评价和成果评价；社会劳动教育基地机构、场所工作人员要做好职场表现或实践表现评价。凌鹊等(2023)开展的一项大学生劳动意愿调查显示，家庭劳动教育、学校劳动教育和社会劳动教育是影响大学生劳动意愿的主要因素；大学生的劳动意愿和受劳动教育情况整体较好，但学校劳动教育亟待提升；而家庭劳动教育对大学生劳动意愿的影响较小，需要更多借助学校劳动教育和社会劳动教育增强大学生的劳动意愿，推进构建“家一校一社”三位一体协同的劳动教育新格局，并进行科学评估。

(三)中国大学生劳动素养指数的提出及其依据

1. 大学生劳动素养评价的基本准则与依据

劳动素养评价是检验劳动教育成果的重要方式(靳大林，2022)。按照《纲要》要求，高校劳动教育的重点和核心在于强化马克思主义劳动观教育，注重围绕创新创业，结合学科专业开展生产劳动和服务劳动，积累劳动经验，培育创造性劳动能力和诚实守信的合法劳动意识。2018 年以来，中共中央、国务院以及教育部在“五育融合”方面出台的一系列政策文件，为高校开展劳动素养评价工作提供了根本遵循和行动指南，是开展高校大学生劳动素养评价的基本准则和依据。2020 年 3 月 20 日，中共中央、国务院发布的《意见》提出，健全劳动素养评价制度。2020 年 7 月 7 日，教育部印发《纲要》指出，将劳动素养纳入学生综合素质评价体系。2020 年 10 月，中共中央、国务院印发《深化新时代教育评价改革总体方案》(以下简称《方案》)指出，要加强劳动教育评价。2022 年 4 月 8 日，教育部印发《劳动新课标》指出，评价内容要紧扣课程内容要求和劳动素养要求，客观准确地反映学生在真实情境下劳动素养的表现水平。劳动素养是劳动教育的核心目标(龚春燕 等，2020)，集中体现了劳动教育特有的育人价值，是学校劳动教育的出发点和落脚点(颜晓程，2022)。劳动素养评价是检验高校劳动教育实施效果的重要依据，也是高校劳动教育实施的指挥棒，对推动高校劳动教育持续深入地开展具有重要价值(游飞，2022)。总而言之，面对国家和社会对更高质量劳动素养新时代人才的需求，出台一系列针对劳动素养评价的相关政策，引导教育界对劳动素养评价进行切实关注(王文琪，2022)，为高校学生劳动素养评价的高质量发展提供了行动导向。

2. 大学生劳动素养指数的内涵分析

大学生劳动素养指数是全面、客观和系统反映中国大学生劳动素养状况的综合指数，是衡量高校劳动教育效果的核心指标。该指数通过构建由多个指标构成的指标体系，对中国大学生劳动素养状况进行问卷调查与量化统计，从而揭示中国大学生劳动素养状况的变化趋势和影响因素。该指数不仅可以反映高校劳动教育开展的现状，而且也可以对中国大学生劳动素养的未来发展趋势和区域特征进行研判，并且对中国大学生劳动素养状况进一步改善存在的困难和问题进行分析，从而找到提升劳动教育效果的方法。

二、中国大学生劳动素养评价指标分析

当前，中国大学生群体具有一定共性：思维活跃、喜欢表现自己，且由于绝大多数学生皆为独生子女，在长期娇生惯养下对家庭具有较大的依赖性，缺乏一定的社会实践经历，综合劳动素质并不高(李松，2021)。主要表现为大学生自我劳动教育认知淡薄、家庭劳动教育替代欠缺、学校劳动教育边缘弱化和社会劳动教育缺乏认同等突出问题，凸显了开展大学生劳动素养评价的理论价值和现实意义。

(一)大学生劳动素养评价目标与意义

1. 大学生劳动素养评价的基本目标

(1)科学检验当前劳动教育开展的实际效果。当前，中国特色的劳动教育开展的效果如何，成为全社会共同关注的焦点问题，需要科学的评价给予回应。在这样的背景下，大学生劳动素养评价作为检验高校劳动教育实施效果的重要依据和标准，成为高校劳动教育推进实施的指挥棒(温晓年 等，2022)。大学生劳动素养评价作为高校劳动教育的有力工具，具有育人导向和反馈改进功能(嵇娥 等，2021)。通过分学段的科学测算结果，真实再现了大学生劳动教育开展情况、实际效果，真实反映了当前高校劳动育人中遇到的实际困境和问题。

(2)正确评估当前大学生劳动素养的基本现状。劳动素养是人具备的与劳动相关的素养，在大学生生活、生产、学习和受教育过程中形成、发展与显现，学生劳动素养的提升反映劳动教育的终极目标。以劳动教育目标、内容要求为依据，构建大学生劳动素养评价体系是新时代开展劳动教育的迫切要求和当务之急(黄加敏，2021)。通过系统的劳动素养指标构建和测算方法，实现大学生劳动素养现状的定量评估，真实地评价大学生在高校生活、学习和接受专业教育的实践过程中劳动素养综合提升的基本情况。

(3)客观提供劳动教育改进和完善的政策建议。长期以来，中国劳动教育出现了“有劳无育”“有育无劳”“有体无脑”“有脑无体”的现实困境(刘治富，2020)和“学校化”“游戏化”“负担化”“模式化”的认识误区(李益众，2018)。开展大学生劳动素养评价，既能有效地评估区域宏观上的大学生劳动素养主要特征和表现结果，又便于找出大学生微观个体在不同学段单元劳动素养培育的主客观因素，进而提出有

针对性的提升大学生劳动素养的对策与建议，为政府教育部门的劳动教育政策顶层设计提供理论依据和第一手资料。

2. 大学生劳动素养评价的重要意义

开展科学合理的大学生劳动素养评价，对客观反映劳动教育阶段发展的实际效果、推动新时代高校劳动教育的更高质量发展、促进大学生劳动素养的更高质量持续提升，具有重要的理论价值和现实意义。

(1)有助于全面客观地反映劳动教育阶段发展的实际效果。劳动素养的起点是身体“动起来”，实现体力付出和手脑并用，落脚点也是心里“动起来”，形成对劳动及劳动者的深厚感情(徐洁 等，2020)，反映劳动素养具有明显的学段、场域特征。伴随着各地方的区域化劳动教育特色活动的实施，明显呈现出“百花绽放，百舸争流”的学校劳动教育样态(周文良 等，2022)，形成贯通大、中、小学各学段和贯穿家庭、学校、社会各方面的劳动教育工作格局。因此，劳动素养评价体系建构必须着眼于学生在劳动领域的整体发展、终身发展的结构性特征和阶段性特征。开展大学生劳动素养评价既需要从大学生个体样本微观评价入手，更需要关注在不同学段(如高等教育学段)和不同区域(如欠发达地区)上的宏观区域学生劳动素养的整体状况及区域特征，这也是劳动教育主管部门、高等学校和社会各界更为关注的大学生劳动素养实际状况。通过劳动素养定量评价，能否客观地呈现中国大学生劳动素养动态提升的整体情况，以回应全社会的重要关切，是大学生劳动素养评价的基本出发点和首要目标。

(2)有利于全面有效推动大学生劳动素养更高质量的持续提升。大学生劳动素养评价是有效提升更高质量学生劳动素养认知水平的“助推器”。通过劳动素养评价工具，有效提升大学生劳动认知水平，切实改善大学生劳动态度，进而增强大学生的劳动价值观。劳动素养的评价虽含有劳动知识、劳动技能等考核，但更为根本的价值在于以测评为导向，通过劳动教育涵养学生的个性、滋养学生的良知、规范学生的德行、增强学生的智慧，培养学生真正成为自由创造的劳动主体(张进财 等，2021)，其根本在于提高大学生对劳动的正确认识。健全劳动素养评价是马克思主义劳动观教育的应有之义(王燕，2023)。马克思主义劳动观认为，要注重健全劳动素养评价，在劳动教育的实施过程中，通过评价推动劳动教育机制的建立，能够促进受教育者劳动素养的提高，从而带动其他各个方面的健康发展，提升个体的综合素养，使受教育者在劳动过程中不断提升自我创新能力，充分发挥自身的主观能动性，实现其作为“社会人”存在的真正价值。

(3)有助于科学合理地促进高校劳动教育更高质量的全面发展。大学生劳动素养评价是持续深化更高质量学校劳动教育育人效果的客观需要。劳动教育是培育德智体美劳全面发展的社会主义建设者和接班人的重要渠道之一(温晓年，2020)，是高校结合大学生的成长特点、专业特性，培养与中国特色社会主义先进生产力发展要求相适应的劳动素养的教育过程(王正青 等,2021)。通过劳动素养评价,有效推动劳动教育深入开展,切实升级劳动教育活动的育人效果。培育劳动素养是新时代劳动教育的核心要义和根本目的。事实上,劳动素养作为核心素养的重要指标,是促进人全面发展的关键要素,而科学有效的测评工具是提升大学生劳动素养的"推进器"。也就是说,劳动教育是培养人的劳动素养的根本途径(黄加敏,2021),而劳动素养的提高则是劳动教育最终目标的呈现和更高质量发展的客观要求。

(二)大学生劳动素养评价指标设计的基本原则

1. 科学性原则

科学性原则主要围绕现实背景以科学思想为指导,以理论依据为支撑,建构满足新时代需求、遵循高校劳动教育教学规律,符合大学生劳动素养评价体系的原则(秦超,2021)。科学性原则是评价的基础性原则,决定着评价是否能够合理运用于劳动教育评价之中。科学性原则体现在避免空洞的论述与虚幻的想象,应该在符合客观实际的基础上选择正确的方式得出可靠的结果。因此,科学的评价需要注重评价过程的科学性与评价结果的科学性。在本研究中,科学性原则主要体现在劳动素养理论与实践相结合,在确立指标体系前既要进行前期的文献调研,形成充实的理论依据,同时也要深入实地走访,才能更直观地了解所要分析大学生劳动素养系统的特征。

2. 系统性原则

系统性原则是层次性与有序性的结合,即从全方位视角对大学生劳动素养系统进行剖析,综合考虑各方面要素(李家邦,2021)。劳动素养评价对象是全国高校系统,须指定若干指标进行衡量,同层次指标以及不同层级指标是互相制约、互相联系的。在本研究中,系统性原则主要体现大学生劳动素养评价体系构建是基于大学生整个生命历程下的劳动素养的形成和表现的动态过程,从高等教育学段出发,基于从大学生劳动认知的起点到劳动惯习累积与分化的素养形成全流程中考虑的评价指标,体现了劳动素养的评价方法、主体与内容的关系。

3. 目标性原则

指标是目标的具体化描述,即评价指标要能真实地体现和反映综合评价的目的,能准确地刻画和描述评价对象的系统特征,要涵盖为实现评价目的所需的基本内容。劳动素养评价的目的是引导和鼓励大学生向正确的方向和目标发展。在本研究中,高校大学生劳动素养全国调查目的明确,整个指标体系以劳动价值观为核心,选取了大学生劳动素养形成和表现的五个维度,直接反映大学生在家校生活、学习、受教育和社会实践过程中的真实情况。

4. 可测性原则

指标体系实现评价功能的关键即确保指标的可测性，无论是面向各类高校的大学生还是其他相关评价者，指标都要尽可能简单明确、便于测量。对于本研究，即要考虑定量与定性结合的可行性、建模的复杂性和数据的可靠性、可获得性。指标并不是越多越好，研究人员必须在指标的全面性与实用性之间找到平衡点。在本研究中，构建指标体系时，以量表为基础，通过大学生对劳动素养的了解程度打分，将劳动素养水平具体化为大学生的评价分数，实现对大学生劳动素养指数的观察与测算。

5. 导向性原则

导向性原则即评价实施之后能够得到可以推进高校劳动教育发展的评价结果。评价要具备合理的依据，避免盲目定论，应该在理论评估与实际测量中将评价结果的准确度最大化。同时需要使用具有信度和效度的评价工具，对大学生的劳动素养发展趋势和实际状况展开过程性的定量评价方法。本研究中，以服务劳动教育改善为主要目的，主要通过问卷法、访谈法、观察法对大学生进行及时调查和访谈，获取全国相应高校的样本数据。

（三）评价指标体系的构建与设置分析

1. 大学生劳动素养评价指标体系构建

在文献调研和实地调研的基础上，结合新时代教育评价改革的新要求，依据“科学性、系统性、目标性、可测性和导向性”的构建基本原则，课题组提出大学生劳动素养的概念，认为大学生劳动素养是指广大学生通过劳动教育学习与实践，在劳动过程中自觉提升劳动认知的基础上，其劳动知识、能力和素质的整体涌现以及促进劳动价值观螺旋式升华与自我实现能力的综合体现。依据此定义，反映中国大学生劳动素养的核心指标主要包括劳动认知、劳动知识、劳动能力、劳动素质和劳动价值观（图 14），进而构成了中国大学生劳动素养评价指标体系。

2. 大学生劳动素养评价关键指标及其内涵

（1）劳动价值观。劳动价值观是引导大学生进行劳动实践的先决要素，在大学生劳动素养中占据首要地位，其主要包括劳动情感、劳动态度、劳动价值和劳动伦理，表明学生对劳动的态度、价值、热爱程度和对劳动伦理的遵守程度（王正青 等，2021）。在本课题中将劳动价值观细化为大学生在日常生活、专业学习、社会实践中所具有的劳动态度、劳动情感、劳动价值和劳动伦理倾向。其中，劳动态度往往是通过学生的劳动行为体现的，一般指学生对劳动所抱有的尊重、热爱或是鄙视、反感的心理倾向（刘小惠，2021），主要考察大学生进行各类劳动的意愿；劳动情感主要考察大学生对各类劳动的热爱程度，主要包括对个体劳动、集体劳动、社会公益劳动的喜爱程度；劳动价值主要考察大学生对各类劳动的根本看法和价值判断，

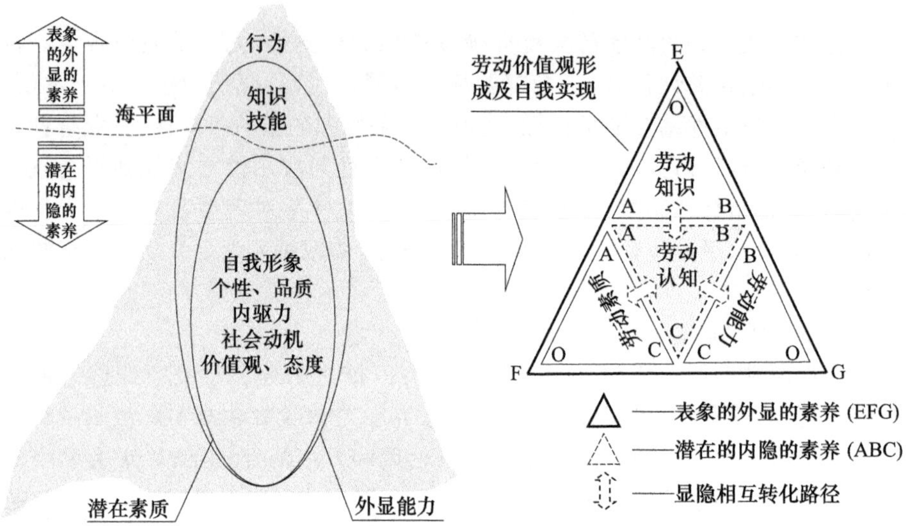

图 14　基于冰山理论的大学生劳动素养要素构成三角形模型

主要包括对劳动目的的认识、对劳动之于个人发展重要性的判断;劳动伦理主要包括尊严的劳动、公平的劳动、自由的劳动和幸福的劳动,是在劳动中人与其他诸要素之间应当遵守的道德准则(刘进才,1994),劳动过程中的劳动者、劳动资料、劳动成果都有其自身及相互之间的伦理关系(吴宁 等,2020)。

(2)劳动知识。劳动知识包括劳动理论知识与劳动实践知识,指对构成劳动基础的主要事实、概念和解释性理论的理解(刘小惠,2021)。劳动知识主要包含劳动工具的作用价值、劳动流程的陈述性操作要点以及劳动过程需要遵守的纪律准则(王文琪,2022)。劳动知识储备是大学生进行劳动实践和提高劳动效率的基本前提(王正青 等,2021)。在本课题中将劳动知识划分为大学生在日常生活、专业学习(生产劳动)、社会实践(含志愿服务、公益劳动)中所具备的理论与实践知识。其中,生活劳动知识主要指大学生日常生活劳动的知识,包括对劳动基本常识的掌握、劳动工具的认识、劳动步骤的了解情况;生产劳动知识主要指与大学生未来职业相关的专业知识;社会劳动知识主要指大学生参与社会志愿服务、公益活动相关的知识。

(3)劳动能力。劳动能力包括系统思维、劳动技能和劳动创造,表明学生应用劳动知识解决问题的能力,并且在劳动中进行创造与创新(黄加敏,2021)。系统思维是以系统分析和比较权衡为核心的一种筹划性思维(宣芳,2020)。劳动技能指的是运用某些劳动知识和经验顺利完成某项劳动任务的活动方式(刘小惠,2021)。劳动创造作为隐性劳动能力,着重强调劳动行为的创造性、劳动成果的创造性以及劳动知识的创造性(羌毅 等,2021),在评价要点上,要引导学生在劳动中养成勇于创新、善于变革的劳动品质；养成灵活运用科学原理、专业知识和现代技术的劳动方法，以及可以创造性地发现并解决劳动中的问题、结构化地积累劳动知识和劳动经验，并能够在劳动过程中进行新的发现、发明的能力。

(4)劳动素质。劳动者的劳动素质是指从事劳动或者能够从事劳动的人的体力因素、健康因素、智力因素和品德因素的有机结合(何盛明，1990)，主要指向劳动健康、劳动文化和劳动精神。联合国世界卫生组织(WHO)认为，健康不仅是没有疾病，还包括躯体健康、心理健康、社会适应良好和道德健康。在本研究中劳动健康主要指向劳动过程中的身心健康。劳动文化是广大学生在各类生活、生产劳动、专业学习和社会实践中逐步积累的文化素质。劳动精神是指广大劳动者为创造美好生活在劳动过程中所秉持的劳动态度、劳动理念以及所体现的精神品质(任苗苗，2021)，主要分为崇尚劳动、热爱劳动、辛勤劳动和诚实劳动四个基本维度。劳动精神孕育于中国特色社会主义的伟大实践中，继承了中华优秀传统劳动文化，体现了马克思主义劳动观，其主要指向工匠精神和劳模精神。

(5)劳动认知。劳动认知是指劳动者在劳动过程中对劳动权益、劳动习惯、劳动风险的意识和行为以及对劳动本质的认识(黄加敏，2021)，主要指向劳动权益、劳动习惯、劳动风险的意识和行为。劳动权益是劳动者遵循市场化劳动关系运行逻辑，在劳动实践中所追求的劳动收入、安全卫生、社会保障、民主参与等权利和利益，是劳动者享有的法定权利(胡世文 等，2021)。劳动习惯是指个体由于经常性的劳动而使之巩固下来并成为需要的一种行为方式(文新华，1995)，主要包括自律劳动、安全劳动、完整劳动，重点是指引学生在真实的劳动过程中学会担当自己的劳动(卞玉昌，2021)。2021年“人民至上、生命至上”被写入《中华人民共和国安全生产法》。本课题中的劳动风险是指广义上的劳动风险，即在日常生活劳动、生产劳动、社会劳动过程中发生的各类事故、人身伤害与健康以及劳动权益方面的风险(王梅茜，2015)。

3. 劳动素养的三级调查问题设计

依据大学生劳动素养核心指标的基本内涵和外延，每个二级指标下设计3～5个问题。其问卷基本构成如下。

(1)问卷标题。问卷的标题概括地说明调研主题，点明调研对象或调研主题，使被调查者对所要回答的问题有一定的了解。本研究的调查问卷题目是《中国大学生劳动素养状况调查问卷(2022)》。

(2)问卷导语。调查问卷开头导语一般要表达出请求被调查者的支持与合作、感谢合作，要说明被调查者信息、调查的目的、填写者受益情况、主办单位等，如有涉及个人资料，应该有隐私保护说明，同时也必须有受调人员有权知道的内容说明。

(3)调查问题。调查主题问题是问卷的主体部分，主要包括人口统计学信息

(10 个以内)、评价核心问题(50 个以内)和对策与建议及其他(3 个以内),其样例见表 1。

表 1 《中国大学生劳动素养状况调查问卷》设计样表

<table>
<tr><th rowspan="2">一级分析维度</th><th rowspan="2">二级核心指标</th><th rowspan="2">三级调查问题</th><th colspan="5">五级选项</th></tr>
<tr><th>A</th><th>B</th><th>C</th><th>D</th><th>E</th></tr>
<tr><td rowspan="5">劳动价值观</td><td rowspan="2">劳动情感</td><td></td><td></td><td></td><td></td><td></td><td></td></tr>
<tr><td></td><td></td><td></td><td></td><td></td><td></td></tr>
<tr><td>……</td><td></td><td></td><td></td><td></td><td></td><td></td></tr>
<tr><td rowspan="2">劳动伦理</td><td></td><td></td><td></td><td></td><td></td><td></td></tr>
<tr><td></td><td></td><td></td><td></td><td></td><td></td></tr>
<tr><td colspan="8">……</td></tr>
<tr><td rowspan="5">劳动认知</td><td rowspan="2">劳动习惯</td><td></td><td></td><td></td><td></td><td></td><td></td></tr>
<tr><td></td><td></td><td></td><td></td><td></td><td></td></tr>
<tr><td>……</td><td></td><td></td><td></td><td></td><td></td><td></td></tr>
<tr><td rowspan="2">劳动风险</td><td></td><td></td><td></td><td></td><td></td><td></td></tr>
<tr><td></td><td></td><td></td><td></td><td></td><td></td></tr>
</table>

(4)结束语。结束语一般在调查问卷最后,简短地向被调查者强调本次调查活动的重要性以及再次表达谢意。

三、中国大学生劳动素养指数分析

(一)中国大学生劳动素养指数测算

2022 年 7—9 月,中国劳动关系学院职业风险与劳动素养评价研究所、大数据与安全研究所联合全国 100 余所高校劳动教育有关人员组建了中国劳动调查与数据中心[①](National Labor Survey Center at CULR,NLSC),开展了中国大学生劳动素养调查活动。此次调查以“大学生劳动素养”为主题,组建了 31 个省级调查团队和 6 个专题调查团队(见附录)对目标高校的大学生进行大数据调查。调查采用分区分省抽样方法,从高校院系一级开始调查,通过典型实地个案访谈和腾讯电子问卷方式获得第一手数据资料。

① 中国劳动调查与数据中心是中国劳动关系学院职业风险与劳动素养评价研究所直属的跨学校、跨学科、跨专业的虚拟学术共同体。

1. 样本选取与数据状况

(1)调查样本选取

当前,高校主要分为普通高等学校、职业高等学校、成人高等学校。《2021 年教育统计数据》显示,截至 2022 年 5 月 31 日,全国高等学校共计 3013 所[其中包括普通高等学校 2759 所,含本科院校 1270 所、高职(专科)院校 1489 所;成人高等学校 254 所]。本调查选择全国高校 358 所(表 2),涵盖全国七大地理分区(包括华北、华东、东北、华中、华南、西南、西北地区)、31 个省级行政区(包括 22 个省、5 个自治区、4 个直辖市,暂时不考虑港澳台地区),见表 3。

表 2 各高校被调查者具体情况

项目	分类	人数	百分比/%
性别	男	29 110	44.4
	女	36 453	55.6
政治面貌	群众	16 248	24.8
	共青团员	46 216	70.5
	党员	2 683	4.1
	其他	416	0.6
所在学校办学性质	公立	59 297	90.4
	民办	6 266	9.6
所在学校办学层次	双一流类高校	10 719	16.3
	非双一流类高校	54 964	83.7
学生干部	是	25 795	39.3
	否	39 768	60.7
年级	大一	17 973	27.4
	大二	24 399	37.2
	大三	16 430	25.1
	大四	6 761	10.3
独生子女	是	18 304	27.9
	否	47 259	72.1
户籍类型	农村	42 284	64.5
	城镇	23 279	35.5

表 3　调查区域及各省高校实际样本量

省份	人数	百分比/%	省份	人数	百分比/%
江西	27 512	42.0	内蒙古	789	1.2
安徽	7 594	11.6	贵州	753	1.1
黑龙江	4 227	6.4	山西	741	1.1
新疆	4 158	6.3	四川	619	0.9
辽宁	1 787	2.7	广东	595	0.9
重庆	1 682	2.6	宁夏	514	0.8
山东	1 664	2.5	河北	513	0.8
甘肃	1 522	2.3	湖北	429	0.7
江苏	1 410	2.2	西藏	366	0.6
陕西	1 409	2.1	广西	317	0.5
吉林	1 330	2.0	青海	313	0.5
福建	1 120	1.7	海南	240	0.4
河南	1 065	1.6	天津	174	0.3
上海	857	1.3	云南	110	0.2
浙江	842	1.3	湖南	71	0.1
北京	840	1.3	—	—	—

(2)调查数据状况

本次调查原则上每个样本高校发放200份以上的调查问卷。在各省级调查团队和院校调查员耐心细致的投放和收集资料后，课题组进行了为期两个月的数据清洗和分析处理。为了减少缺失值和极值对分析结果的影响，数据清洗工作中剔除了缺失值较多和少数极值的样本(其中湖南、云南和天津数据清洗后低于200份)，最终共获取测算大学生劳动素养指数的有效样本65 563个。调查样本覆盖全国七大地理分区31个省级行政区358所高校534个专业。调查时除反映大学生劳动素养总体状况外，问卷主要的问题是通过量表五级问题选项(非常不认同、不认同、不确定、认同、非常认同)进行问答。同时，为避免存在不适合进行因子分析或难以有效辨识的变量，运用统计分析软件SPSS 24.0对65 563个样本进行了一致化处理，计算变量的相关系数矩阵，检验原有变量是否适合因子分析。

2. 数据分析与处理

通过探索性因子分析对大学生劳动素养5个方面58个问题进行分析，最终提取出15个公因子作为测量指标。对15个因子得分用“min-max标准化”方法指数化，以15个公因子的方差贡献率作为权重，计算出每一个有效样本的个体得分。计算出有效样本个体得分的加权平均数，即为中国大学生劳动素养指数。

因指标体系中数据的性质和单位不尽相同,因此需要采用"z-score 标准化"的处理方式来消除变量之间的量纲关系,使得样本数据的平均值为 0,方差为 1,则数据具有可比性。SPSS 24.0 在对数据进行因子分析过程中会自动对数据进行标准化处理,其原理是采用"z-score 标准化"方法对原始数据的均值和标准差进行处理,其公式可表示为

$$X' = \frac{X - \mathrm{Mean}}{\mathrm{SD}} \tag{1}$$

式中:X'为标准化之后的数据;X 为原始数据;Mean 为均值;SD 为标准差。

3. 指标权重计算

首先计算原有变量的相关系数矩阵,然后进行统计检验,最后剔除不适合进行因子分析的问题。剩下可以有效反映大学生劳动素养程度的 58 个问题,如表 4 所示。这 58 个问题涵盖了影响大学生劳动素养的主要方面,可以有效体现"劳动价值观、劳动知识、劳动能力、劳动素质、劳动认知"这 5 个方面的内容。而通过对已有研究、官方的政策文本、通行标准的分析,从 58 个问题中提取出的 15 个公因子能够较好地用于衡量大学生劳动素养的总体状况。

表 4　中国大学生劳动素养评价指标及其权重

一级指标及权重	二级指标及权重	变量	具体调查问题及内涵 赋分(非常不认同 1 分、不认同 2 分、不确定 3 分、认同 4 分、非常认同 5 分)
劳动价值观 0.2016	1. 劳动情感 0.0650	X_1	在校园生活过程中,如果宿舍的卫生状况被批评或排名靠后,您会感到羞愧吗?
		X_2	如果学校发布了志愿服务或公益劳动活动通知,您会主动报名参加吗?
		X_3	您愿意为心中的理想生活而自觉自愿地前往基层艰苦的环境工作吗?
		X_4	在家庭日常生活中,您会主动帮助家人或自主干家务劳动吗?
	2. 劳动态度 0.0706	X_5	您有明确的职业目标,清楚地知道自己未来的职业劳动角色,并为之努力吗?
		X_6	您并不认为学生的主业是学习,参加劳动无异于浪费时间吗?
		X_7	您曾到过或愿意到工厂车间或田间地头等生产劳动第一线,感受劳动的魅力吗?
		X_8	您在与普通劳动者一起经历劳动过程后,增强了主动参与学校组织劳动实践活动的意识吗?
		X_9	您在校学习时,总能够按时上课、认真听讲、诚信考试吗?
	3. 劳动价值 0.0189	X_{10}	您不会只参与认为有价值的劳动活动,不感兴趣的尽量想办法逃避吗?
		X_{11}	您认为通过合法、正规的途径,用自身劳动获取生活资源的做法都是值得的吗?
		X_{12}	您认为学校倡导诚信考试、论文查重等规范要求有益于自己的学习吗?
		X_{13}	您不认为成年后还可以向父母要求提供经济支持或其他帮助吗?

续表

一级指标及权重	二级指标及权重	变量	具体调查问题及内涵 赋分(非常不认同 1 分、不认同 2 分、不确定 3 分、认同 4 分、非常认同 5 分)
劳动价值观 0.2016	4. 劳动伦理 0.0471	X_{14}	您认为良好的劳动素养有助于改善人际关系,有利于形成良好的团队协作意识吗?
		X_{15}	您认为从事所有职业的劳动者都值得被尊重吗?
		X_{16}	您认为对待工作或学习的态度是“在其职,谋其位,负其责,尽其事”吗?
		X_{17}	您不认为体力劳动又脏又累、工作不体面、社会地位低下吗?
劳动知识 0.1801	5. 劳动理论知识 0.0799	X_{18}	您所在学校已开展劳动教育及相关课程,学习到必要的劳动理论知识了吗?
		X_{19}	您知道什么是劳动,并运用劳动理论知识指导自己的劳动吗?
		X_{20}	您对劳动过程中的安全基本知识非常了解吗?
		X_{21}	您所在学校经常对在校大学生就业或兼职过程中出现的劳动安全等进行教育或培训吗?
	6. 劳动实践知识 0.1002	X_{22}	您认为参加校内外的劳动实践活动非常有利于劳动实践技能的提升吗?
		X_{23}	您认为所在学校提供的各种劳动实践机会很多、质量也很高吗?
		X_{24}	您目前基本掌握了您所学专业对应职业劳动实践技能吗?
		X_{25}	您认为劳动技能有别于专业实践技能,应加强劳动实践知识学习吗?
		X_{26}	您认为只有通过不断参加劳动实践活动,才能掌握、创新相关综合劳动技能吗?
劳动能力 0.2437	7. 系统思维 0.0631	X_{27}	您参与劳动时总是兴趣浓厚、注意力高度集中,有明确的目标和计划吗?
		X_{28}	每次做志愿服务或公益劳动时,习惯做充分的准备,做到有备无患吗?
		X_{29}	每次参加劳动实践过程中,听从指挥,不单独行事,为团队着想吗?
	8. 劳动技能 0.0818	X_{30}	认为劳动能够提高自己的动手能力,增强劳动熟练程度吗?
		X_{31}	您有较好的卫生习惯,能够定期清洁房间,保持室内整洁吗?
		X_{32}	您能够独立或与人合作种植花草树木,掌握必要的养护技能吗?
		X_{33}	您能正确地使用必要的常见劳动工具,并会简单的维修与保养吗?
	9. 劳动创造 0.0987	X_{34}	您认为具备良好的劳动素养有助于增强想象力和创造力吗?
		X_{35}	您会主动申报或参与创新创业科研项目,提升分析问题、解决问题的能力吗?
		X_{36}	即使在财力、人力、平台和政策有困难的情况下,您也会选择个人创业吗?
		X_{37}	您会不断尝试利用自己的专业知识与技能创新性地解决问题吗?
		X_{38}	您认为创造劳动有一定难度,但仍然坚持在专业知识运用过程中增加创造体验吗?

续表

一级指标及权重	二级指标及权重	变量	具体调查问题及内涵 赋分(非常不认同1分、不认同2分、不确定3分、认同4分、非常认同5分)
劳动素质 0.2054	10. 劳动健康 0.0626	X_{39}	日常生活中,您会经常锻炼身体,注重养成良好的作息习惯吗?
		X_{40}	在开展劳动的过程中,您会非常重视劳动中的安全问题与应急预案吗?
		X_{41}	在开展劳动的过程中,您会非常重视职业健康问题,注重劳动保护吗?
	11. 劳动文化 0.0826	X_{42}	您认为培养良好的劳动文化意识,既要注重劳动类课程学习,更要注重反思提升吗?
		X_{43}	您认为经常参加劳动教育基地相关活动,有助于提升劳动文化水平吗?
		X_{44}	您会经常阅读有关劳动知识和劳模人物书籍,观看时代楷模等相关视频吗?
		X_{45}	您积极参加学校组织的有关劳动教育、劳动法律之类前沿学术讲座吗?
	12. 劳动精神 0.0602	X_{46}	您经常关注"五一"劳动节表彰大会中的劳动模范、大国工匠及其劳模精神、劳动精神、工匠精神吗?
		X_{47}	您经常通过观摩与学习劳动模范、大国工匠、成功校友等先进事迹,深受其劳动精神的鼓舞吗?
		X_{48}	您经常利用课余时间开展劳模、工匠、科学家和普通劳动者采访或调查活动吗?
劳动认知 0.1692	13. 劳动习惯 0.0272	X_{49}	在日常生活劳动中,您十分注重劳动习惯养成,一般不会花钱购买服务代替自己的劳动吗?
		X_{50}	您不赞成参与劳动活动时只听从安排,按长辈、老师或组织者要求去做,但不会主动参与劳动活动吗?
		X_{51}	您参加劳动时首先观察劳动现场安全注意事项,然后才会开始劳动吗?
	14. 劳动权益 0.0802	X_{52}	您会主动学习与劳动相关的规章制度或法律,自觉增强法律维权意识吗?
		X_{53}	您对从事本专业及相关工作中涉及的各项劳动权益保护非常了解吗?
		X_{54}	如果您在劳动实践中出现了相关劳动权益损害的问题,您知道解决程序吗?
		X_{55}	您在同学或其他人遇到劳动权益保障问题时,主动帮扶解决吗?
	15. 劳动风险 0.0619	X_{56}	在校园生活劳动过程中,您十分关注校园安全隐患和风险防控措施吗?
		X_{57}	在校内外劳动实践中,当劳动场所发生突发事件时,沉着冷静,注重逃生与应急避险方法吗?
		X_{58}	在接受劳动教育学习中,您已经掌握了劳动过程中紧急情况的应急知识与技能吗?

在进行因子分析前,先对样本数据进行 KMO 检验和 Bartlett(巴特利特)球形检验,以判断是否适合进行因子分析。KMO 检验用于检验变量间的偏相关系数大小,通常情况下 KMO 指数>0.900 时效果最佳;如果 KMO 指数<0.500 时则不适合进行因子分析。Bartlett 球形检验用于检验相关系数矩阵是否为单位矩阵,如果结果不拒绝原假设,则说明各变量是相互独立的,见表 5。

表 5 KMO 检验和 Bartlett 球形检验

KMO 取样适切性量数	Bartlett 球形检验		
	近似卡方	自由度	显著性
0.990	3 781 711.554	1 653	0.000

表 5 显示,KMO 指数为 0.990,大于 0.900,表明适合作因子分析;Bartlett 球形检验的显著性取值为 0.000,小于 0.050,达到显著水平,拒绝相关矩阵不是单元矩阵的假设,表明各变量之间不相互独立,58 个变量间有共同因素存在,数据文件适宜使用因子模型进行分析。

4. 因子分析结果

(1)方差贡献率

运用因子分析中常用的主成分分析法,提取累计方差贡献率大于 0.800 的公因子,来反映原有变量的绝大部分信息。如表 6 所示,15 个公因子(二级指标)可以反映 58 个原变量 80.3431%的信息。

表 6 公因子解释原有变量总方差的情况

公因子序号	特征值	方差贡献率/%	累计贡献率/%
1	15.4194	26.5851	26.5851
2	9.6512	16.6399	43.2250
3	3.9175	6.7544	49.9794
4	2.4365	4.2009	54.1803
5	2.3206	4.0010	58.1813
6	1.9603	3.3799	61.5612
7	1.5848	2.7324	64.2936
8	1.4653	2.5264	66.8200
9	1.4477	2.4960	69.3160
10	1.3749	2.3705	71.6865
11	1.0491	1.8089	73.4954
12	1.0148	1.7497	75.2450
13	0.9980	1.7206	76.9657
14	0.9917	1.7099	78.6755
15	0.9672	1.6676	80.3431

(2)变量共同度

变量共同度亦称公因子方差,是某一原变量在所有公因子上载荷的平方和,可以表示各变量所含信息能被所提取主成分解释的程度,反映所有公共因素对该原变量的方差(变异)的解释程度。变量共同度越接近 1,抽取的公因子对信息的解释程度越高。一般情况下,如果因素分析结果中大部分变量共同度都高于 0.8,说明提取的公共因素已经反映了原变量 80%以上的信息,因素分析效果较好。变量共同度是衡量因素分析效果的常用指标。表 7 的变量共同度计算结果显示,58 个原变量中 36 个原变量的共同度在 0.800 以上,表明提取的 15 个公因子的总体效果较为理想。

表 7 变量共同度

变量	初始	提取	变量	初始	提取
X_1	1.000	0.987	X_{30}	1.000	0.822
X_2	1.000	0.801	X_{31}	1.000	0.783
X_3	1.000	0.825	X_{32}	1.000	0.818
X_4	1.000	0.745	X_{33}	1.000	0.823
X_5	1.000	0.845	X_{34}	1.000	0.795
X_6	1.000	0.776	X_{35}	1.000	0.770
X_7	1.000	0.923	X_{36}	1.000	0.820
X_8	1.000	0.772	X_{37}	1.000	0.816
X_9	1.000	0.735	X_{38}	1.000	0.817
X_{10}	1.000	0.799	X_{39}	1.000	0.721
X_{11}	1.000	0.761	X_{40}	1.000	0.809
X_{12}	1.000	0.758	X_{41}	1.000	0.826
X_{13}	1.000	0.976	X_{42}	1.000	0.834
X_{14}	1.000	0.805	X_{43}	1.000	0.790
X_{15}	1.000	0.820	X_{44}	1.000	0.814
X_{16}	1.000	0.824	X_{45}	1.000	0.817
X_{17}	1.000	0.739	X_{46}	1.000	0.847
X_{18}	1.000	0.808	X_{47}	1.000	0.842
X_{19}	1.000	0.800	X_{48}	1.000	0.827
X_{20}	1.000	0.790	X_{49}	1.000	0.689
X_{21}	1.000	0.807	X_{50}	1.000	0.961
X_{22}	1.000	0.794	X_{51}	1.000	0.735

续表

变量	初始	提取	变量	初始	提取
X_{23}	1.000	0.763	X_{52}	1.000	0.788
X_{24}	1.000	0.751	X_{53}	1.000	0.826
X_{25}	1.000	0.798	X_{54}	1.000	0.828
X_{26}	1.000	0.770	X_{55}	1.000	0.805
X_{27}	1.000	0.770	X_{56}	1.000	0.808
X_{28}	1.000	0.765	X_{57}	1.000	0.804
X_{29}	1.000	0.746	X_{58}	1.000	0.804

(3)因子命名

对因子载荷矩阵用方差最大法进行正交旋转,以便于对 15 个公因子进行命名。根据因子载荷矩阵表对变量进行分类,将 58 个变量分为 15 类,结合相关专业知识对 15 个因子进行重命名。因子命名结果见表 4,表 4 中的二级指标即是根据因子载荷命名的结果。

5. 计算得分

(1)标准化因子得分

对 15 个公因子的因子得分系数采用回归法进行估计。因子得分既有正值也有负值,其均值为 0,标准差为 1。计算总分之前需将各因子的得分进行指数化处理,即将所有的因子得分映射在区间[0,1]内。这里运用“min-max 标准化”方法对因子得分原始数值进行线性变换。设 A_{min} 和 A_{max} 分别为公因子 A 的因子得分的最小值和最大值,将公因子 A 的一个因子得分的原始值 X 通过“min-max 标准化”映射成在区间[0,1]中,得到指数化后的值 X',其公式为:

$$X'=\frac{X-A_{min}}{A_{max}-A_{min}} \tag{2}$$

因有 65 563 个有效样本,15 个公因子在各个有效样本中的具体得分不便在此一一呈现,故略去。

(2)公因子权重确定

因子分析法是客观赋权中常用的方法,通过公因子的方差贡献率可以计算出指标的相对权数。这里评价因子的权值即为用最大方差法旋转后的因子载荷。公因子的方差贡献率是该公因子对各变量的全部贡献水平,所以因子载荷可以看成是公因子对变量的重要系数,符合权值的意义。对 15 个公因子的方差贡献率进行归一化处理,即用每一个公因子的方差贡献率除以这 15 个公因子的累计方差贡献率,得到相应的公因子权重。计算得到的权重即为各二级指标的权重,再将二级指标的权重直接相加,得到各一级指标的权重,结果见表 4。

(3)单个高校大学生劳动素养指数的测算结果

如果用 H_i 表示高校大学生劳动素养指数，用 F_i 来代表公因子($i=1,2,3,4,\cdots,15$)标准化之后的得分，用 W_i($i=1,2,3,4,\cdots,15$)代表各因子的权重，那么每位高校大学生劳动素养指数的函数公式如下：

$$H_i=F_1W_1+F_2W_2+F_3W_3+F_4W_4+\cdots+F_{15}W_{15} \quad (3)$$

其中，$H_i\in[0,1]$。

通过式(3)可计算出单个高校大学生劳动素养指数：

$H_1=0.5734\times0.0650+0.6885\times0.0706+0.4133\times0.0189+0.5548\times0.0471+0.5522\times0.0799+0.5915\times0.1002+0.4155\times0.0631+0.4812\times0.0818+0.6526\times0.0987+0.3638\times0.0626+0.6153\times0.0826+0.5250\times0.0602+0.5746\times0.0272+0.3524\times0.0603+0.4519\times0.0619=0.5233$

$H_2=\cdots=0.5974$

$H_3=\cdots=0.4964$

…

$H_n=\cdots=0.5513(n=65\ 563)$

同理计算 n(65 563)个样本高校大学生劳动素养指数的加权算术平均数，为高校大学生劳动素养指数。公式如下：

$$H=(X_1F_1+X_2F_2+X_3F_3+\cdots+X_nF_n)/(F_1+F_2+F_3+\cdots+F_n) \quad (4)$$

其中，$H\in[0,1]$；$X_1,X_2,X_3,\cdots,X_n$ 表示在个体分数中出现的数值；F_1 表示 X_1 出现的次数，F_2 表示 X_2 出现的次数，依此类推，F_n 表示 X_n 出现的次数。

最终，$H=0.5263$。

即 2022 年高校大学生劳动素养指数为 0.5263。

(4)中国大学生劳动素养各分项指数测算

对总体样本中劳动价值观分项的 17 个变量进行因子分析，KMO 指数为 0.934，适合作因子分析；巴氏统计量(Bartlett's Test of Sphericity)的概率显著性为 0(自由度=136)，故拒绝原假设，即认为总体变量间的相关矩阵为非单位矩阵，因子模型合适。以累计方差贡献率大于 85%为标准，进一步提取公因子，提取出 4 个公因子，计算其因子权重分别为 0.2494、0.2039、0.2058、0.3410，对因子得分用“最大值-最小值法”进行标准化处理。各样本的因子权重与相应的标准化后的因子得分相乘得到每个样本的大学生劳动价值观指数，再对每一个样本的劳动价值观指数进行加权平均得到大学生劳动价值观指数。具体计算过程如下：

如果用 H_i 表示大学生劳动价值观指数，用 F_i 来代表公因子($i=1,2,3,4$)标准化之后的得分，用 W_i($i=1,2,3,4$)代表各因子的权重，那么每位大学生劳动价值观指数的函数公式如下：

$$H_i=F_1W_1+F_2W_2+F_3W_3+F_4W_4 \quad (5)$$

其中,$H_i \in [0,1]$。

通过式(5)可计算出单个大学生劳动价值观指数:

$H_1 = 0.7376 \times 0.2494 + 0.6153 \times 0.2039 + 0.6584 \times 0.2058 + 0.3554 \times 0.3410 = 0.5661$

$H_2 = \cdots = 0.6066$

$H_3 = \cdots = 0.5069$

…

$H_n = \cdots = 0.5828 (n = 65\ 563)$

同理计算 n(65 563)个大学生劳动价值观指数采用加权算术平均数计算。即65 563 个样本劳动价值观指数的加权算术平均数,方为劳动价值观指数。公式如下:

$$H = (X_1F_1 + X_2F_2 + X_3F_3 + \cdots + X_nF_n)/(F_1 + F_2 + F_3 + \cdots + F_n) \qquad (6)$$

其中,$H \in [0,1]$;$X_1, X_2, X_3, \cdots, X_n$ 表示在个体分数中出现的数值;F_1 表示 X_1 出现的次数,F_2 表示 X_2 出现的次数,依此类推,F_n 表示 X_n 出现的次数。代入式(6)得:

$H = 0.5795$

即 2022 年大学生劳动价值观指数为 0.5795。

同理,可以分别计算出高校大学生劳动素养 5 项分项指标指数:劳动价值观指数为 0.5795、劳动知识指数为 0.5820、劳动能力指数为 0.5603、劳动素质指数为 0.5666、劳动认知指数为 0.5253。

(二)中国大学生劳动素养指数总体状况

1. 全国分区大学生劳动素养指数总体状况

地理分区大学生劳动素养指数(简称分区大学生劳动素养指数)反映地理分区内高校大学生劳动素养总体状况。在本研究中的分区大学生劳动素养指数取该行政区域内样本高校大学生劳动素养指数的加权算术平均数,即为该分区大学生劳动素养指数。

表 8 是全国分区大学生劳动素养指数总体对比。研究表明,当前我国七大地理分区大学生劳动素养指数从高到低排名顺序为:华北、华东、东北、西北、华南、西南和华中地区。结果显示,经济发达地区,大学生劳动素养相对较好,优于经济欠发达地区;东部、北部地区优于中部、南部地区①。进一步分析结果还显示,即使在同一行政区域,大学生劳动素养也存在差异,如华中地区,湖南明显低于其他省份;而在西南地区,重庆明显低于其他省份。这说明行政区域内部也存在大学生劳动素质不均衡的情况。此外,从东部、中部、西部趋势来看,东部地区大学生劳动素养指数 0.5742,中部为 0.5706,西部为 0.5675,呈现递减趋势。

① 本研究暂时不考虑内蒙古地区的其他归类说法,仅从总体趋势分析。

表 8　全国分区大学生劳动素养指数总体对比

地理分区	地理分区内省份	分区大学生劳动素养指数	排名
华北	北京	0.5796	1
	河北		
	内蒙古*		
	山西		
	天津		
华东	安徽	0.5742	2
	福建		
	江苏		
	江西		
	山东		
	上海		
	浙江		
东北	黑龙江	0.5724	3
	吉林		
	辽宁		
西北	甘肃	0.5709	4
	宁夏		
	青海		
	陕西		
	新疆		
华南	广东	0.5673	5
	广西		
	海南		
西南	贵州	0.5647	6
	四川		
	西藏		
	云南		
	重庆		
华中	河南	0.5630	7
	湖北		
	湖南		

* 相关研究中亦有将内蒙古自治区的中部部分地区划入西北地区的划分方式，本研究暂不采用。

全国分区大学生劳动素养分项指数的比较如表 9、图 15 所示。从表 9 可以看出,在劳动价值观指数上,华北、西北和华东较高,西南和华南次之,东北和华中最低。劳动素质指数、劳动能力知识和劳动知识指数上,华北、西北、东北分值较高,华东和华中次之,最后是华南和西南,从北部、中部到西部地区呈现递减趋势。在劳动认知指数上,华北、西北、东北位列前三位,华中和华南次之,最后是华东和西南。

表 9　全国分区大学生劳动素养分项指标指数比较

地理分区	劳动价值观指数	劳动知识指数	劳动能力指数	劳动素质指数	劳动认知指数
华北	0.5945	0.7276	0.7266	0.7549	0.5537
华东	0.5933	0.6800	0.6848	0.7069	0.5314
东北	0.5881	0.6938	0.6990	0.7232	0.5455
西北	0.5934	0.7108	0.7144	0.7429	0.5485
华南	0.5887	0.6658	0.6749	0.6947	0.5315
西南	0.5908	0.6616	0.6643	0.6845	0.5222
华中	0.5839	0.6753	0.6798	0.7001	0.5335

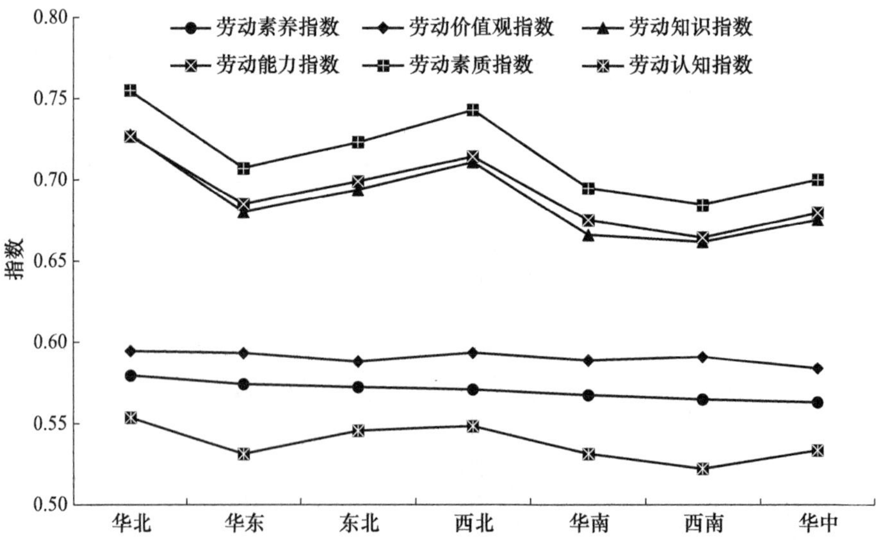

图 15　全国分区大学生劳动素养分项指标指数比较

全国分区大学生劳动素养分项指标指数的排名如表 10 所示。

表 10　全国分区大学生劳动素养分项排名比较

省份	劳动价值观指数排名	劳动能力指数排名	劳动知识指数排名	劳动素质指数排名	劳动认知指数排名
华北	1	1	1	1	1
华东	3	4	4	4	6
东北	6	3	3	3	3
西北	2	2	2	2	2
华南	5	6	6	6	5
西南	4	7	7	7	7
华中	7	5	5	5	4

(1)全国分区大学生劳动素养指数不同性别比较。男女性别的差异是反映地理分区高校大学生劳动素养差异的人口学特征之一。图 16 为全国分区高校不同性别大学生劳动素养指数对比结果。从图中可以看出,中国大部分区域(东北、华东、华中、西北、西南)男性大学生的劳动素养指数低于女性大学生,仅有少数区域(华北、华南)男性大学生的劳动素养指数略高于女性大学生(基本持平)。这说明就性别而言,女大学生有着更好的劳动素养。

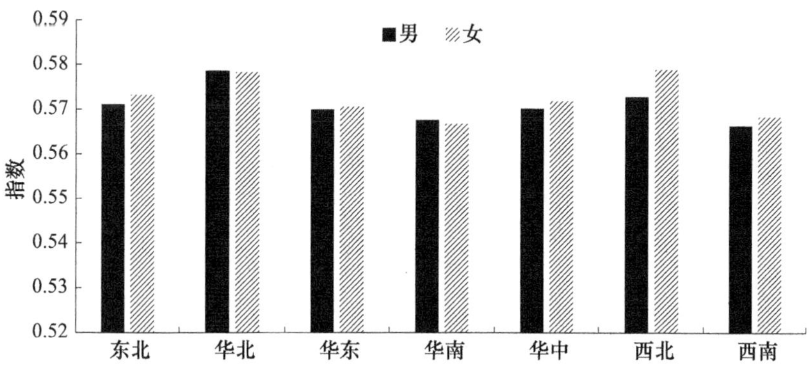

图 16　全国分区大学生劳动素养指数不同性别(男女)对比

(2)全国分区大学生劳动素养指数不同政治面貌比较。政治面貌的差异是反映区域高校大学生劳动素养差异的人口学特征之一。图 17 为全国分区高校党员与非党员大学生劳动素养指数的对比。从图中可以看出,除西南地区党员和非党员大学生劳动素养基本相等外,中国大部分区域党员大学生的劳动素养指数低于非党员大学生,这说明就政治面貌而言,非党员大学生有着更好的劳动素养。

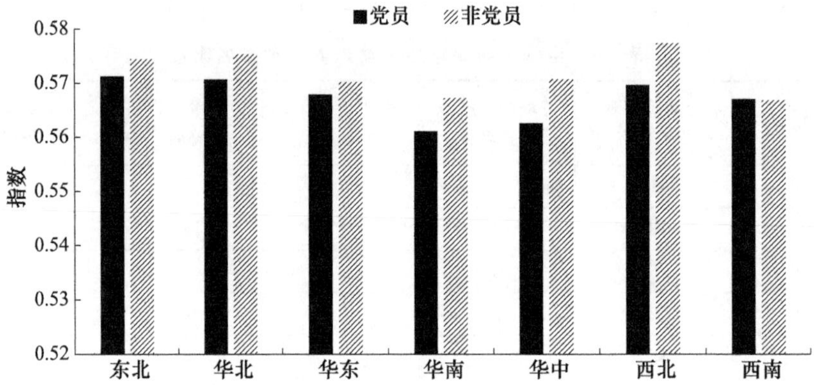

图 17　全国分区大学生劳动素养指数不同政治面貌(党员与非党员)对比

(3)全国分区大学生劳动素养指数不同户籍比较。户籍的差异是反映区域高校大学生劳动素养差异的人口学特征之一。图 18 为全国分区城镇与农村户籍大学生劳动素养指数的对比。从图中可以看出,部分地区(东北、华北、华东、西南)城镇户籍大学生的劳动素养指数高于农村户籍大学生,也有部分地区(华南、华中、西北)城镇户籍大学生的劳动素养指数低于农村户籍大学生。说明不同户籍的大学生在不同区域劳动素养差异并不一致。

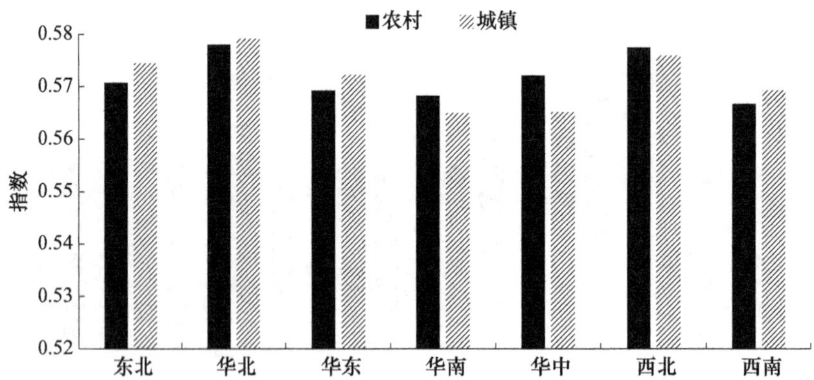

图 18　全国分区大学生劳动素养指数不同户籍(农村与城镇)对比

(4)全国分区大学生劳动素养指数不同办学性质比较。办学性质的差异是反映区域高校大学生劳动素养差异的学校本身特征之一。图 19 为全国分区公立与民办高校大学生劳动素养指数的对比。从图中可以看出,部分区域(东北、华北、西南)公立高校大学生的劳动素养指数低于民办大学生,也有部分区域(华东、华南、华中、西北)公立高校大学生的劳动素养指数高于民办高校大学生。说明不同办学性质高校的大学生在不同区域劳动素养差异并不一致。

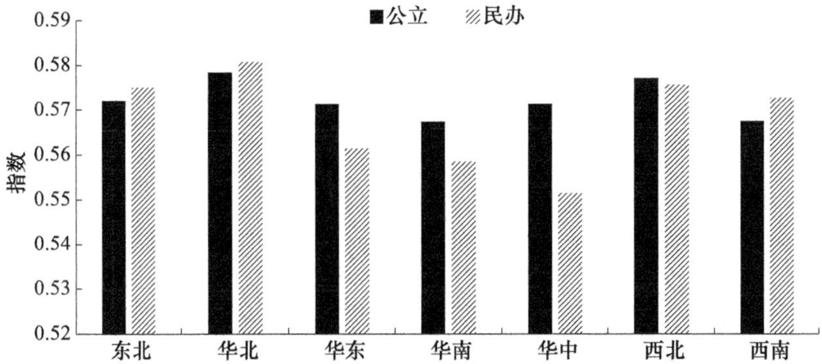

图 19　全国分区大学生劳动素养指数不同办学性质(公立与民办)对比

(5)全国分区大学生劳动素养指数不同办学层次比较。办学层次的差异是反映区域高校大学生劳动素养差异的学校本身特征之一。图 20 为区域双一流类高校(含 985、211 和双一流高校)与非双一流类高校[含普通高校、高职(专科)院校]大学生劳动素养指数的对比。从图中可以看出,除西南地区双一流类高校与非双一流类高校大学生劳动素养基本一致外,大部分区域非双一流类高校的大学生劳动素养指数高于双一流类高校的大学生。说明从办学层次而言,非双一流类高校的大学生有着更好的劳动素养。

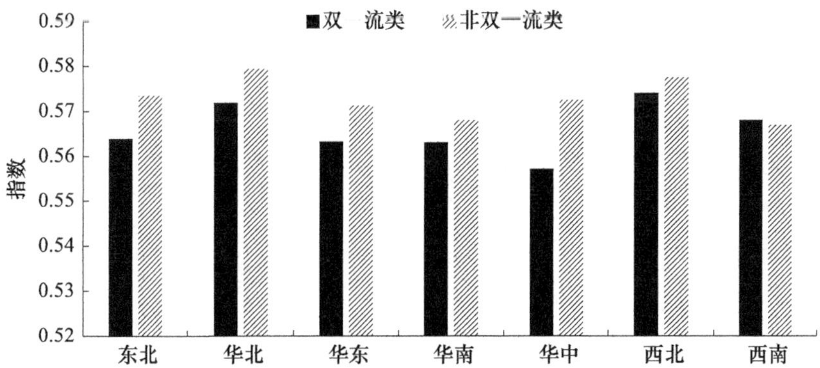

图 20　全国分区大学生劳动素养指数不同办学层次(双一流类与非双一流类)对比

(6)全国分区大学生劳动素养指数计划生育政策比较。独生子女与非独生子女的差异是反映区域高校大学生劳动素养差异的人口学特征之一。图 21 为全国分区独生子女与非独生子女大学生劳动素养指数的对比。从图中可以看出,除华南和西北外,大部分区域独生子女大学生的劳动素养高于非独生子女大学生。这说明从计划生育政策而言,独生子女大学生有着更好的劳动素养,这与常规的认知存在一定的差异。

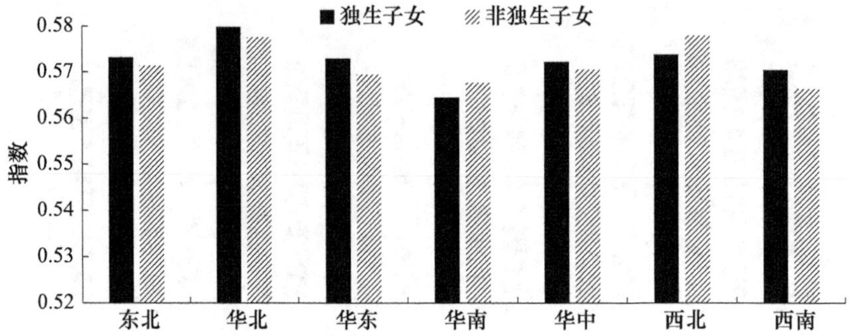

图 21　全国分区大学生劳动素养指数计划生育政策(独生子女与非独生子女)[①]对比

(7)全国分区大学生劳动素养指数不同年级比较。年级的差异是反映区域高校大学生劳动素养差异的人口学特征之一。图 22 为全国分区不同年级大学生劳动素养指数的对比。从图中可以看出,除华中地区大三学生的劳动素养较高外,大部分区域高校大学生随着年级的增长,劳动素养指数呈下降趋势。说明中国大学生在大学期间随着年级的增长劳动素养呈不断下降趋势,呈现劳动素养提升"倒挂"现象。

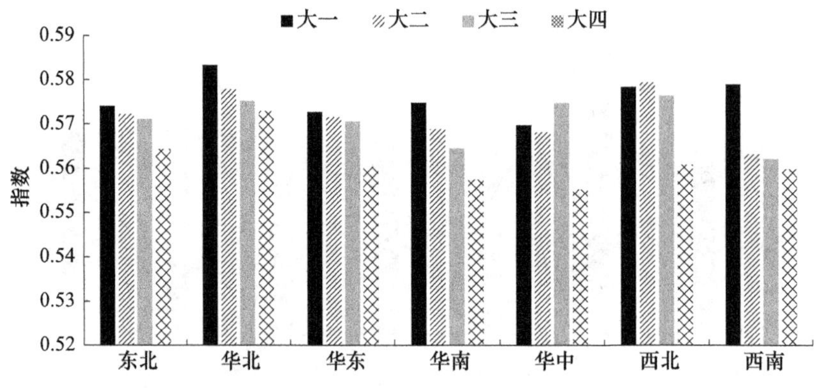

图 22　全国分区大学生劳动素养指数不同年级对比

2. 全国分省大学生劳动素养指数总体状况

省级行政区大学生劳动素养指数(简称分省大学生劳动指数)反映一个省域内高校大学生劳动素养状况。在本研究中的分省大学生劳动指数取该省样本高校大

① 独生子女是指一对夫妻只生育了唯一子女,没有一个亲兄弟姐妹,是当时为了响应国家控制人口计划生育的政策。非独生子女指一对夫妻生育了不止一个子女,其子女有亲兄弟姐妹。后同。

学生劳动素养指数的加权算术平均值，即得出该省的高校大学生劳动素养指数。

表 11 是全国分省大学生劳动素养指数对比。研究表明，对各省的高校大学生劳动素养指数按由高到低进行排名，排名前 10 的省份依次是内蒙古、天津、新疆、山东、江苏、浙江、河北、湖北、山西、北京。结果显示，在 31 个被调研省份中，有 17 个省份的大学生劳动素养指数高于平均值(0.5715)，且各省之间差异较小，总体水平处于合理区间。

表 11　全国分省大学生劳动素养指数对比

省份*	分省大学生劳动素养指数**	排名
内蒙古	0.5865	1
天津	0.5863	2
新疆	0.5835	3
山东	0.5819	4
江苏	0.5785	5
浙江	0.5773	6
河北	0.5765	7
湖北	0.5756	8
山西	0.5750	9
北京	0.5734	10
—	0.5732	11
—	0.5730	12
—	0.5730	13
—	0.5722	14
—	0.5720	15
—	0.5720	16
—	0.5717	17
—	0.5708	18
—	0.5702	19
—	0.5694	20
—	0.5692	21
—	0.5685	22
—	0.5685	23

续表

省份*	分省大学生劳动素养指数**	排名
—	0.5679	24
—	0.5662	25
—	0.5655	26
—	0.5652	27
—	0.5637	28
—	0.5599	29
—	0.5542	30
—	0.5426	31

*此次呈现原始计算数据，根据需要只显示前 10 名省份。

**本研究通过比较小数点后 5 位进行排序，此处仅显示 4 位。

全国分省大学生劳动素养分项指数的比较如表 12、图 23 和图 24 所示。

表 12　全国分省大学生劳动素养分项指标指数比较

省份*	劳动素质指数	劳动能力指数	劳动知识指数	劳动认知指数	劳动价值观指数
内蒙古	0.7849	0.7549	0.7621	0.5654	0.5954
天津	0.7637	0.7291	0.7344	0.5535	0.5986
新疆	0.7596	0.7328	0.7316	0.5554	0.5977
山东	0.7712	0.7404	0.7404	0.5581	0.5992
江苏	0.7107	0.6859	0.6861	0.5429	0.5776
浙江	0.7328	0.7066	0.7081	0.5542	0.5806
河北	0.7249	0.7010	0.7052	0.5468	0.5858
湖北	0.6905	0.6784	0.6813	0.5239	0.5930
山西	0.7558	0.7215	0.7171	0.5474	0.6038
北京	0.7426	0.7197	0.7166	0.5524	0.5899
—	0.7481	0.7181	0.7083	0.5476	0.5965
—	0.7267	0.6987	0.6916	0.5454	0.5894
—	0.7201	0.6964	0.6911	0.5440	0.5876
—	0.7296	0.7042	0.6978	0.5421	0.5985
—	0.7226	0.6985	0.6937	0.5473	0.5850
—	0.7012	0.6800	0.6797	0.5319	0.5917

续表

省份*	劳动素质指数	劳动能力指数	劳动知识指数	劳动认知指数	劳动价值观指数
—	0.6990	0.6847	0.6816	0.5347	0.5925
—	0.7063	0.6821	0.6760	0.5383	0.5793
—	0.7331	0.6970	0.6966	0.5401	0.5894
—	0.7053	0.6844	0.6824	0.5286	0.5978
—	0.6976	0.6796	0.6772	0.5148	0.6068
—	0.6484	0.6264	0.6252	0.5364	0.5552
—	0.7040	0.6821	0.6751	0.5284	0.5944
—	0.7104	0.6861	0.6792	0.5407	0.5847
—	0.6799	0.6583	0.6546	0.5272	0.5799
—	0.6986	0.6728	0.6705	0.5248	0.5976
—	0.6668	0.6516	0.6448	0.5249	0.5834
—	0.6933	0.6758	0.6619	0.5264	0.5913
—	0.7015	0.6764	0.6574	0.5293	0.5866
—	0.6669	0.6603	0.6451	0.5080	0.5888
—	0.6659	0.6537	0.6283	0.5198	0.5972

＊此次呈现原始计算数据，根据需要只显示前10名省份。

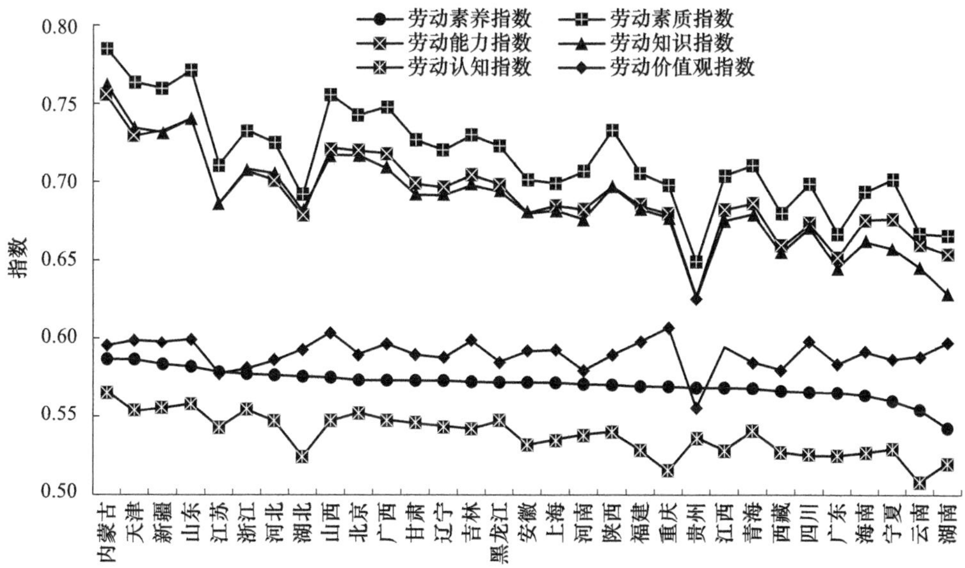

图23　全国分省大学生劳动素养分项指标指数比较

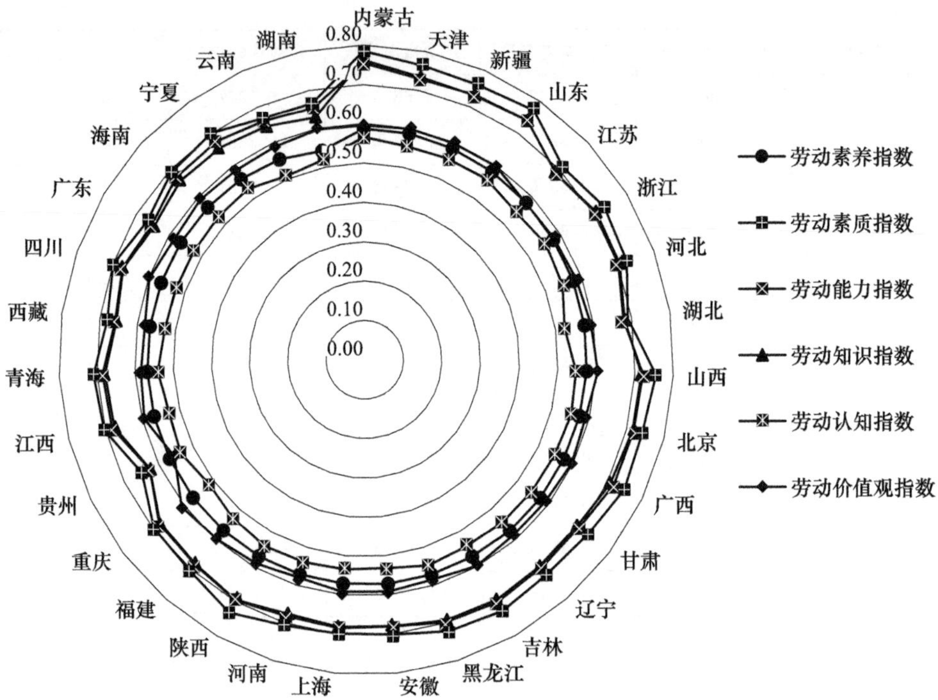

图 24 全国分省大学生劳动素养分项指标指数蛛网图比较

全国分省大学生劳动素养分项指标指数的排名如表 13 和图 25 所示。

表 13 全国分省大学生劳动素养分项排名比较

省份*	劳动素养	劳动素质	劳动能力	劳动知识	劳动认知	劳动价值观
内蒙古	1	1	1	1	1	11
天津	2	3	4	3	5	4
新疆	2	4	3	4	3	7
山东	3	2	2	2	2	3
江苏	4	15	16	15	13	30
浙江	5	9	8	8	4	27
河北	6	12	10	9	10	23
湖北	7	26	23	18	28	13
山西	8	5	5	5	8	2
北京	9	7	6	6	6	17
—	10	6	7	7	7	10

续表

省份*	劳动素养	劳动素质	劳动能力	劳动知识	劳动认知	劳动价值观
—	11	11	11	13	11	18
—	12	14	14	14	12	21
—	13	10	9	10	14	5
—	14	13	12	12	9	24
—	15	21	21	19	20	15
—	16	22	17	17	19	14
—	17	17	19	22	17	29
—	18	8	13	11	16	19
—	19	18	18	16	22	6
—	20	24	22	21	30	1
—	21	31	31	31	18	31
—	22	19	20	23	23	12
—	23	16	15	20	15	25
—	24	27	28	27	24	28
—	25	23	26	24	27	8
—	26	29	30	29	26	26
—	27	25	25	25	25	16
—	28	20	24	26	21	22
—	29	28	27	28	31	20
—	30	30	29	30	29	9

* 此次呈现原始计算数据，根据需要只显示前 10 名省份。

(1)全国分省大学生劳动素养指数性别比较。男女性别的差异是反映省级行政区内高校大学生劳动素养差异的人口学特征之一。图 26 为全国分省高校大学生劳动素养指数不同性别对比结果。从图中可以看出，大部分省份(如河南、河北、山西)女性大学生的劳动素养指数高于男性大学生，仅有少数省份(如云南、青海、广东)男性大学生的劳动素养指数高于女性大学生以及有的省份(如福建、江西、辽宁)男女大学生的劳动素养指数相差不多。总体而言，经测算，中国男性和女性大学生整体劳动素养指数分别为 0.5706 和 0.5717，女性略高于男性，这说明大部分省份女大学生有着更好的劳动素养。

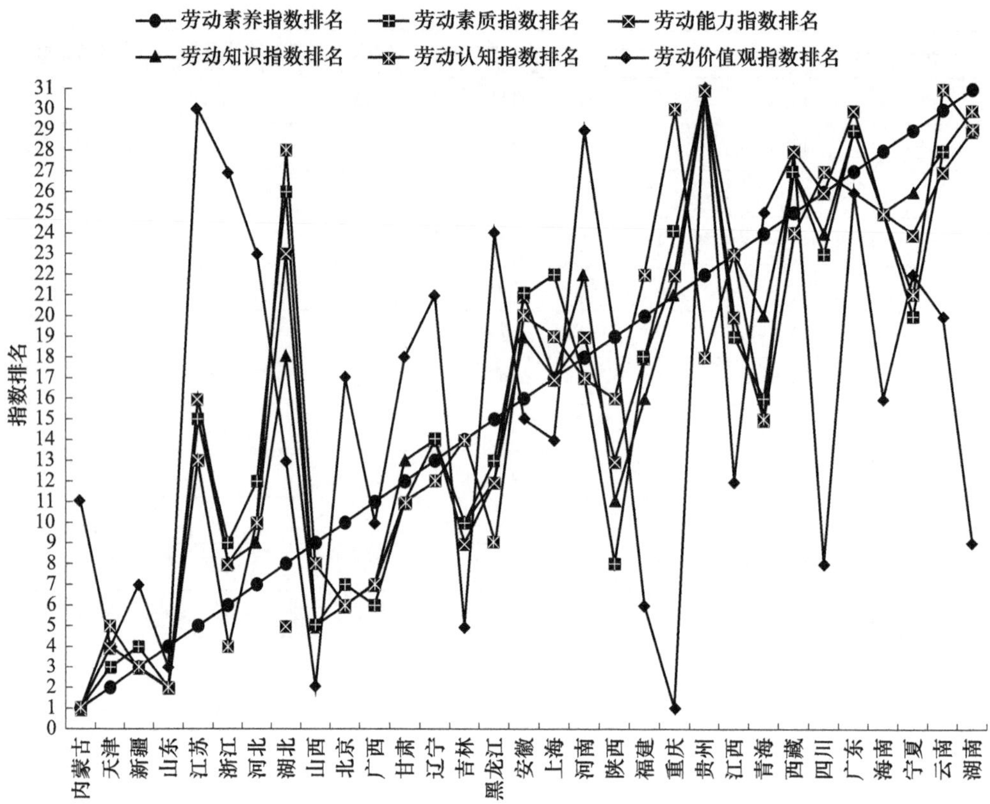

图 25　全国分省大学生劳动素养分项指标指数排名

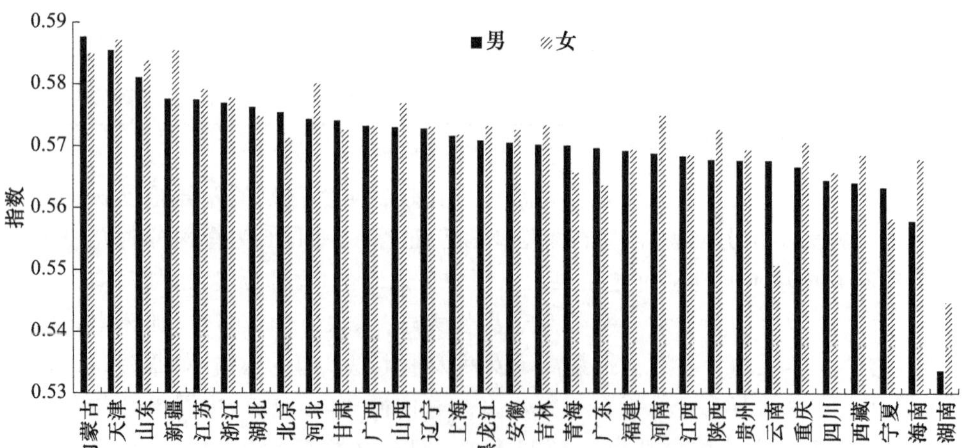

图 26　全国分省大学生劳动素养指数不同性别(男女)对比

(2)全国分省大学生劳动素养指数政治面貌比较。政治面貌的差异是反映区域高校大学生劳动素养差异的人口学特征之一。图 27 为全国分省高校党员与非党员大学生劳动素养指数的对比。从图中可以看出,部分省份(如广西、内蒙古、浙江)党员大学生的劳动素养指数高于非党员大学生,也有部分省份(如河北、吉林、云南)非党员大学生的劳动素养指数高于党员大学生,还有些省份(如安徽、山西、北京)党员与非党员大学生的劳动素养指数相差不多。总体而言,经测算,中国党员和非党员大学生整体劳动素养指数分别为 0.5702 和 0.5713,非党员略高于党员,这说明大部分省份非党员大学生有着更好的劳动素养。

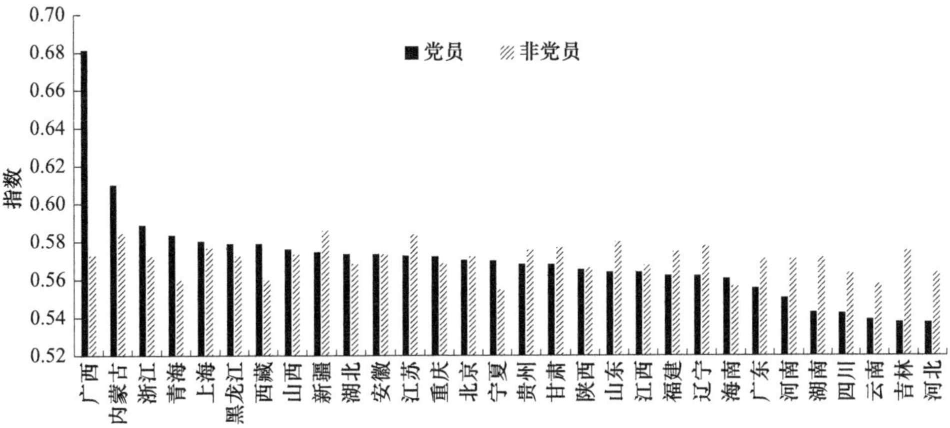

图 27　全国分省大学生劳动素养指数不同政治面貌(党员与非党员)对比

(3)全国分省大学生劳动素养指数户籍比较。户籍的差异是反映各省高校大学生劳动素养差异的人口学特征之一。图 28 为全国分省城镇与农村户籍大学生劳动素养指数的对比。从图中可以看出,部分省份(如湖北、内蒙古、河南)农村户籍大学生的劳动素养指数高于城镇户籍大学生,也有部分省份(如四川、山西、甘肃)城镇户籍大学生的劳动素养指数高于农村户籍大学生,有的省份(如安徽、黑龙江、新疆)城镇与农村户籍大学生的劳动素养指数相差不多。总体而言,经测算,中国城镇和农村户籍大学生劳动素养指数分别为 0.5713 和 0.5707,城镇户籍大学生略高于农村户籍大学生,说明大部分省份城镇大学生有着更好的劳动素养。

(4)全国分省大学生劳动素养指数办学性质比较。办学性质的差异是反映各省高校大学生劳动素养差异的学校本身特征之一。图 29 为全国分省公立与民办高校大学生劳动素养指数的对比。从图中可以看出,部分省份(如青海、天津、河北)民办高校大学生的劳动素养指数高于公立大学生,也有部分省份(如上海、湖北、贵州)公立大学生的劳动素养指数高于民办高校大学生,还有些省份(如江苏、

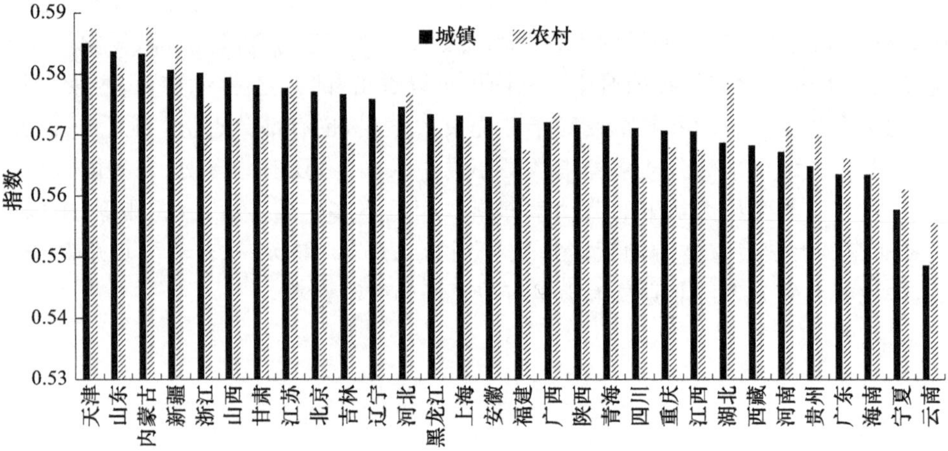

图 28　全国分省大学生劳动素养指数不同户籍(城镇与农村)对比

福建、浙江)公立与民办大学生的劳动素养指数相差不多。总体而言,经测算,中国公立和民办高校大学生劳动素养指数分别为 0.5711 和 0.5736,民办高校高于公立高校,说明大部分省份民办高校的大学生有着更好的劳动素养。

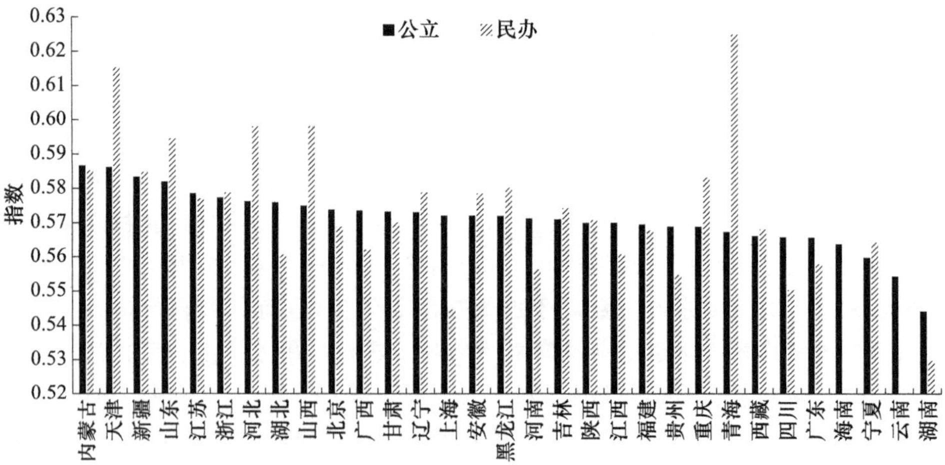

图 29　全国分省大学生劳动素养指数不同办学性质(公立与民办)对比

(5)全国分省大学生劳动素养指数办学层次比较。办学层次的差异是反映各省高校大学生劳动素养差异的学校本身特征之一。图 30 为全国分省双一流类高校(含 985、211 和双一流高校)与非双一流类高校[含普通高校、高职(专科)院校]大学生劳动素养指数的对比。进一步的研究发现,大部分省域非双一流类高校大学生的劳动素养指数高于双一流类高校大学生。经数据测算,中国双一流类和非双一流类高校大学生劳动素养指数分别为 0.5697 和 0.5725，非双一流类高校高于双一流类高校，说明大部分省份非双一流类高校的大学生有着更好的劳动素养。

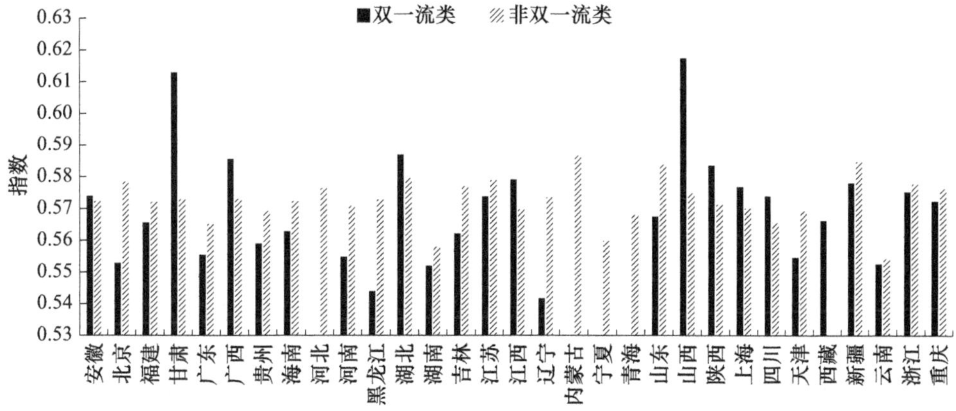

图 30　全国分省大学生劳动素养指数不同办学层次（双一流类与非双一流类）对比

（6）全国分省大学生劳动素养指数计划生育政策比较。独生子女与非独生子女的差异是反映各省高校大学生劳动素养差异的人口学特征之一。图 31 为全国分省独生子女与非独生子女大学生劳动素养指数的对比。进一步的研究发现，大部分省份独生子女大学生的劳动素养指数高于非独生子女大学生。经数据测算，中国独生子女和非独生子女大学生劳动素养指数分别为 0.5719 和 0.5705，独生子女高于非独生子女，说明大部分省份独生子女大学生有着更好的劳动素养。

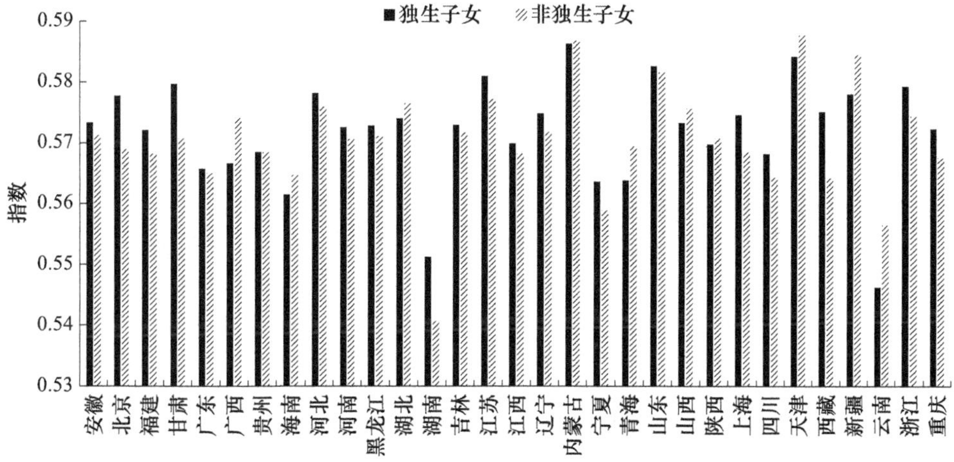

图 31　全国分省大学生劳动素养指数计划生育政策（独生子女与非独生子女）对比

(7)全国分省大学生劳动素养指数年级比较。年级的差异是反映各省高校大学生劳动素养差异的人口学特征之一。图 32 为全国分省不同年级大学生劳动素养指数的对比。进一步的研究发现,中国大部分省份高校大学生随着年级的增长,劳动素养指数呈下降趋势。经数据测算,大一、大二、大三和大四年级的大学生劳动素养指数分别为 0.5754、0.5714、0.5693 和 0.5596,大一学生的劳动素养指数最高,大四学生最低,说明中国大学生在大学期间随着年级的增长,劳动素养呈不断下降趋势。

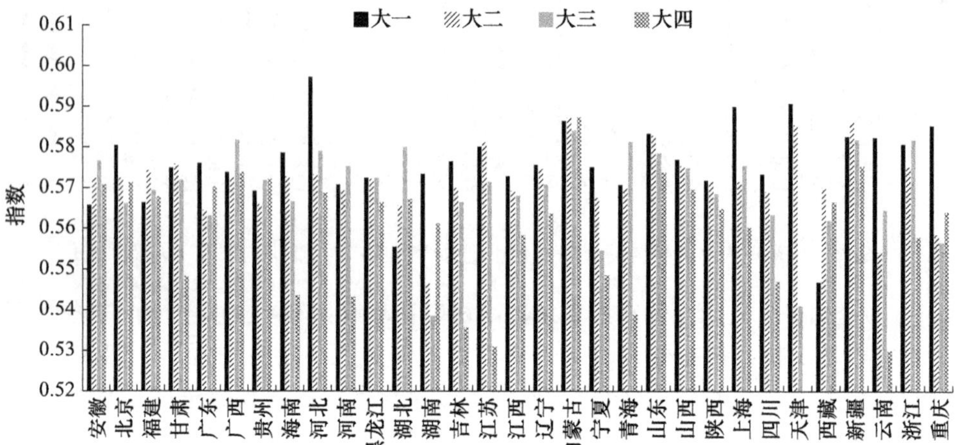

图 32　全国分省大学生劳动素养指数不同年级对比

(三)中国大学生劳动素养分项指数状况

1. 全国分区大学生劳动素养分项指数状况

(1)全国分区大学生劳动价值观分项指数状况

与大学生劳动素养指数计算方法相同,对每一个分区样本进行计算,可以得出其大学生劳动价值观这一分项指标指数。如表 10 所示,对各区域的大学生劳动价值观指数按从高到低排名依次是:华北、西北、华东、西南、华南、东北和华中。

图 33 是全国分区高校大学生劳动素养指数与劳动价值观指数的比较。对比发现,中国分区大学生劳动素养指数排名与劳动价值观指数排名存在差别。从图中可以看出,分区大学生劳动价值观指数均大于劳动素养指数。

从图 34 可知,劳动价值观指数排名与劳动素养指数排名并不一致,在有些区域还存在较大差异,如东北地区大学生的劳动价值观指数排名第 6,但其劳动素养指数排名第 3。

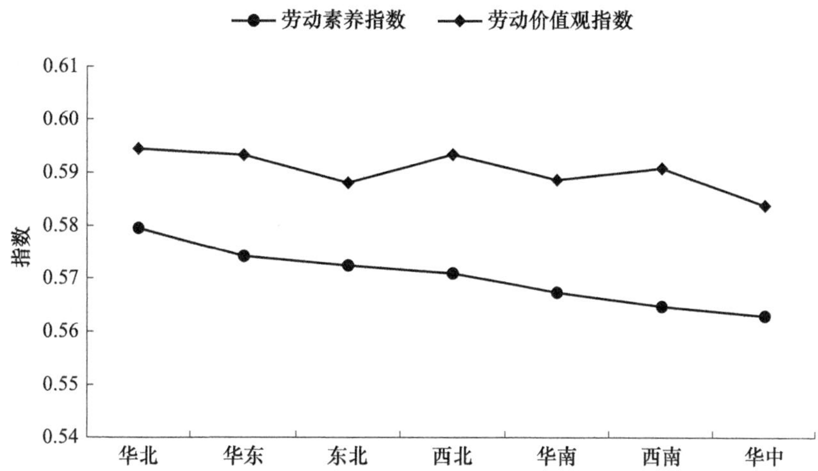

图 33 全国分区大学生劳动素养指数与劳动价值观指数比较

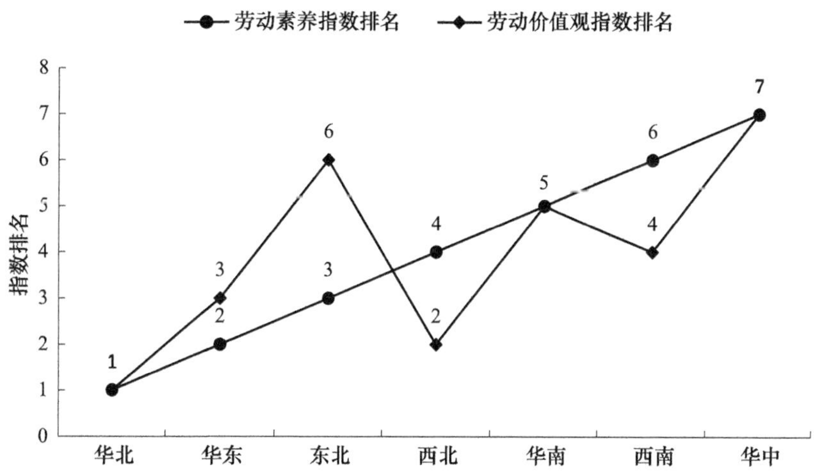

图 34 全国分区大学生劳动素养指数排名与劳动价值观指数排名比较

图 35 为全国分区大学生劳动价值观指数不同性别对比。对比发现,中国各分区男性大学生劳动价值观指数普遍低于女性大学生。说明中国各分区女大学生有着更好的劳动价值观。

图 36 为全国分区大学生劳动价值观指数党员与非党员对比。对比发现,中国各分区党员大学生劳动价值观指数普遍高于非党员大学生。说明党员大学生普遍有着更好的劳动价值观。

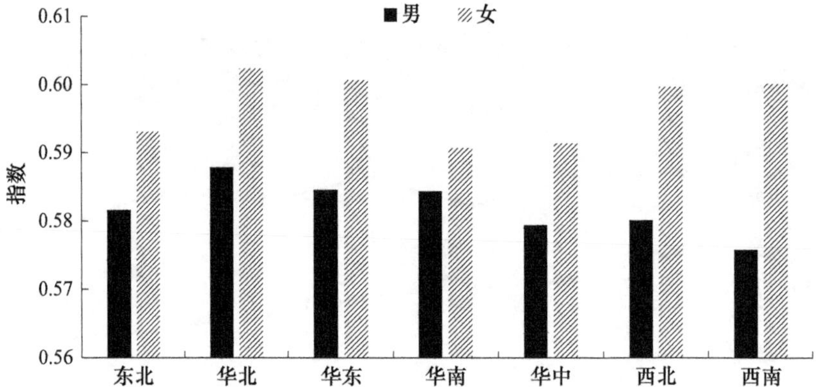

图 35　全国分区大学生劳动价值观指数不同性别对比

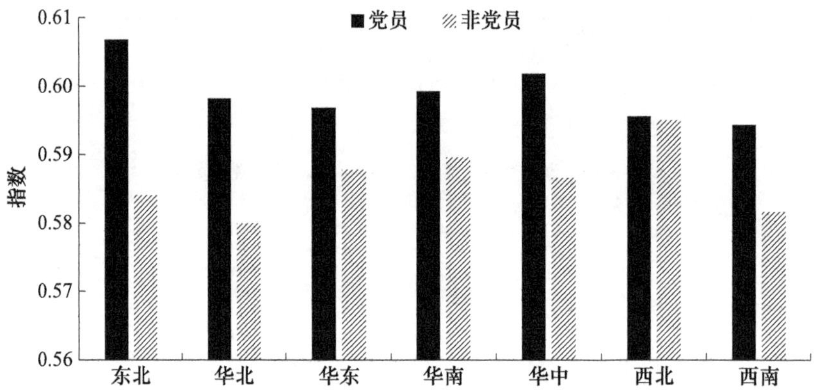

图 36　全国分区大学生劳动价值观指数不同政治面貌(党员与非党员)对比

图 37 为全国分区大学生劳动价值观指数城镇与农村户籍对比。对比发现,全国分区城镇户籍大学生和农村户籍大学生劳动价值观指数存在差异。从图中可以看出,超半数地区(东北、华北、华南、西南)城镇户籍大学生劳动价值观指数高于农村户籍大学生,而少数地区(华东、华中、西北)城镇户籍大学生劳动价值观指数低于农村户籍大学生。

图 38 为全国分区大学生劳动价值观指数公立与民办高校对比。对比发现,全国分区不同办学性质大学生劳动价值观指数存在差异。从图中可以看出,绝大多数地区公立高校大学生劳动价值观指数高于民办高校大学生,仅东北地区出现公立高校大学生劳动价值观指数低于民办高校大学生的情况。

图 39 为全国分区大学生劳动价值观指数双一流类与非双一流类高校对比。对比发现,全国分区不同办学层次大学生劳动价值观指数存在差异。从图中可以看出,超半数地区(东北、华南、华中、西北、西南)双一流类高校大学生劳动价值观指数高于非双一流类高校大学生,而少数地区(华北、华东)双一流类高校大学生劳

动价值观指数低于非双一流类高校大学生。

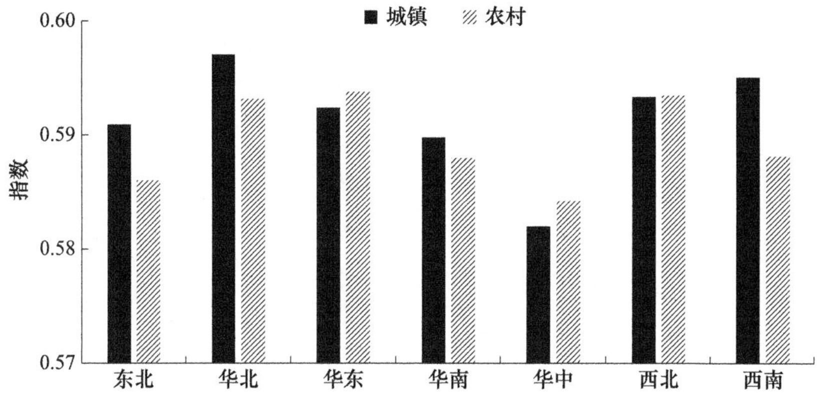

图 37 全国分区大学生劳动价值观指数不同户籍(城镇与农村)对比

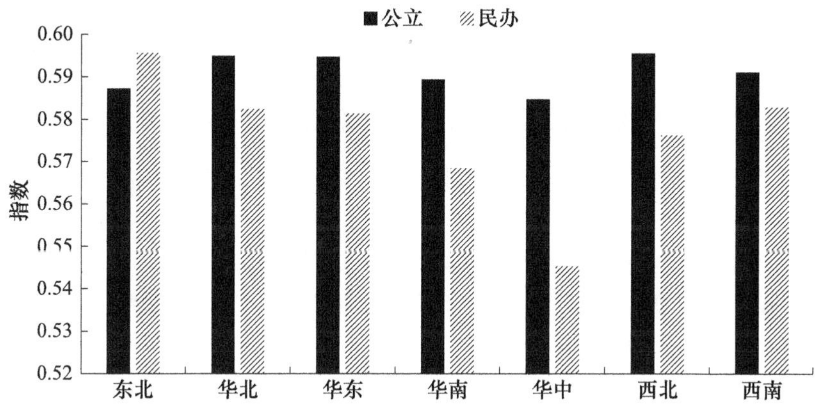

图 38 全国分区大学生劳动价值观指数不同办学性质(公立与民办)对比

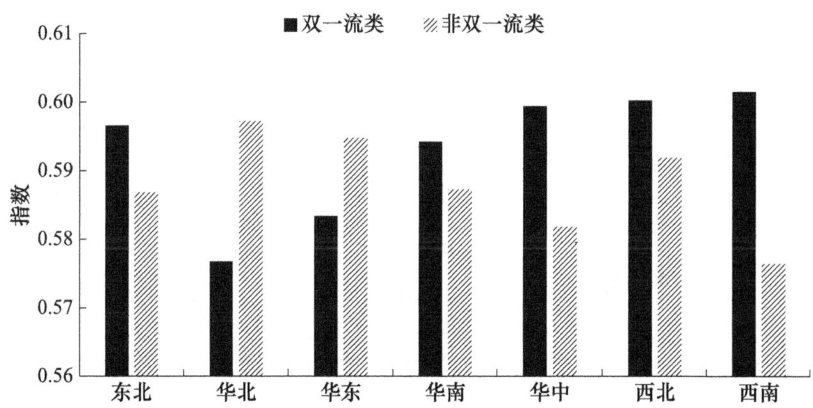

图 39 全国分区大学生劳动价值观指数不同高校办学层次(双一流类与非双一流类)对比

图 40 为全国分区大学生劳动价值观指数独生子女与非独生子女对比。对比发现,全国分区独生子女与非独生子女大学生劳动价值观指数存在差异。从图中可以看出,超半数地区(华北、华东、华南、西北)独生子女大学生劳动价值观指数低于非独生子女大学生,而少数地区(华中、西南)独生子女大学生劳动价值观指数略高于非独生子女大学生,东北地区基本持平。

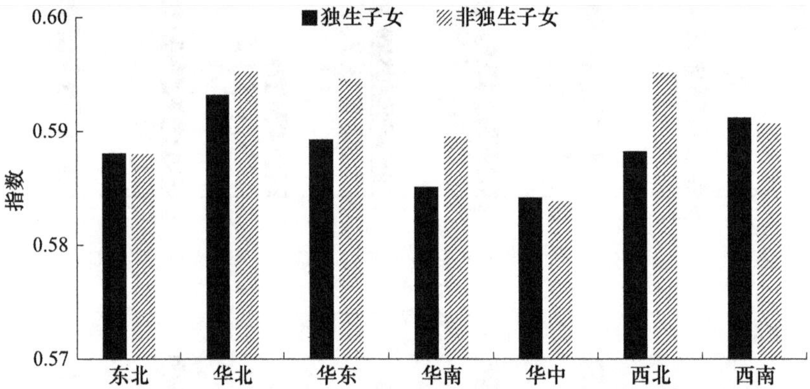

图 40　全国分区大学生劳动价值观指数独生子女与非独生子女对比

图 41 为全国分区大学生劳动价值观指数不同年级对比。对比发现,全国大部分地区(东北、华北、华东、西北、西南)大一学生的劳动价值观指数最高,随着年级的增长,劳动价值观指数呈逐步下降或波动下降的趋势;部分地区(华南、华中)大一学生的劳动价值观指数明显低于其他年级;少数地区(东北、华中)则出现大四年级劳动价值观指数最高的情况。

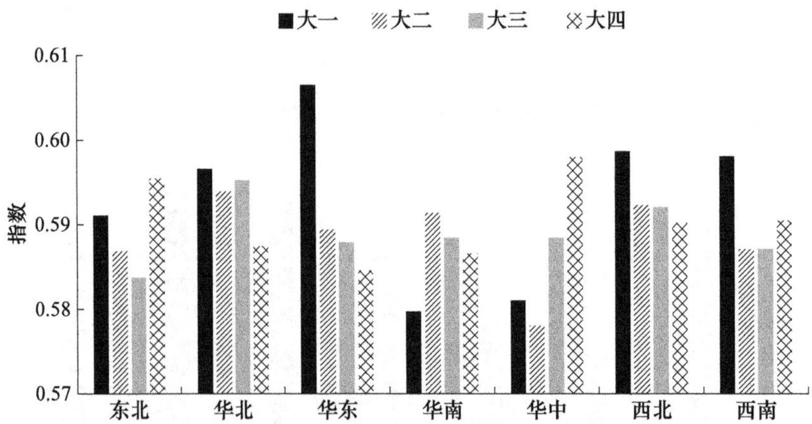

图 41　全国分区大学生劳动价值观指数不同年级对比

(2)全国分区大学生劳动知识分项指数状况

与大学生劳动素养指数计算方法相同,对每一个分区样本进行计算,可以得出其大学生劳动知识这一分项指标指数。如表10所示,各区域的大学生劳动知识指数按从高到低排名依次是:华北、西北、东北、华东、华中、华南和西南。

图42是全国分区高校大学生劳动素养指数与劳动知识指数的比较。对比发现,全国分区大学生劳动素养指数排名与劳动知识指数排名存在差别。从图中可以看出,分区大学生劳动知识指数均大于劳动素养指数。从图43可知,劳动知识指数排名与劳动素养指数排名并不一致,在有些区域还存在较大差异,如西北地区大学生的劳动知识指数排名第2,但其劳动素养指数排名第4。

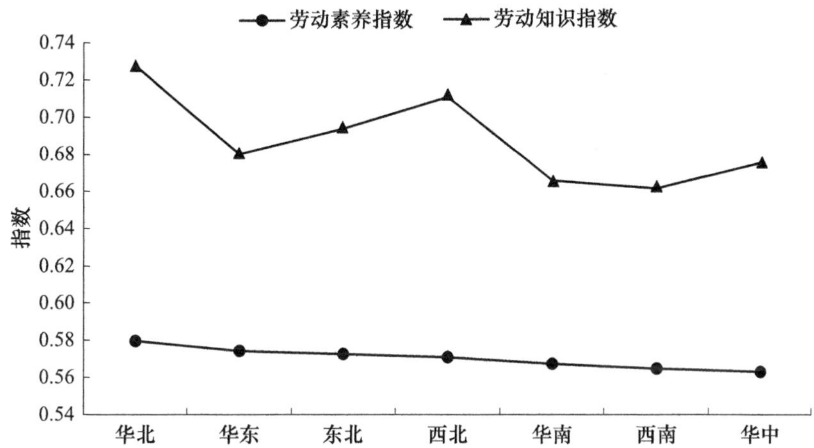

图42　全国分区大学生劳动素养指数与劳动知识指数比较

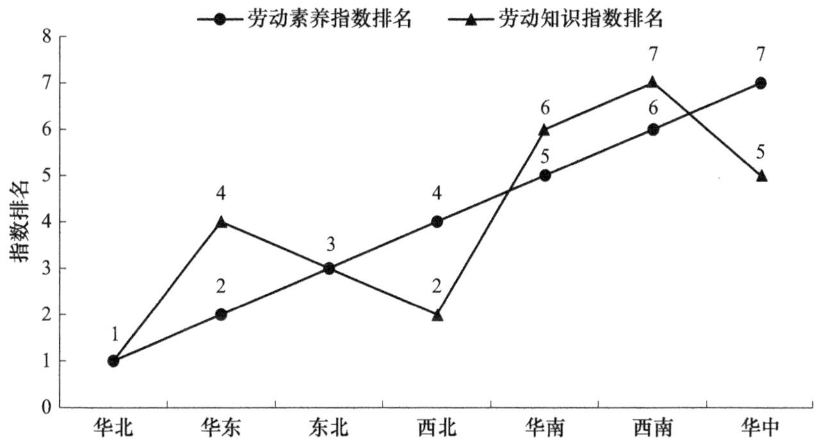

图43　全国分区大学生劳动素养指数排名与劳动知识指数排名比较

图 44 为全国分区大学生劳动知识指数不同性别对比。对比发现，全国分区不同性别大学生劳动知识指数存在差异。从图中可以看出，大部分地区(东北、华北、华东、华南)男性大学生劳动知识指数高于女性大学生，部分地区(华中、西北、西南)男性大学生劳动知识指数低于女性大学生。

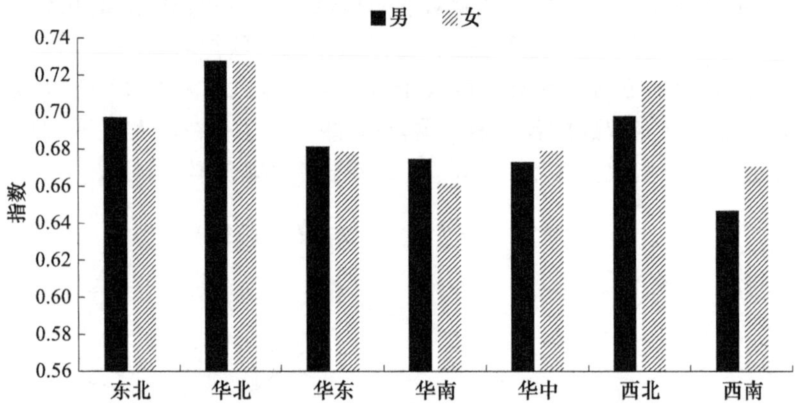

图 44　全国分区大学生劳动知识指数不同性别对比

图 45 为全国分区大学生劳动知识指数党员与非党员对比。对比发现，全国分区党员大学生和非党员大学生劳动知识指数存在差异。从图中可以看出，大部分地区(东北、华北、华东、西南)党员大学生劳动知识指数高于非党员大学生，部分地区(华南、华中、西北)党员大学生劳动知识指数低于非党员大学生。

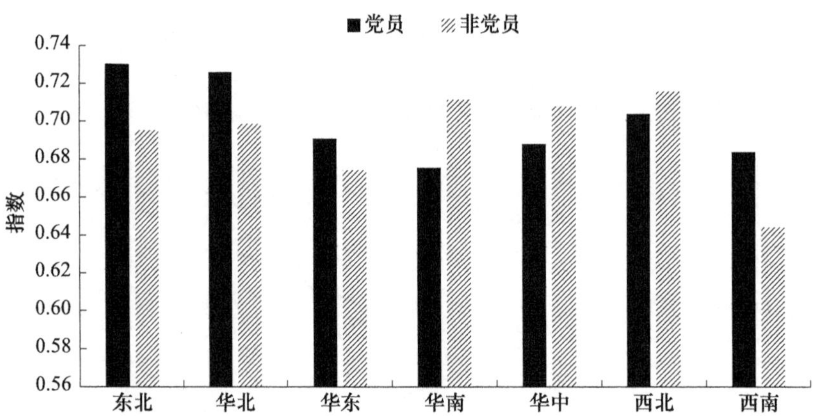

图 45　全国分区大学生劳动知识指数不同政治面貌(党员与非党员)对比

图 46 为全国分区大学生劳动知识指数城镇与农村户籍对比。对比发现，全国分区城镇户籍大学生和农村户籍大学生劳动知识指数存在差异。从图中可以看出，大部分地区(东北、华北、华东、华南、西南)城镇户籍大学生劳动知识指数高于

农村户籍大学生，而少数区域（华中、西北）城镇户籍大学生劳动知识指数低于农村户籍大学生。

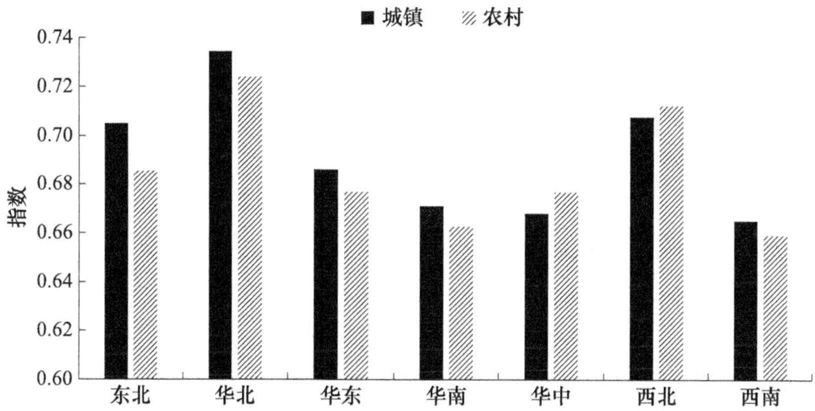

图 46 全国分区大学生劳动知识指数不同户籍（城镇与农村）对比

图 47 为全国分区大学生劳动知识指数公立与民办高校对比。对比发现，全国分区不同办学性质大学生劳动知识指数存在差异。从图中可以看出，绝大多数地区（华东、华南、华中、西北、西南）公立高校大学生劳动知识指数高于民办高校大学生，仅东北和华北地区出现公立高校大学生劳动知识指数略低于民办高校大学生的情况。

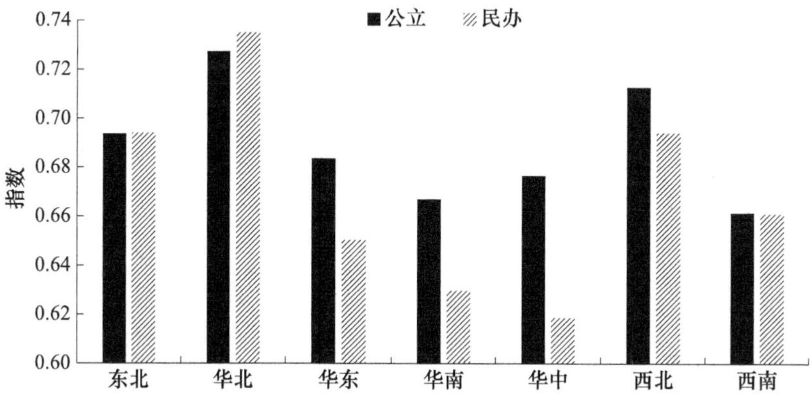

图 47 全国分区大学生劳动知识指数不同办学性质（公立与民办）对比

图 48 为全国分区大学生劳动知识指数双一流类与非双一流类高校对比。对比发现，全国分区不同办学层次大学生劳动知识指数存在差异。从图中可以看出，绝大多数地区双一流类高校大学生劳动知识指数低于非双一流类高校大学生，仅西南地区双一流类高校大学生劳动知识指数高于非双一流类高校大学生。

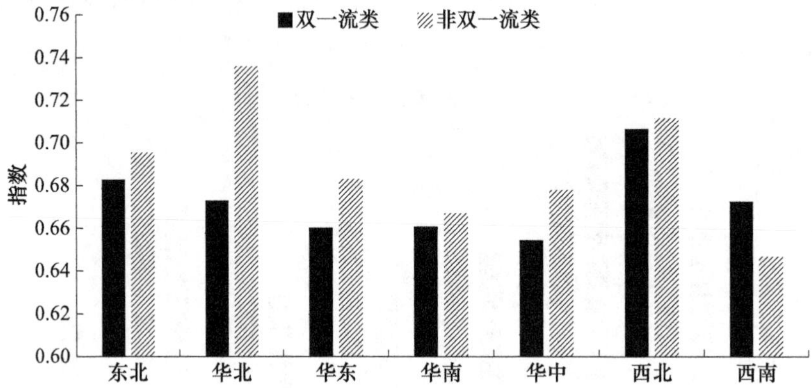

图 48　全国分区大学生劳动知识指数不同办学层次(双一流类与非双一流类)对比

图 49 为全国分区大学生劳动知识指数独生子女与非独生子女对比。对比发现,全国分区独生子女与非独生子女大学生劳动知识指数存在差异。从图中可以看出,大部分地区(东北、华北、华东、华中、西南)独生子女大学生劳动知识指数高于非独生子女大学生,而少数地区(华南、西北)独生子女大学生劳动知识指数低于非独生子女大学生。

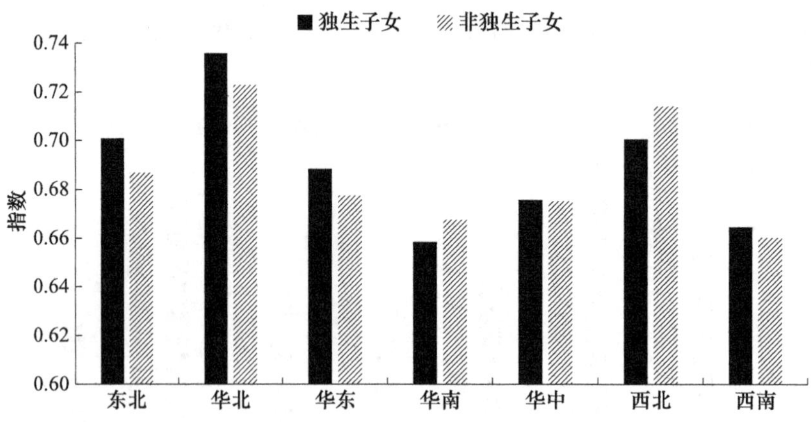

图 49　全国分区大学生劳动知识指数独生子女与非独生子女对比

图 50 为全国分区大学生劳动知识指数不同年级对比。对比发现,全国大部分地区(东北、华北、华东、华南、西南)大一学生的劳动知识指数最高,随着年级的增长,劳动知识指数呈逐步下降或波动下降的趋势;华中大三学生的劳动知识指数明显高于其他年级;西北大二学生的劳动知识指数高于其他年级,大学前三年劳动知识水平变化不大,大四明显降低。

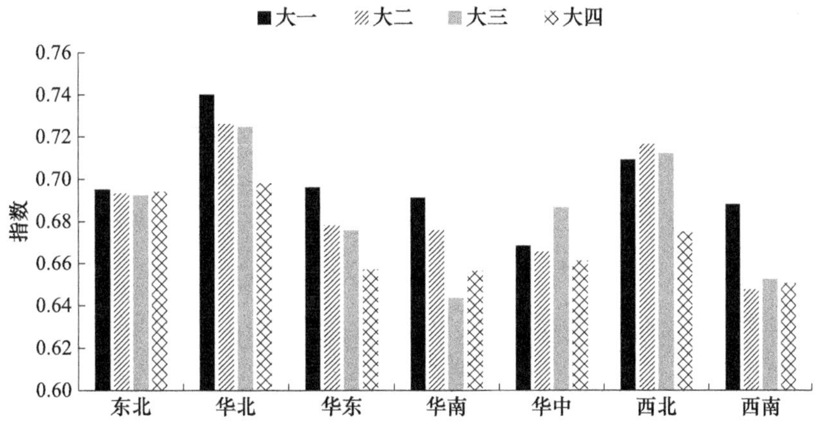

图 50　全国分区大学生劳动知识指数不同年级对比

(3)全国分区大学生劳动能力分项指数状况

与大学生劳动素养指数计算方法相同，对每一个分区样本进行计算，可以得出其大学生劳动能力这一分项指标指数。如表 10 所示，对各区域的大学生劳动能力指数按从高到低排名依次是：华北、西北、东北、华东、华中、华南和西南。

图 51 是全国分区高校大学生劳动素养指数与劳动能力指数比较。对比发现，全国分区高校大学生劳动素养指数排名与劳动能力指数排名存在较大差别，反映出全国分区大学生劳动能力指数普遍高于劳动素养指数。

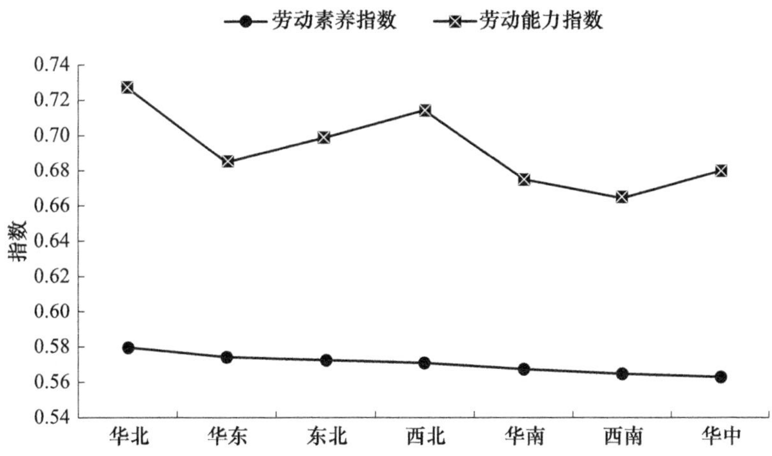

图 51　全国分区大学生劳动素养指数与劳动能力指数比较

从图 52 可知，劳动能力指数排名与劳动素养指数排名并不一致，在有些区域存在较大差异，如西北地区大学生的劳动能力指数排名第 2，但其劳动素养指数排名第 4。

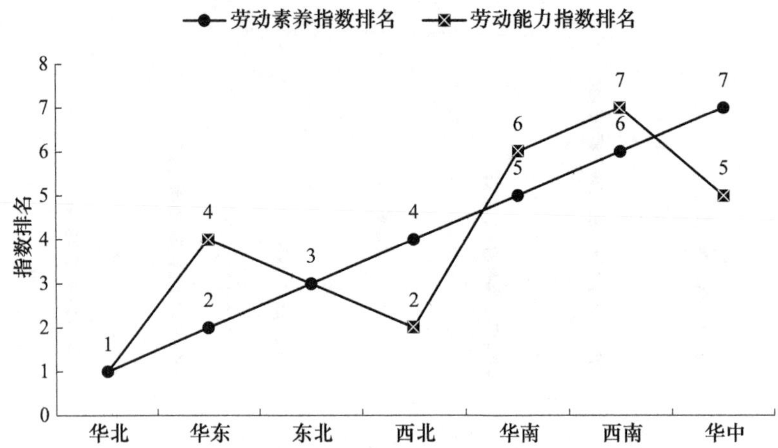

图 52　全国分区大学生劳动素养指数排名与劳动能力指数排名比较

图 53 为全国分区大学生劳动能力指数不同性别对比。对比发现，全国分区不同性别大学生劳动能力指数存在差异。从图中可以看出，大部分地区（东北、华北、华东、华南）男性大学生劳动能力指数高于女性大学生，部分地区（西北、西南）男性大学生劳动能力指数低于女性大学生，华中地区不同性别大学生劳动能力指数持平。

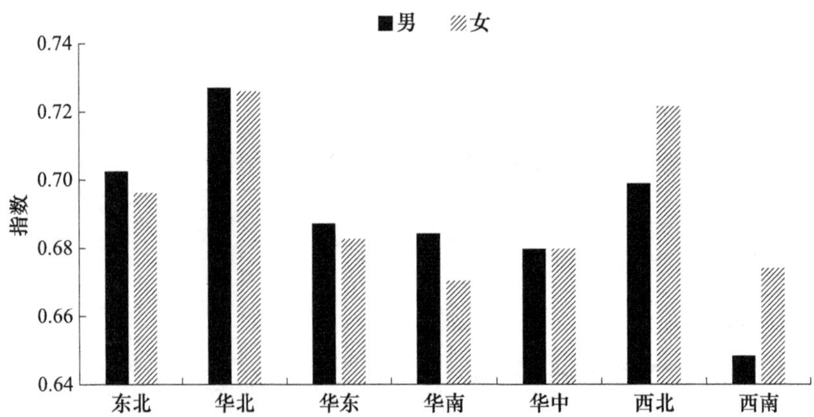

图 53　全国分区大学生劳动能力指数不同性别对比

图 54 为全国分区大学生劳动能力指数党员与非党员对比。对比发现，全国分区党员大学生和非党员大学生劳动能力指数存在差异。从图中可以看出，大部分地区（东北、华北、华东、西南）党员大学生劳动能力指数高于非党员大学生，部分地区（华南、华中、西北）党员大学生劳动能力指数低于非党员大学生。

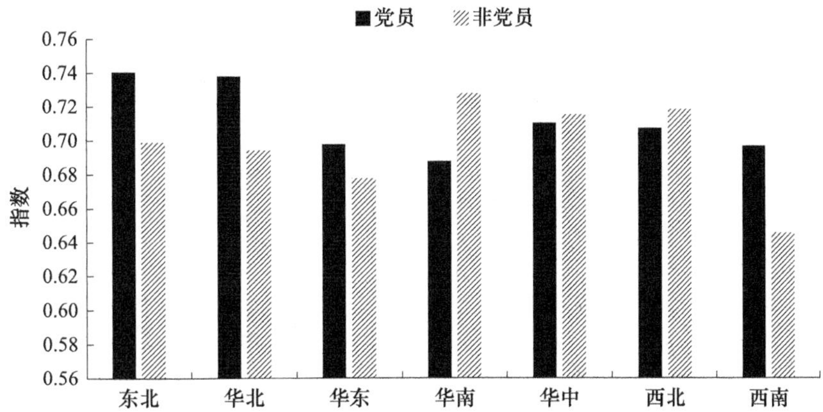

图 54　全国分区大学生劳动能力指数不同政治面貌(党员与非党员)对比

图 55 为全国分区大学生劳动能力指数城镇与农村户籍对比。对比发现，全国分区城镇户籍大学生和农村户籍大学生劳动能力指数存在差异。从图中可以看出，大部分地区(东北、华北、华东、华南、西南)城镇户籍大学生劳动能力指数高于农村户籍大学生，而少数地区(华中、西北)城镇户籍大学生劳动能力指数低于农村户籍大学生。

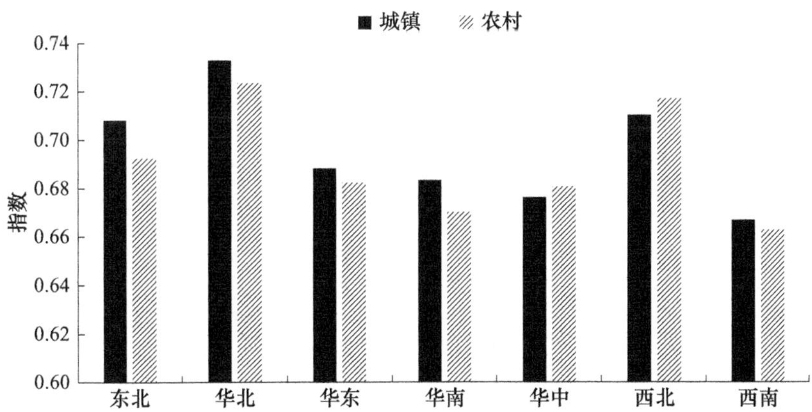

图 55　全国分区大学生劳动能力指数不同户籍(城镇与农村)对比

图 56 为全国分区大学生劳动能力指数公立与民办高校对比。对比发现，全国分区不同办学性质大学生劳动能力指数存在差异。从图中可以看出，大部分地区(华东、华南、华中、西北)公立高校大学生劳动能力指数高于民办高校大学生，少数地区(华北、西南)公立高校大学生劳动能力指数低于民办高校大学生，东北地区公立和民办高校大学生劳动能力指数基本持平。

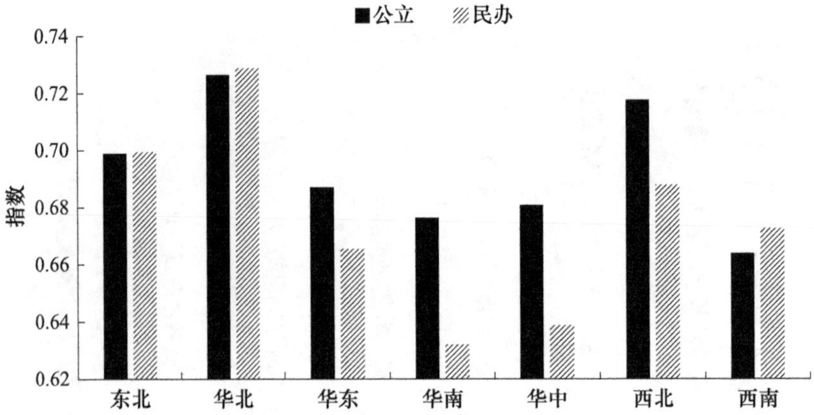

图 56 全国分区大学生劳动能力指数不同办学性质(公立与民办)对比

图 57 为全国分区大学生劳动能力指数双一流类与非双一流类高校对比。对比发现,全国分区不同办学层次大学生劳动能力指数存在差异。从图中可以看出,大部分地区(东北、华北、华东、华中、西北)双一流类高校大学生劳动能力指数低于非双一流类高校大学生,而少数地区(华南、西南)双一流类高校大学生劳动能力指数高于非双一流类高校大学生。

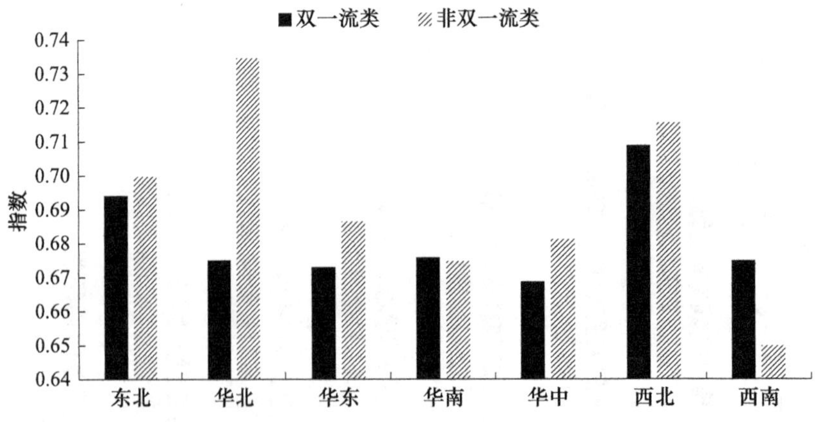

图 57 全国分区大学生劳动能力指数不同办学层次(双一流类与非双一流类)对比

图 58 为全国分区大学生劳动能力指数独生子女与非独生子女对比。对比发现,全国分区独生子女与非独生子女大学生劳动能力指数存在差异。从图中可以看出,部分地区(东北、华北、华东)独生子女大学生劳动能力指数高于非独生子女大学生,部分地区(华南、华中、西北)独生子女大学生劳动能力指数低于非独生子女大学生,西南地区独生子女和非独生子女大学生劳动能力指数基本持平。

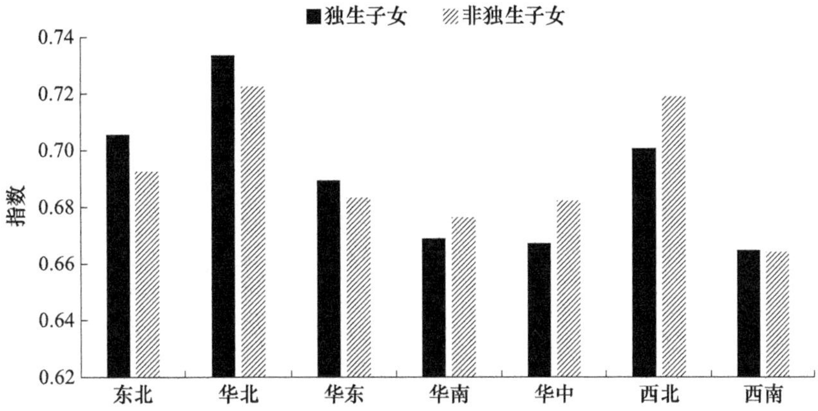

图 58　全国分区大学生劳动能力指数独生子女与非独生子女对比

图 59 为全国分区大学生劳动能力指数不同年级对比。对比发现，大部分地区（华北、华东、华南、西南）大一学生的劳动能力指数最高，随着年级的增长，劳动能力指数呈逐步下降或波动下降的趋势；东北、华中地区大四学生的劳动能力指数高于其他年级。

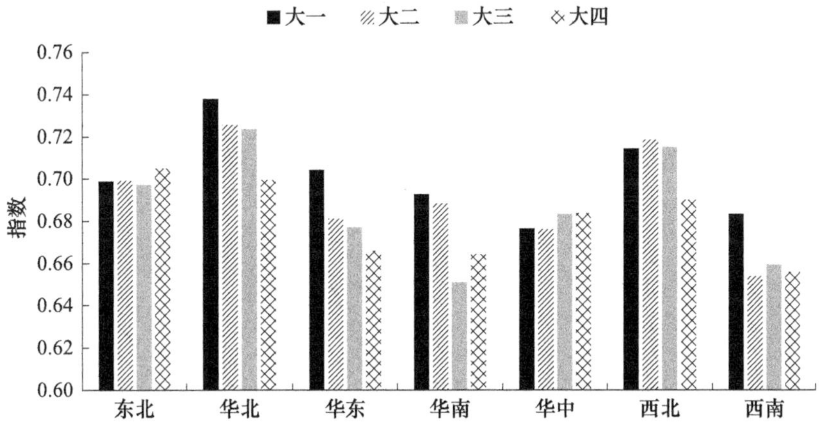

图 59　全国分区大学生劳动能力指数不同年级对比

（4）全国分区大学生劳动素质分项指数状况

与大学生劳动素养指数计算方法相同，对每一个分区样本进行计算，可以得出大学生劳动素质这一分项指标指数。如表 10 所示，对各区域的大学生劳动素质指数按由高到低排名依次是：华北、西北、东北、华东、华中、华南和西南。

图 60 是全国分区高校大学生劳动素养指数与劳动素质指数的比较。对比发现，全国分区大学生劳动素养指数排名与劳动素质指数排名存在差别。从图中可

以看出,分区大学生劳动素质指数大于劳动素养指数。

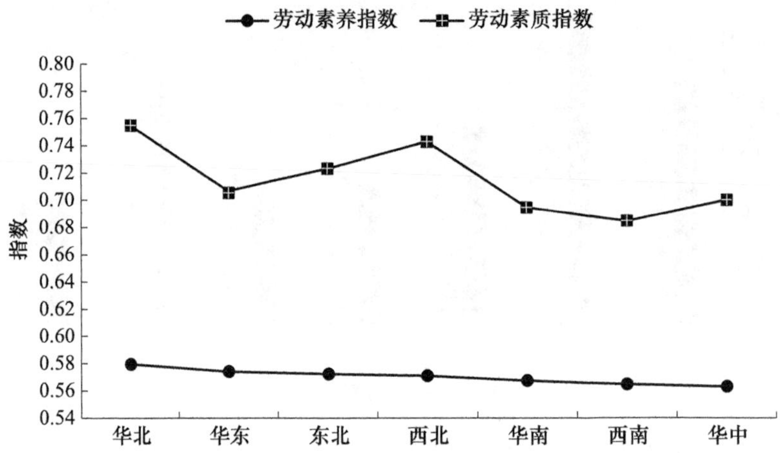

图 60　全国分区大学生劳动素养指数与劳动素质指数比较

从图 61 可见,劳动素质指数排名与劳动素养指数排名并不一致,在有些区域存在较大差异,如西北地区大学生的劳动素质指数排名第 2,但其劳动素养指数排名第 4。

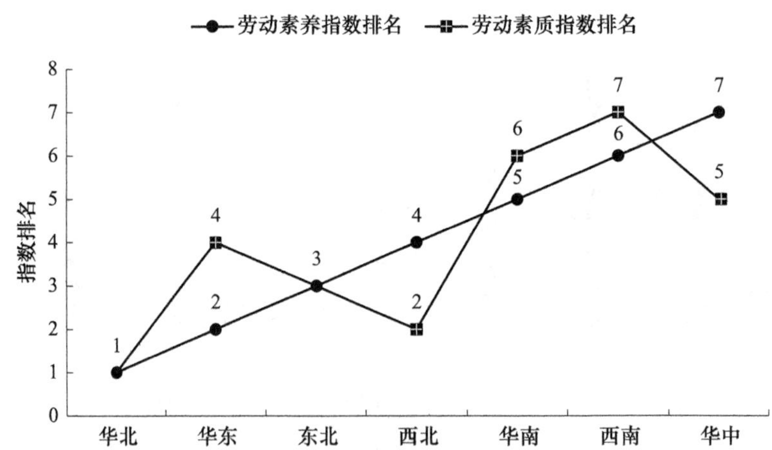

图 61　全国分区大学生劳动素养指数排名与劳动素质指数排名比较

图 62 为全国分区大学生劳动素质指数不同性别对比。对比发现,全国分区不同性别大学生劳动素质指数存在差异。从图中可以看出,部分地区(东北、华东、华南、华中)男性大学生劳动素质指数高于女性大学生,部分地区(华北、西北、西南)男性大学生劳动素质指数低于女性大学生。

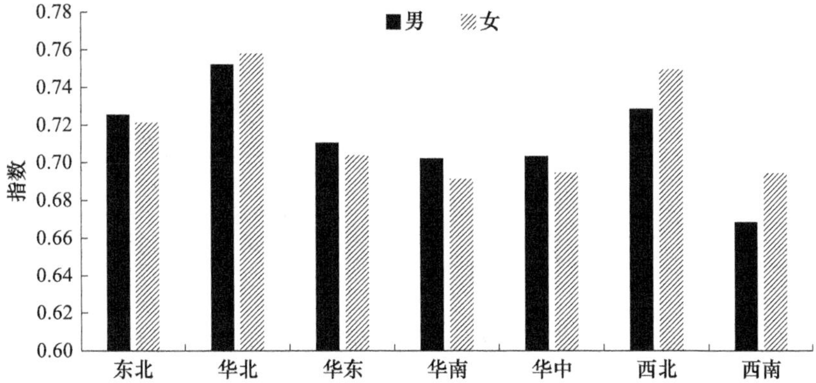

图 62 全国分区大学生劳动素质指数不同性别对比

图 63 为全国分区大学生劳动素质指数党员与非党员对比。对比发现，全国分区党员大学生和非党员大学生劳动素质指数存在差异。从图中可以看出，大部分地区（东北、华北、华东、西南）党员大学生劳动素质指数高于非党员大学生，部分地区（华南、华中、西北）党员大学生劳动素质指数低于非党员大学生。

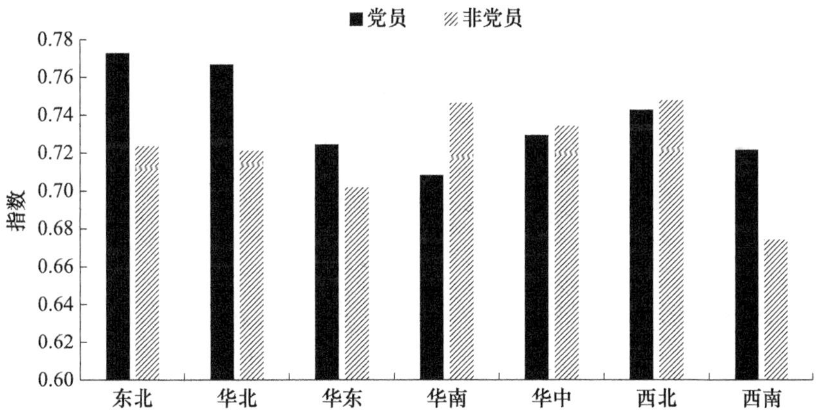

图 63 全国分区大学生劳动素质指数不同政治面貌（党员与非党员）对比

图 64 为全国分区大学生劳动素质指数城镇与农村户籍对比。对比发现，全国分区城镇户籍大学生和农村户籍大学生劳动素质指数存在差异。从图中可以看出，绝大部分分区城镇户籍大学生劳动素质指数高于农村户籍大学生，仅西北地区城镇户籍大学生劳动素质指数低于农村户籍大学生。

图 65 为全国分区大学生劳动素质指数公立与民办高校对比。对比发现，全国分区不同办学性质大学生劳动素质指数存在差异。从图中可以看出，部分地区（华东、华南、华中、西北）公立高校大学生劳动素质指数高于民办高校大学生，部分地区（东北、华北、西南）公立高校大学生劳动素质指数低于民办高校大学生。

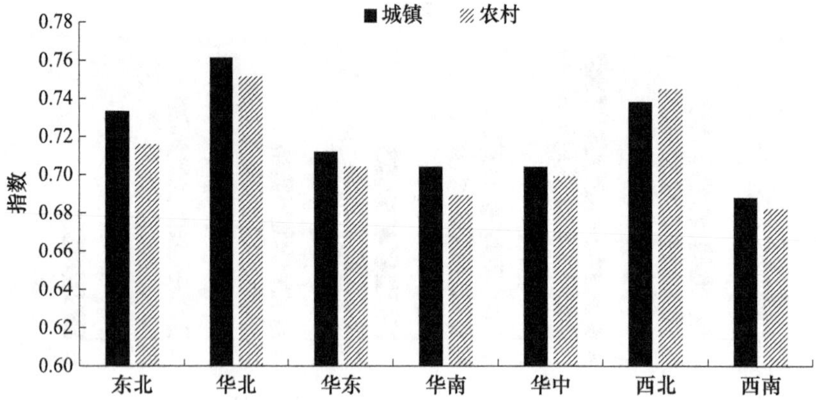

图 64　全国分区大学生劳动素质指数不同户籍(城镇与农村)对比

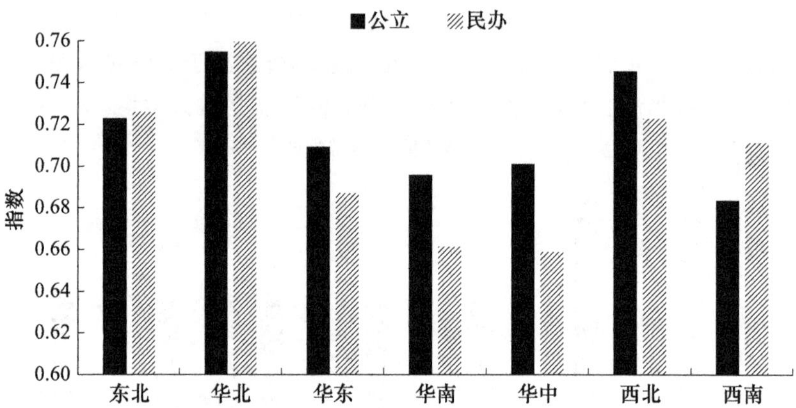

图 65　全国分区大学生劳动素质指数不同办学性质(公立与民办)对比

图 66 为全国分区大学生劳动素质指数双一流类与非双一流类高校对比。对比发现,全国分区不同办学层次大学生劳动素质指数存在差异。从图中可以看出,绝大部分地区双一流类高校大学生劳动素质指数低于非双一流类高校大学生,仅西南地区双一流类高校大学生劳动素质指数高于非双一流类高校大学生。

图 67 为全国分区大学生劳动素质指数独生子女与非独生子女对比。对比发现,全国分区独生子女与非独生子女大学生劳动素质指数存在差异。从图中可以看出,部分地区(东北、华北、华东、西南)独生子女大学生劳动素质指数高于非独生子女大学生,而部分地区(华南、华中、西北)独生子女大学生劳动素质指数低于非独生子女大学生。

图 68 为全国分区大学生劳动素质指数不同年级对比。对比发现,全国大部分地区(华北、华东、华南、西南)大一学生的劳动素质指数最高,随着年级的增长,劳动素质指数呈逐步下降或波动下降的趋势;但东北地区大四学生的劳动素质指数明显

高于其他年级；华中、西北地区大学前三年学生劳动素质指数变化不大，大四较低。

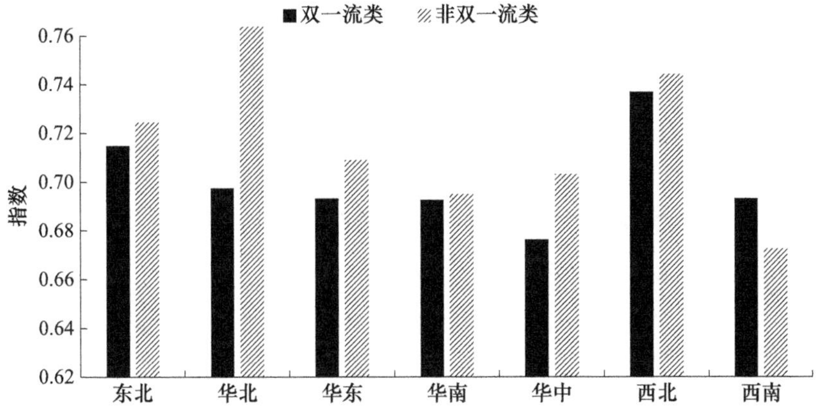

图 66　全国分区大学生劳动素质指数不同办学层次（双一流类与非双一流类）对比

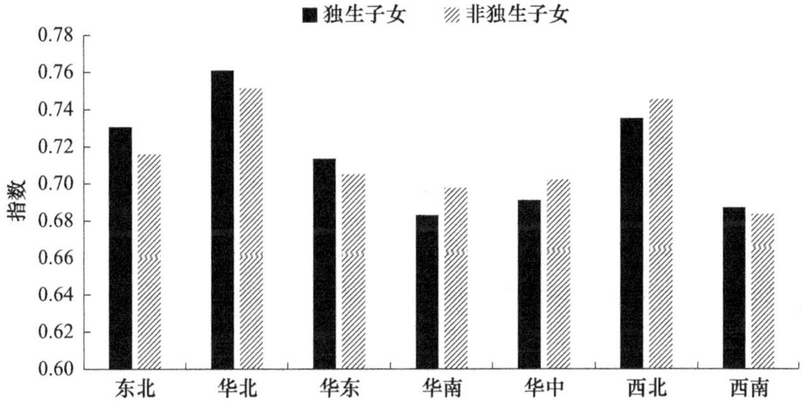

图 67　全国分区大学生劳动素质指数独生子女与非独生子女对比

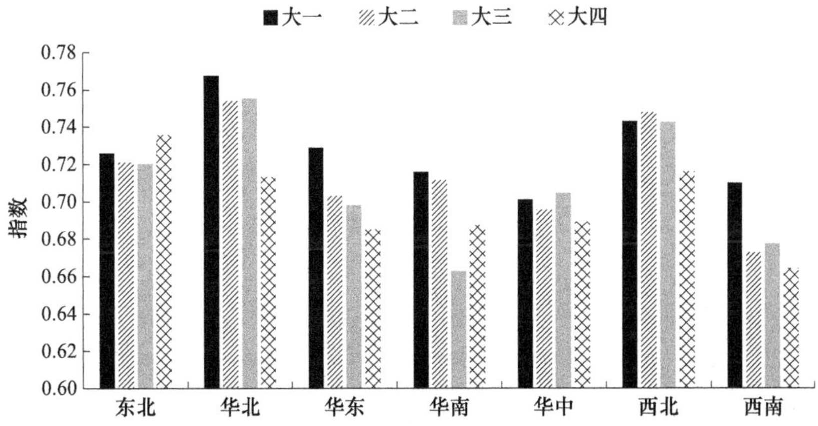

图 68　全国分区大学生劳动素质指数不同年级对比

(5)全国分区大学生劳动认知分项指数状况

与大学生劳动素养指数计算方法相同,对每一个分区样本进行计算,可以得出大学生劳动认知这一分项指标指数。如表10所示,对各区域的大学生劳动认知指数按从高到低排名依次是:华北、西北、东北、华中、华南、华东和西南。

图69是全国分区高校大学生劳动素养指数与劳动认知指数的比较。对比发现,全国分区大学生劳动素养指数排名与劳动认知指数排名存在差别。从图中可以看出,分区大学生劳动认知指数大于劳动素养指数。

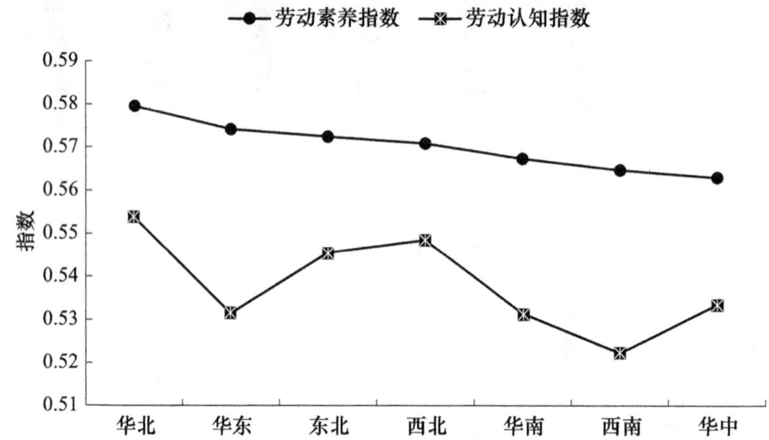

图69　全国分区大学生劳动素养指数与劳动认知指数比较

从图70可知,劳动认知指数排名与劳动素养指数排名并不一致,在有些区域存在较大差异,如华东地区大学生的劳动认知指数排名第6,但其劳动素养指数排名第2。

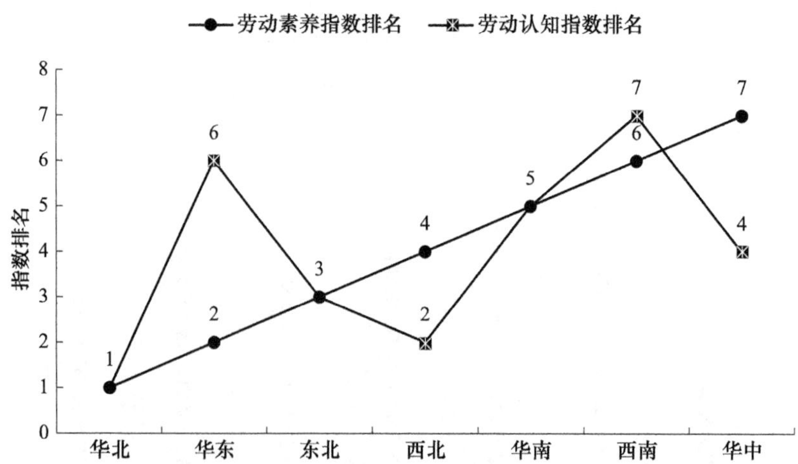

图70　全国分区大学生劳动素养指数排名与劳动认知指数排名比较

图 71 为全国分区大学生劳动认知指数不同性别对比。对比发现，全国分区不同性别大学生劳动认知指数存在差异。从图中可以看出，大部分地区男性大学生劳动认知指数高于女性大学生，仅西北地区男性大学生劳动认知指数略低于女性大学生。

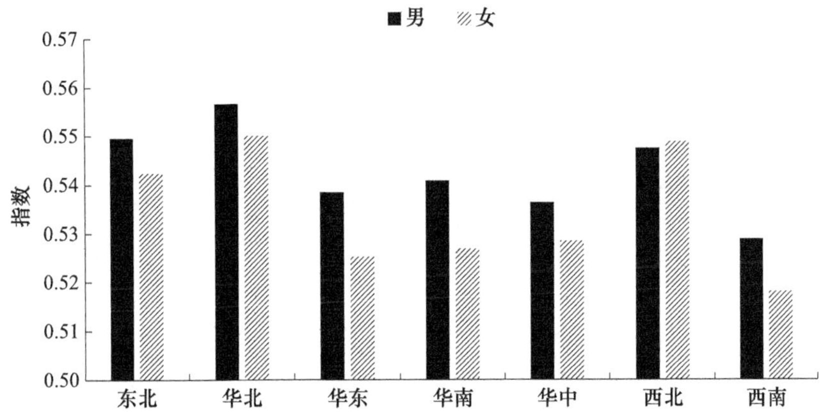

图 71 全国分区大学生劳动认知指数不同性别对比

图 72 为全国分区大学生劳动认知指数党员与非党员对比。对比发现，全国分区党员大学生和非党员大学生劳动认知指数存在差异。从图中可以看出，大部分地区（华北、华南、华中、西北、西南）党员大学生劳动认知指数低于非党员大学生，少数地区（东北、华东）党员大学生劳动认知指数高于非党员大学生。

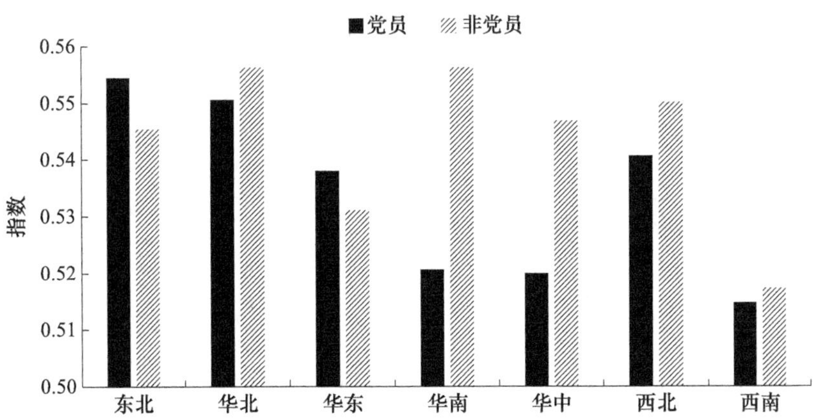

图 72 全国分区大学生劳动认知指数不同政治面貌（党员与非党员）对比

图 73 为全国分区大学生劳动认知指数城镇户籍与农村户籍对比。对比发现，全国分区城镇户籍大学生和农村户籍大学生劳动认知指数存在差异。从图中可以看出，绝大部分地区城镇户籍大学生劳动认知指数高于农村户籍大学生，仅西北、西南

地区城镇户籍大学生劳动认知指数与农村户籍大学生劳动认知指数基本持平。

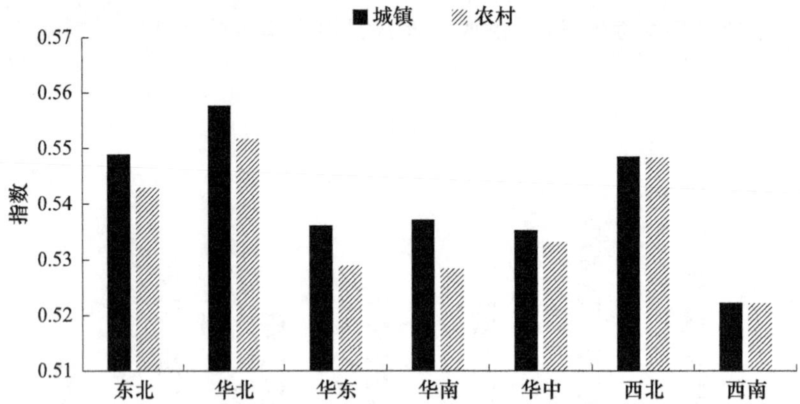

图 73　全国分区大学生劳动认知指数不同户籍(城镇与农村)对比

图 74 为全国分区大学生劳动认知指数公立与民办高校对比。对比发现,全国分区不同办学性质大学生劳动认知指数存在差异。从图中可以看出,大部分地区(东北、华东、华南、西北)公立高校大学生劳动认知指数高于民办高校大学生,部分地区(华北、华中、西南)公立高校大学生劳动认知指数低于民办高校大学生。

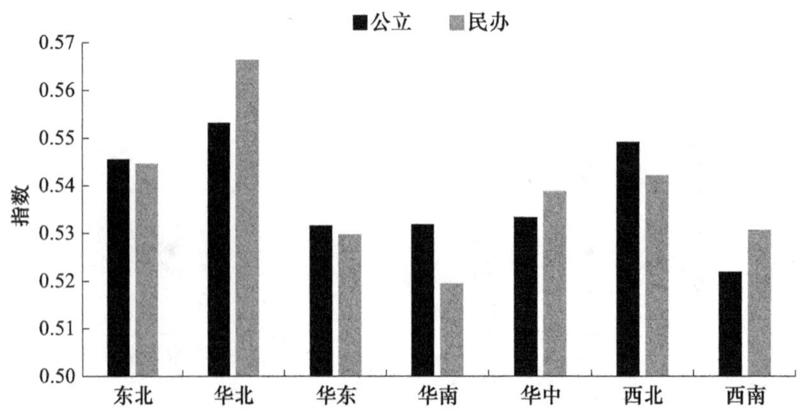

图 74　全国分区大学生劳动认知指数不同办学性质(公立与民办)对比

图 75 为全国分区大学生劳动认知指数双一流类与非双一流类高校对比。对比发现,全国分区不同办学层次大学生劳动认知指数存在差异。从图中可以看出,绝大部分地区双一流类高校大学生劳动认知指数低于非双一流类高校大学生,仅华东地区双一流类高校大学生劳动认知指数略高于非双一流类高校大学生。

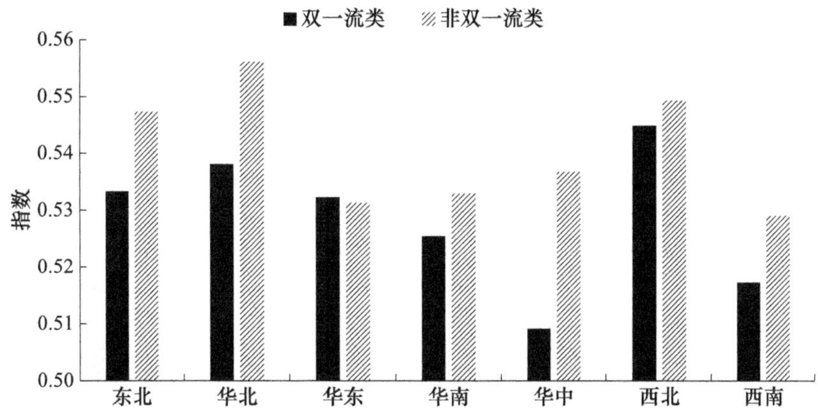

图 75 全国分区大学生劳动认知指数不同办学层次(双一流类与非双一流类)对比

图 76 为全国分区大学生劳动认知指数独生子女与非独生子女对比。对比发现,全国分区独生子女与非独生子女大学生劳动认知指数存在差异。从图中可以看出,部分地区(东北、华北、华东)独生子女大学生劳动认知指数高于非独生子女大学生,部分地区(华南、华中、西北、西南)独生子女大学生劳动认知指数低于非独生子女大学生。

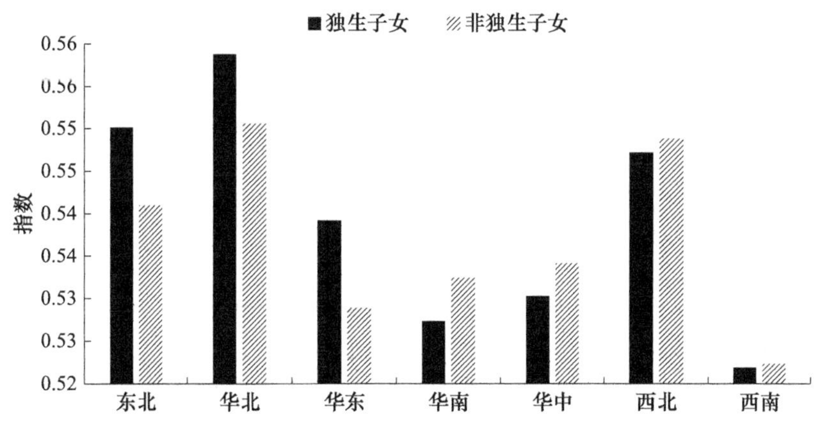

图 76 全国分区大学生劳动认知指数独生子女与非独生子女对比

图 77 为全国分区大学生劳动认知指数不同年级对比。对比发现,全国部分地区(华南、华中、西南)大一学生的劳动认知指数最高,随着年级的增长,劳动认知指数呈逐步下降或波动下降的趋势;部分地区(华北、华东、西北)大二、大三学生的劳动认知指数高于其他年级;仅东北地区出现大四年级劳动认知指数最高的情况。

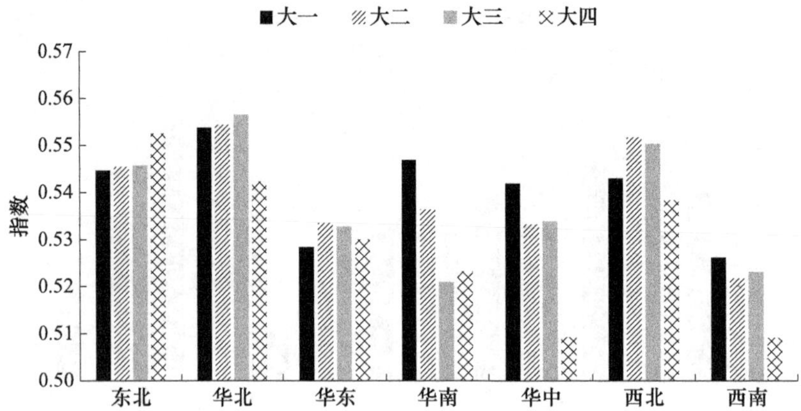

图 77 全国分区大学生劳动认知指数不同年级对比

2. 全国分省大学生劳动素养分项指数状况

如表 14 所示,对高校大学生劳动素养分项指标指数由高到低进行排名,依次为:劳动素质、劳动能力、劳动知识、劳动价值观、劳动认知。由此可以看出,中国大学生在劳动素养方面,劳动素质水平最高,而劳动价值观和劳动认知水平是薄弱的环节,尤其是劳动认知水平与其他指标相差较大。

表 14 全国分省高校大学生劳动素养分项指标指数排名

分项指标	大学生劳动素养指数	排名
劳动素质	0.7138	1
劳动能力	0.6905	2
劳动知识	0.6861	3
劳动价值观	0.5923	4
劳动认知	0.5357	5

(1)全国分省大学生劳动价值观分项指数状况

与大学生劳动素养指数计算方法相同,对每一个省份样本进行计算,可以得出各省份大学生劳动价值观这一分项指标指数。如表 15 所示,对各省份的大学生劳动价值观指数按从高到低排名,排名前 10 的省份依次是:重庆、山西、山东、天津、吉林、福建、新疆、四川、湖南、广西。

表 15 全国分省大学生劳动价值观分项指数对比

省份*	大学生劳动价值观指数	排名
重庆	0.6068	1
山西	0.6038	2

续表

省份*	大学生劳动价值观指数	排名
山东	0.5992	3
天津	0.5986	4
吉林	0.5985	5
福建	0.5978	6
新疆	0.5977	7
四川	0.5976	8
湖南	0.5972	9
广西	0.5965	10
—	0.5954	11
—	0.5944	12
—	0.5930	13
—	0.5925	14
—	0.5917	15
—	0.5913	16
—	0.5899	17
—	0.5894	18
—	0.5894	19
—	0.5888	20
—	0.5876	21
—	0.5866	22
—	0.5858	23
—	0.5850	24
—	0.5847	25
—	0.5834	26
—	0.5806	27
—	0.5799	28
—	0.5793	29
—	0.5776	30
—	0.5552	31

* 此次呈现原始计算数据，根据需要只显示前 10 名省份。

图 78 是全国分省高校大学生劳动素养指数与大学生劳动价值观指数比较。对比发现，全国分省大学生劳动素养指数排名与劳动价值观指数排名存在较大差

别。从图中可以看出,除江苏、贵州外,大部分省份的大学生劳动价值观指数大于劳动素养指数。

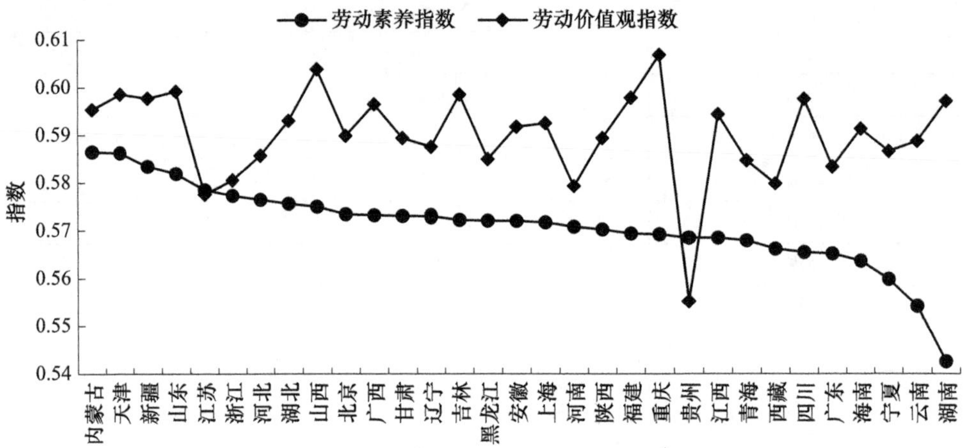

图 78　全国分省大学生劳动素养指数与劳动价值观指数比较

从图 79 可见,劳动价值观指数排名与劳动素养指数排名并不一致,在有些省份差异较大,如重庆市的劳动价值观指数排名第 1,但其劳动素养指数仅排名第 21。

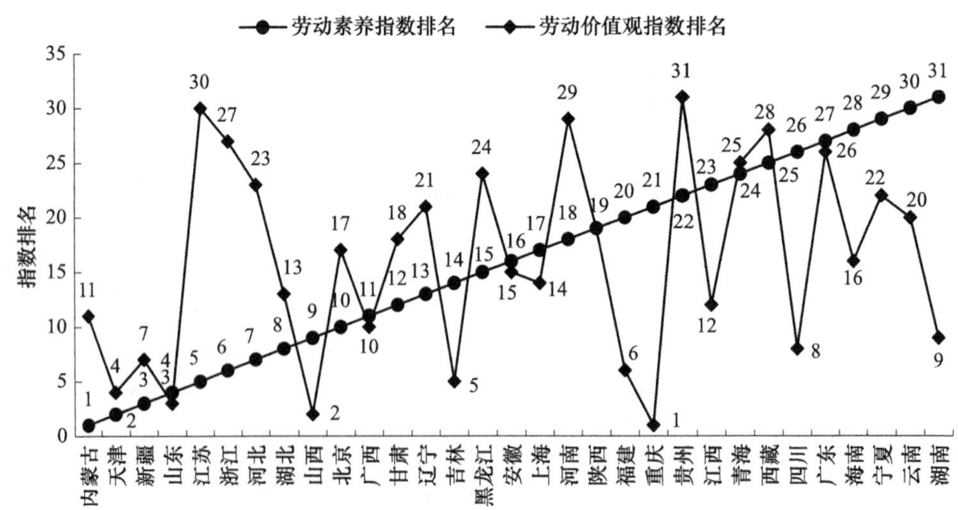

图 79　全国分省大学生劳动素养指数排名与劳动价值观指数排名比较

图 80 为全国分省不同性别大学生劳动价值观指数的对比。对比发现,全国大部分省份女性大学生的劳动价值观指数高于男性大学生。经测算,中国男性和女性大学生劳动价值观指数分别为 0.5818 和 0.5960,女性略高于男性,说明女大学

生有着更好的劳动价值观。

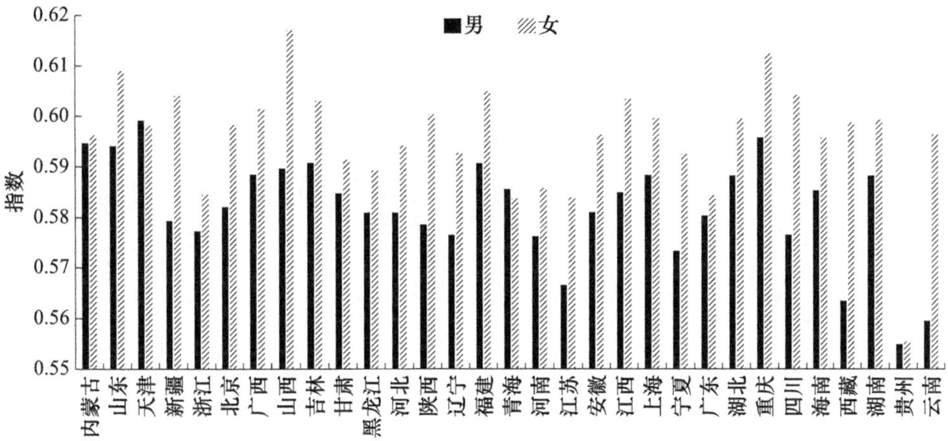

图 80　全国分省大学生劳动价值观指数不同性别对比

图 81 为全国分省党员与非党员大学生劳动价值观指数的对比。对比发现,全国大部分省份党员大学生的劳动价值观指数高于非党员大学生。经测算,中国党员和非党员大学生劳动价值观指数分别为 0.5943 和 0.5851,党员略高于非党员,说明党员大学生有着更好的劳动价值观。

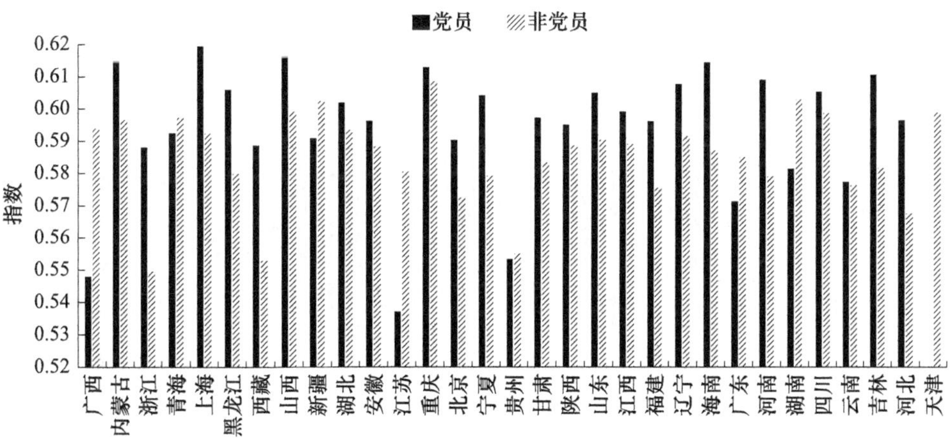

图 81　全国分省大学生劳动价值观指数不同政治面貌(党员与非党员)对比

图 82 为全国分省城镇与农村户籍大学生劳动价值观指数的对比。对比发现,全国大部分省份城镇户籍大学生的劳动价值观指数高于农村户籍大学生。经测算,中国城镇和农村户籍大学生劳动价值观指数分别为 0.5901 和 0.5898,城镇户籍大学生略高于农村户籍大学生,说明城镇户籍大学生有着更好的劳动价值观。

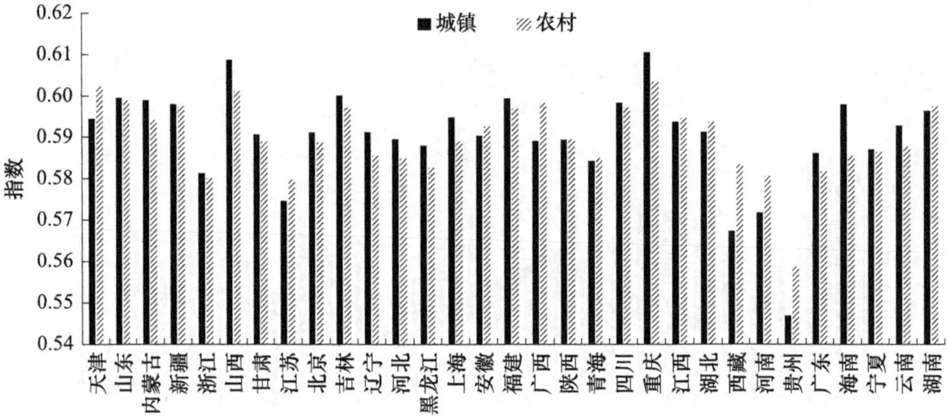

图 82　全国分省大学生劳动价值观指数不同户籍(城镇与农村)对比

图 83 为全国分省公立与民办高校大学生劳动价值观指数的对比。对比发现，全国大部分省份公立高校大学生劳动价值观指数高于民办高校大学生。经测算，中国公立和民办高校大学生劳动价值观指数分别为 0.5908 和 0.5795，公立高校略高于民办高校，说明公立高校的大学生有着更好的劳动价值观。

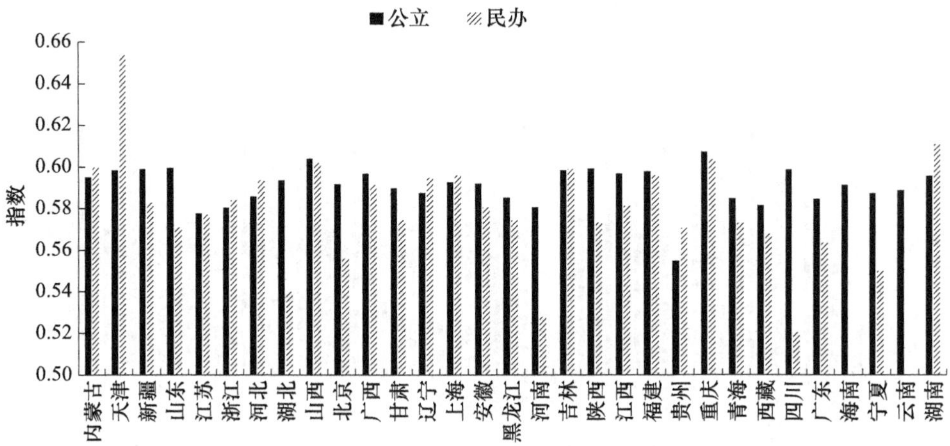

图 83　全国分省大学生劳动价值观指数不同办学性质(公立与民办)对比

图 84 为全国分省双一流类与非双一流类高校大学生劳动价值观指数的对比。对比发现，大部分省份双一流类高校大学生劳动价值观指数高于非双一流类高校大学生。经测算，中国双一流类和非双一流类高校大学生劳动价值观指数分别为 0.5883 和 0.5866，双一流类高校高于非双一流类高校，说明双一流类高校大学生有着更好的劳动价值观。

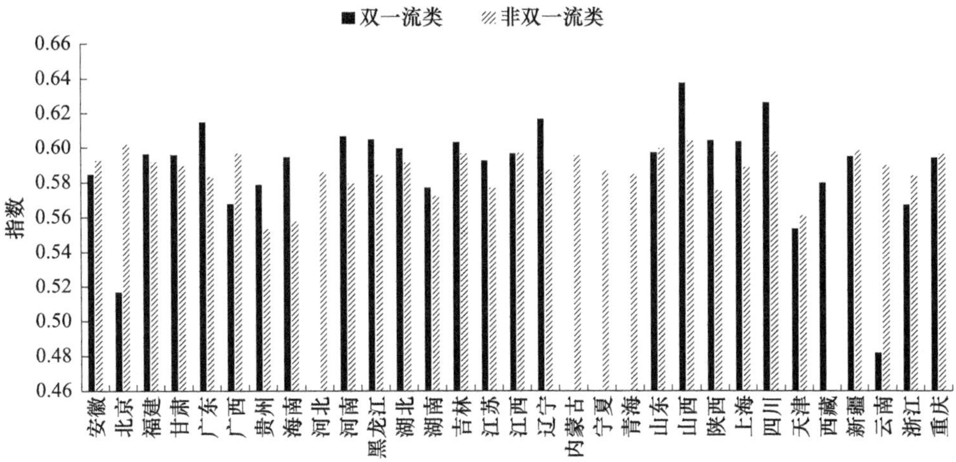

图 84 全国分省大学生劳动价值观指数不同办学层次（双一流类与非双一流类）对比

图 85 为全国分省独生子女与非独生子女大学生劳动价值观指数的对比。对比发现，全国大部分省份独生子女大学生的劳动价值观指数高于非独生子女大学生。经测算，中国独生子女和非独生子女大学生劳动价值观指数分别为 0.5879 和 0.5910，非独生子女略高于独生子女，说明非独生子女大学生有着更好的劳动价值观。

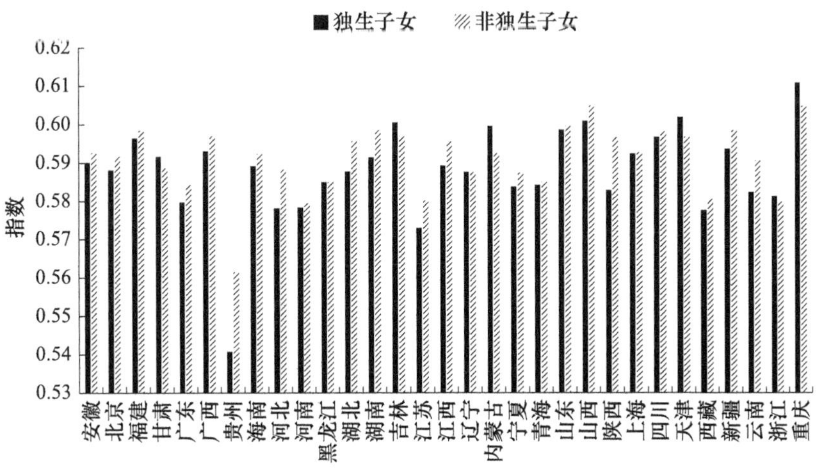

图 85 全国分省大学生劳动价值观指数独生子女与非独生子女对比

图 86 为全国分省不同年级大学生劳动价值观指数的对比。对比发现，全国大部分省份随着年级的增长，劳动价值观指数呈下降趋势。经测算，大一、大二、大三和大四年级的大学生劳动价值观指数分别为 0.5754、0.5714、0.5693 和 0.5596，大

一学生的劳动价值观指数最高，大四学生最低，说明中国大学生在大学期间的劳动价值观呈不断下降趋势，应引起教育部门的高度重视。

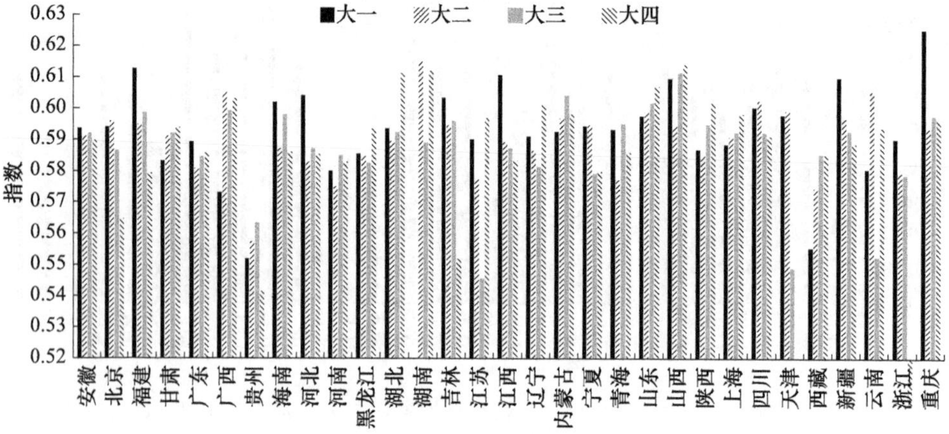

图 86　全国分省不同年级大学生劳动价值观指数对比

(2)全国分省大学生劳动知识分项指数状况

同理，对每一个省份样本进行计算，可以得出其大学生劳动知识这一分项指标指数。如表 16 所示，对各省份的大学生劳动知识指数按由高到低排名，排名前 10 的省份依次是：内蒙古、山东、天津、新疆、山西、北京、广西、浙江、河北、吉林。

表 16　全国分省大学生劳动知识分项指数对比

省份*	高校大学生劳动知识指数	排名
内蒙古	0.7621	1
山东	0.7404	2
天津	0.7344	3
新疆	0.7316	4
山西	0.7171	5
北京	0.7166	6
广西	0.7083	7
浙江	0.7081	8
河北	0.7052	9
吉林	0.6978	10
—	0.6966	11
—	0.6937	12
—	0.6916	13
—	0.6911	14
—	0.6861	15

续表

省份*	高校大学生劳动知识指数	排名
—	0.6824	16
—	0.6816	17
—	0.6813	18
—	0.6797	19
—	0.6792	20
—	0.6772	21
—	0.6760	22
—	0.6751	23
—	0.6705	24
—	0.6619	25
—	0.6574	26
—	0.6546	27
—	0.6451	28
—	0.6448	29
—	0.6283	30
—	0.6252	31

* 此次呈现原始计算数据，根据需要只显示前 10 名省份。

图 87 是全国分省高校大学生劳动素养指数与大学生劳动知识指数比较。对比发现，全国分省高校人学生劳动素养指数排名与劳动知识排名存在较大差异，反映各省份大学生劳动知识指数普遍高于劳动素养指数。

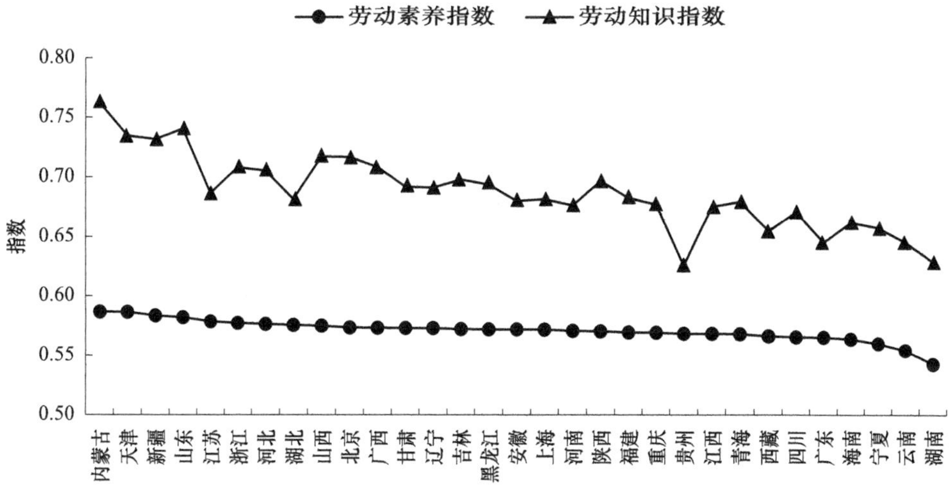

图 87 全国分省大学生劳动素养指数与劳动知识指数比较

从图 88 可见,劳动知识指数越高,排名越靠前,表明该省份大学生对劳动知识的了解程度越高。

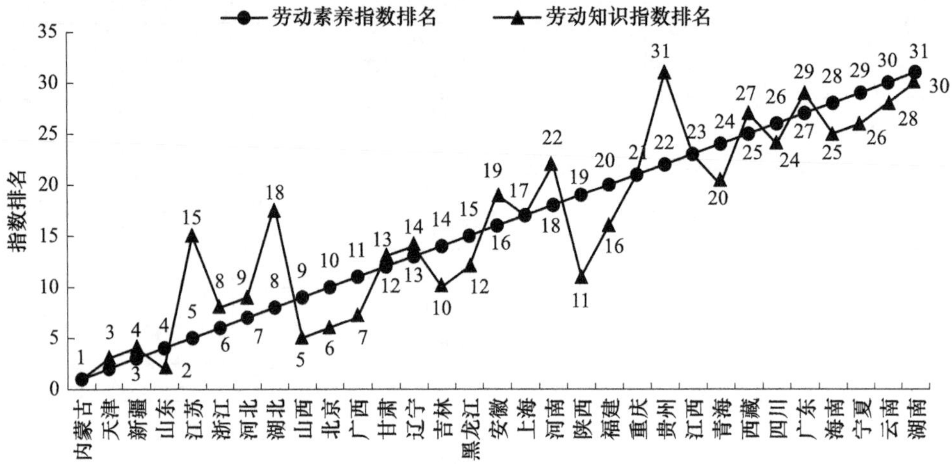

图 88 全国分省大学生劳动素养指数排名与劳动知识指数排名比较

图 89 为全国分省不同性别大学生劳动知识指数的对比。对比发现,全国大部分省份女性大学生劳动知识指数高于男性大学生。经测算,中国男性和女性大学生劳动知识指数分别为 0.6846 和 0.6888,女性略高于男性,说明女大学生有着更高的劳动知识水平。

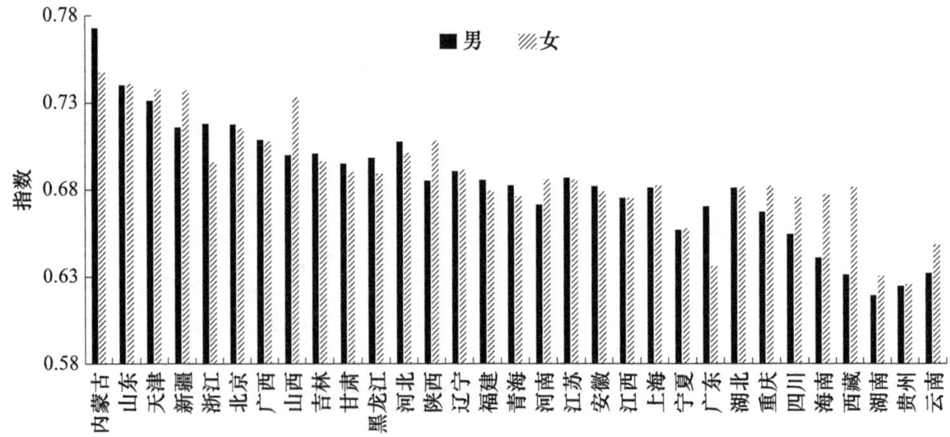

图 89 全国分省大学生劳动知识指数不同性别对比

图 90 为全国分省党员与非党员大学生劳动知识指数的对比。对比发现,全国大部分省份党员大学生劳动知识指数高于非党员大学生。经测算,中国党员和非党员大学生劳动知识指数分别为 0.6948 和 0.6870,党员高于非党员,说明党员大

学生对劳动知识的了解情况更好。

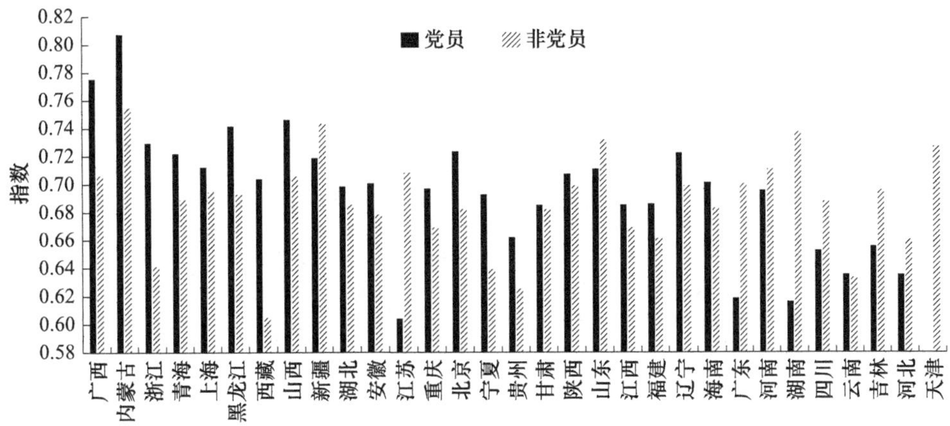

图 90　全国分省大学生劳动知识指数不同政治面貌(党员与非党员)对比

图 91 为全国分省城镇与农村户籍大学生劳动知识指数的对比。对比发现,全国大部分省份城镇户籍大学生劳动知识指数高于农村户籍大学生。经测算,中国城镇和农村户籍大学生劳动知识指数分别为 0.6913 和 0.6835,城镇户籍大学生略高于农村户籍大学生,说明城镇户籍大学生有着更高的劳动知识水平。

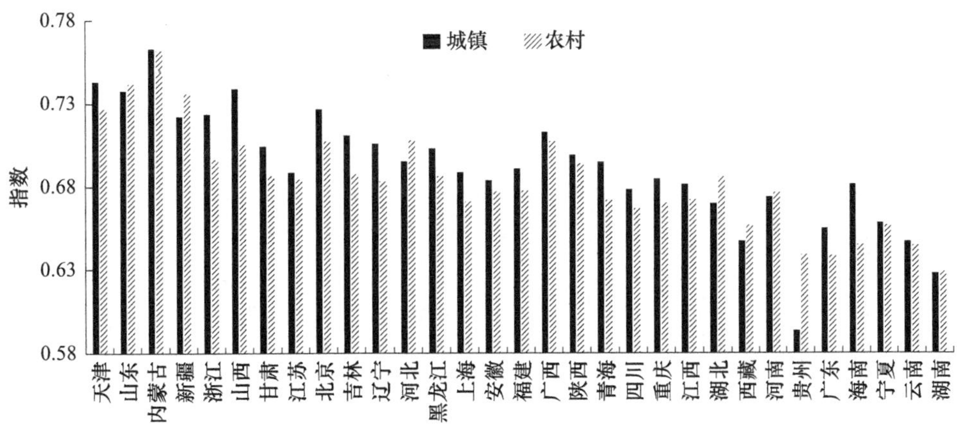

图 91　全国分省大学生劳动知识指数不同户籍(城镇与农村)对比

图 92 为全国分省公立高校与民办高校大学生劳动知识指数的对比。对比发现,全国大部分省份公立高校大学生劳动知识指数高于民办高校大学生。经测算,中国公立高校和民办高校大学生劳动知识指数分别为 0.6880 和 0.6825,公立高校略高于民办高校,说明公立高校的大学生对劳动知识的了解更好,但有少数省份(如天津、青海、河北)民办高校大学生劳动知识指数明显高于公立高校大学生。

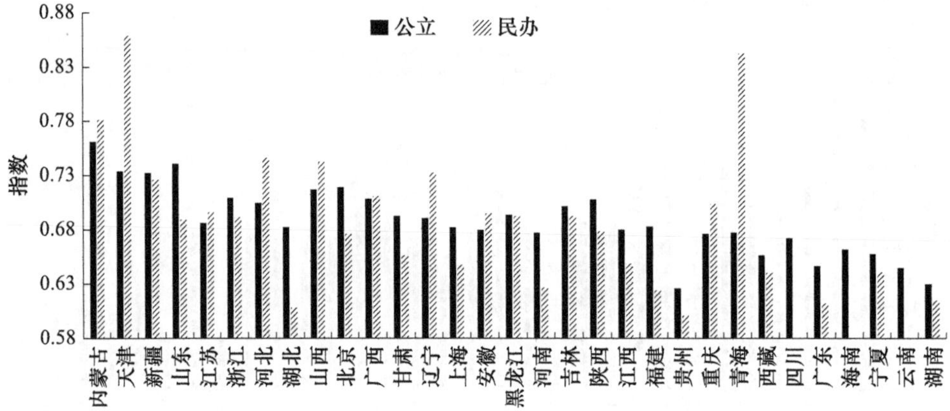

图 92 全国分省大学生劳动知识指数不同办学性质(公立与民办)对比

图 93 为全国分省双一流类与非双一流类高校大学生劳动知识指数的对比。对比发现,全国大部分省份非双一流类高校大学生劳动知识指数高于双一流类高校大学生。经测算,中国双一流类和非双一流类高校大学生劳动知识指数分别为 0.6849 和 0.6851,非双一流类高校略高于双一流类高校,说明非双一流类高校大学生有着更高的劳动知识水平。

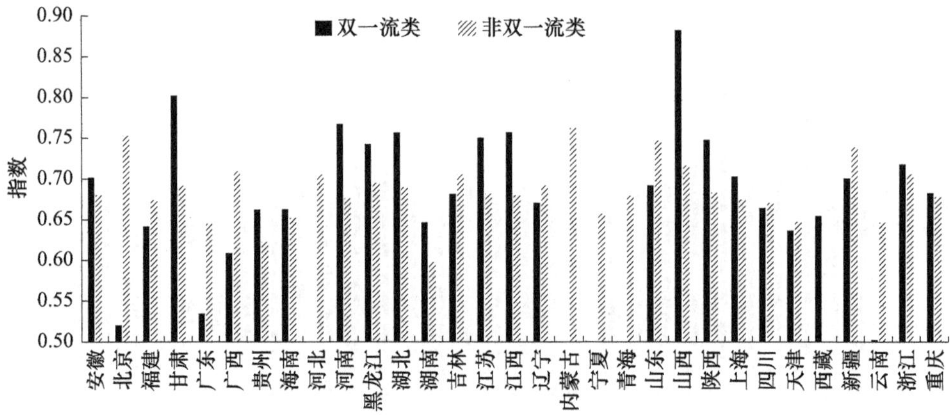

图 93 全国分省大学生劳动知识指数不同办学层次(双一流类与非双一流类)对比

图 94 为全国分省独生子女与非独生子女大学生劳动知识指数的对比。对比发现,全国大部分省份独生子女大学生劳动知识指数高于非独生子女大学生。经测算,中国独生子女和非独生子女大学生劳动知识指数分别为 0.5910 和 0.5879,独生子女大学生高于非独生子女大学生,说明独生子女大学生有着更高的劳动知识水平。

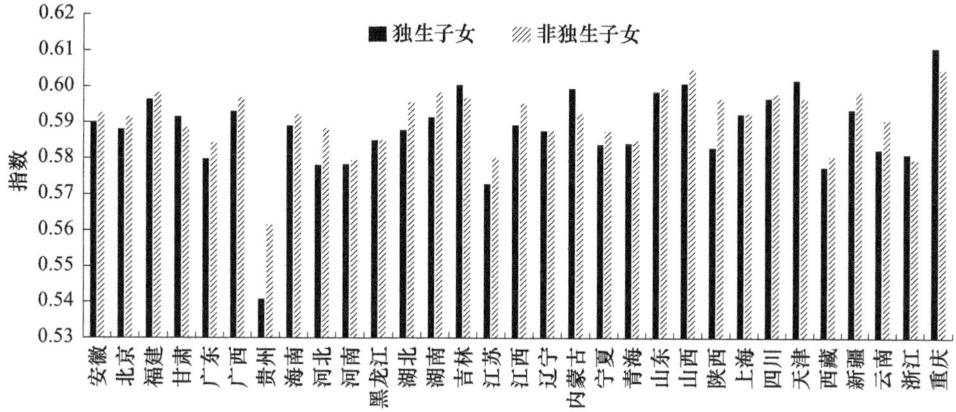

图 94　全国分省大学生劳动知识指数独生子女与非独生子女对比

图 95 为全国分省不同年级大学生劳动知识指数的对比。对比发现，全国大部分省份随着年级的增长，劳动知识指数呈下降趋势。经测算，大一、大二、大三和大四年级大学生劳动知识指数分别为 0.5927、0.5899、0.5867 和 0.5869，大一学生的劳动知识指数最高，大四学生最低，说明中国大学生在大学期间的劳动知识呈不断下降趋势，应引起教育部门的高度重视。

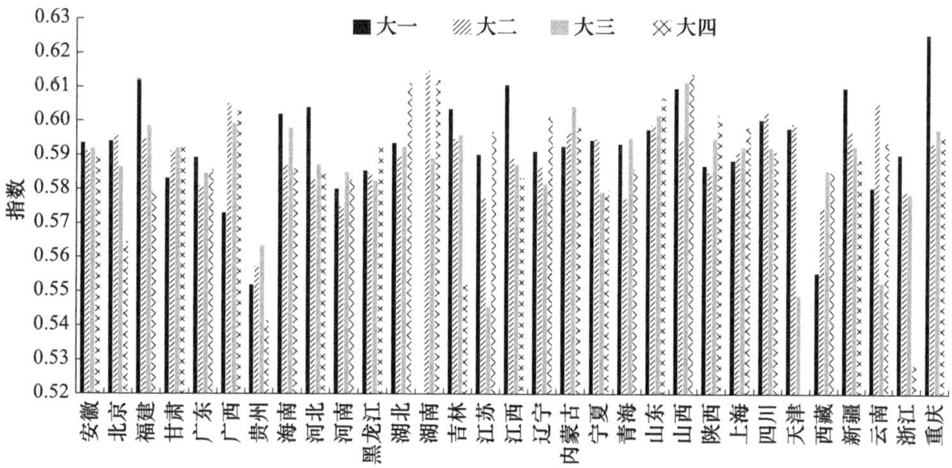

图 95　全国分省大学生劳动知识指数不同年级对比

(3)全国分省大学生劳动能力分项指数状况

同理，对每一个省份样本进行计算，可以得出其大学生劳动能力这一分项指标指数。如表 17 所示，对各省份的大学生劳动能力指数按由高到低排名，排名前 10 的省份依次是：内蒙古、山东、新疆、天津、山西、北京、广西、浙江、吉林、河北。

表 17 全国分省大学生劳动能力分项指数对比

省份*	大学生劳动能力指数	排名
内蒙古	0.7549	1
山东	0.7404	2
新疆	0.7328	3
天津	0.7291	4
山西	0.7215	5
北京	0.7197	6
广西	0.7181	7
浙江	0.7066	8
吉林	0.7042	9
河北	0.7010	10
—	0.6987	11
—	0.6985	12
—	0.6970	13
—	0.6964	14
—	0.6861	15
—	0.6859	16
—	0.6847	17
—	0.6844	18
—	0.6821	19
—	0.6821	20
—	0.6800	21
—	0.6796	22
—	0.6784	23
—	0.6764	24
—	0.6758	25
—	0.6728	26
—	0.6603	27
—	0.6583	28
—	0.6537	29
—	0.6516	30
—	0.6264	31

* 此次呈现原始计算数据，根据需要只显示前10名省份。

图 96 是全国分省高校大学生劳动素养指数与劳动能力指数比较。对比发现，全国分省高校大学生劳动素养指数排名与劳动能力指数排名存在较大差异，反映出中国分省大学生劳动能力指数普遍高于劳动素养指数。

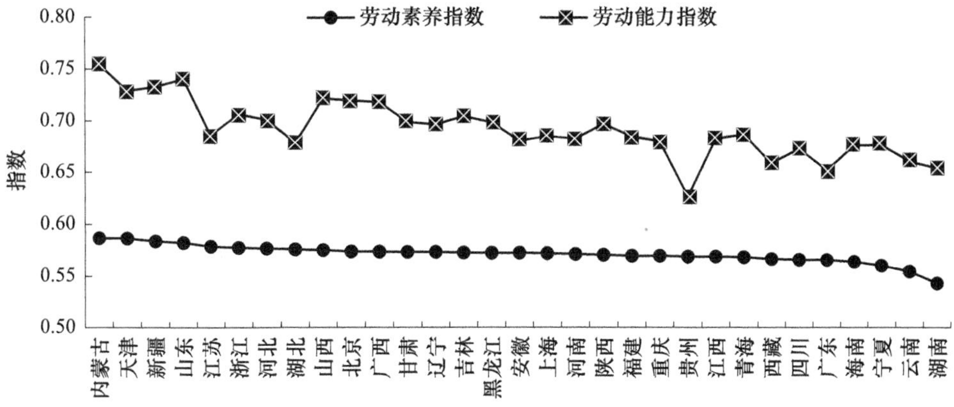

图 96　全国分省大学生劳动素养指数与劳动能力指数比较

从图 97 可见，劳动能力指数越高，排名越靠前，表明该省份大学生的劳动能力越强。

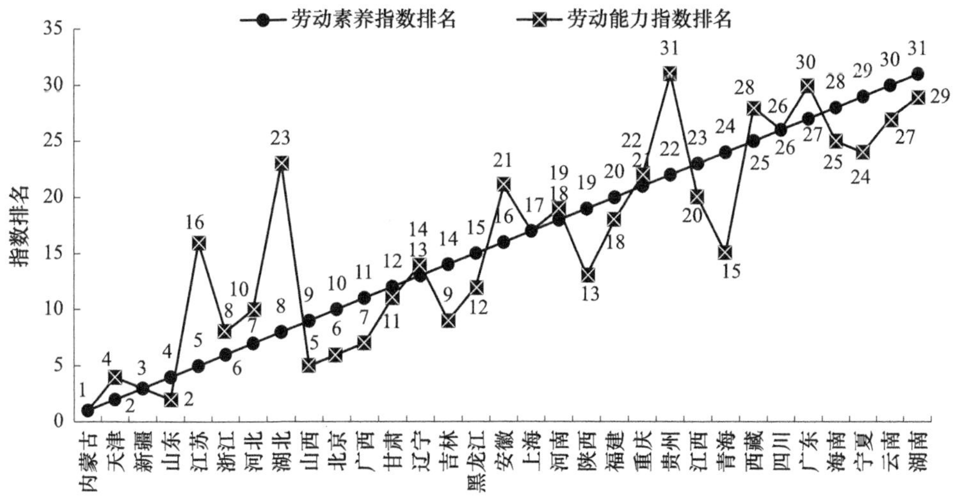

图 97　全国分省大学生劳动素养指数排名与劳动能力指数排名比较

图 98 为全国分省不同性别大学生劳动能力指数的对比。对比发现，全国大部分省份女性大学生劳动能力指数高于男性大学生。经测算，中国男性大学生和女性大学生劳动能力指数分别为 0.6887 和 0.6932，女性大学生略高于男性大学生，说明女大学生有着更好的劳动能力。

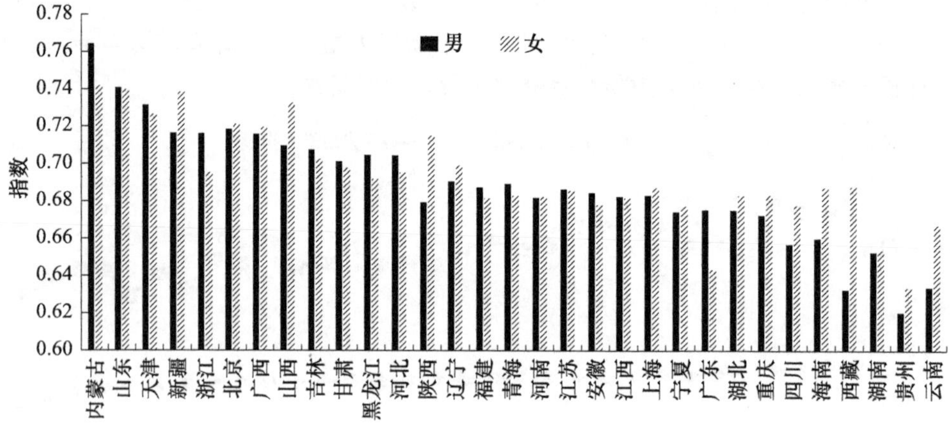

图 98　全国分省大学生劳动能力指数不同性别对比

图 99 为全国分省党员与非党员大学生劳动能力指数的对比。对比发现，全国大部分省份党员大学生劳动能力指数高于非党员大学生。经测算，中国党员和非党员大学生劳动能力指数分别为 0.7031 和 0.6900，党员大学生略高于非党员大学生，说明党员大学生有着更好的劳动能力。

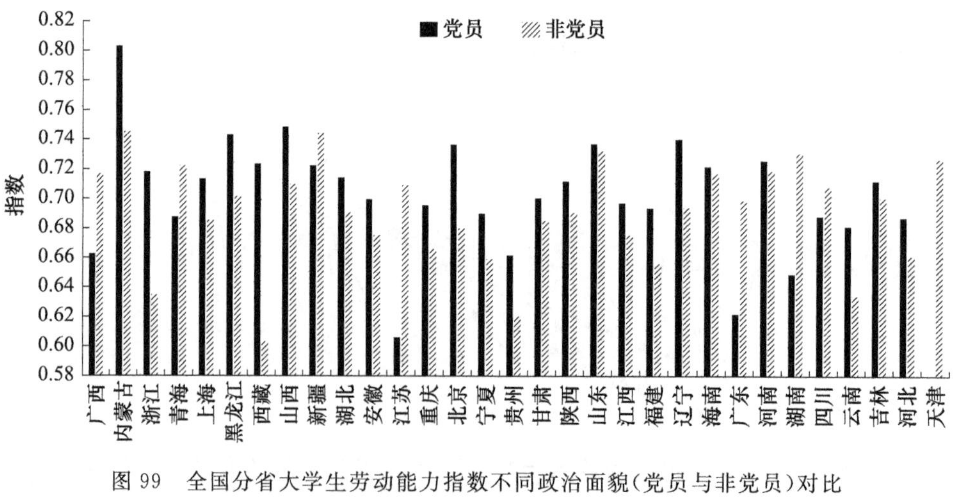

图 99　全国分省大学生劳动能力指数不同政治面貌(党员与非党员)对比

图 100 为全国分省城镇与农村户籍大学生劳动能力指数的对比。对比发现，全国大部分省份城镇户籍大学生的劳动能力指数高于农村户籍大学生。经测算，我国城镇户籍和农村户籍大学生劳动能力指数分别为 0.6958 和 0.6881，城镇户籍大学生高于农村户籍大学生，说明城镇户籍大学生有着更好的劳动能力。

图 101 为全国分省公立与民办高校大学生劳动能力指数的对比。对比发现，全国大部分省份公立高校的大学生劳动能力指数高于民办高校的大学生。经测

算,中国公立高校和民办高校大学生劳动能力指数分别为 0.6926 和 0.6811,公立高校高于民办高校,说明公立高校的大学生有着更好的劳动能力。

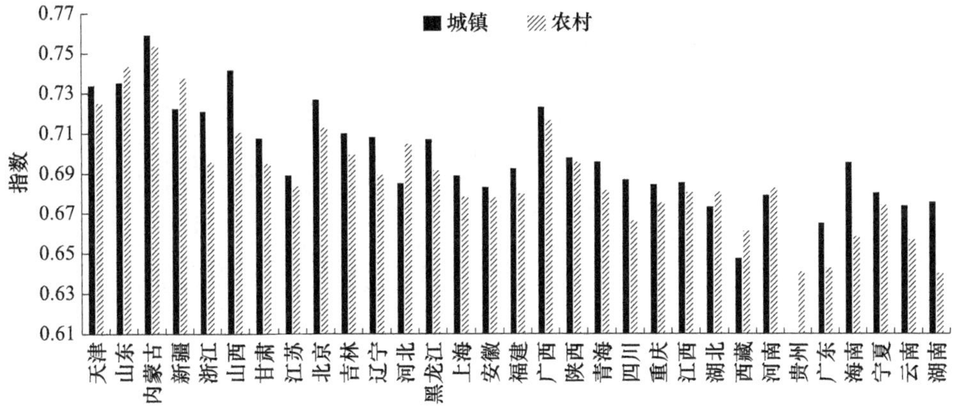

图 100　全国分省大学生劳动能力指数不同户籍(城镇与农村)对比

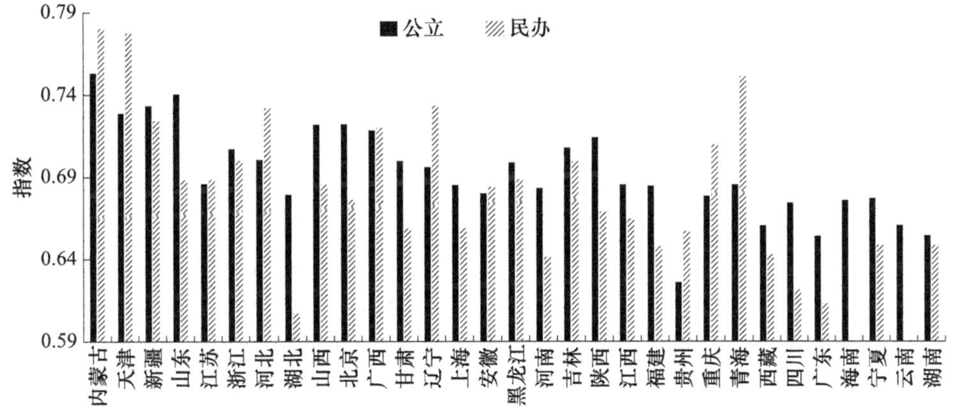

图 101　全国分省大学生劳动能力指数不同办学性质(公立与民办)对比

图 102 为全国分省双一流类与非双一流类高校大学生劳动能力指数的对比。对比发现,全国大部分省份非双一流类高校大学生劳动能力指数高于双一流类高校大学生。经测算,中国双一流类和非双一流类高校大学生劳动能力指数分别为 0.6831 和 0.6882,非双一流类高校大学生高于双一流类高校大学生,说明非双一流类高校大学生有着更好的劳动能力。

图 103 为全国分省独生子女与非独生子女大学生劳动能力指数的对比。对比发现,全国大部分省份独生子女大学生劳动能力指数高于非独生子女大学生。经测算,中国独生子女和非独生子女大学生劳动能力指数分别为 0.6926 和 0.6904,独生子女大学生略高于非独生子女大学生,说明独生子女大学生有着更好的劳动能力。

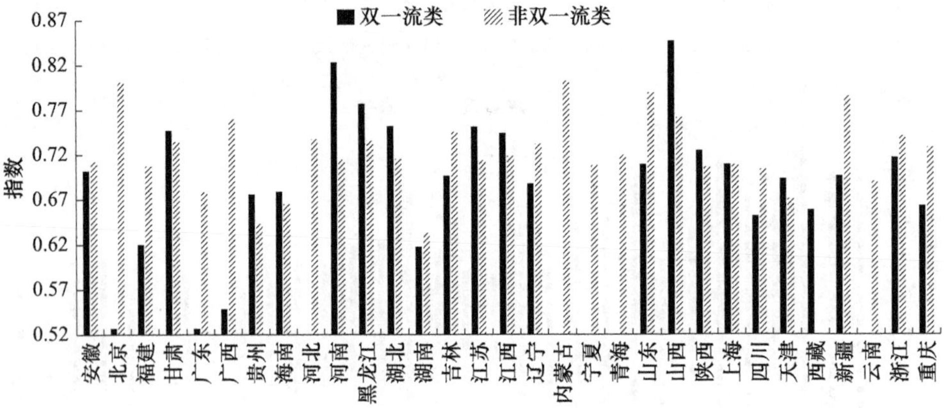

图 102 全国分省大学生劳动能力指数不同办学层次(双一流类与非双一流类)对比

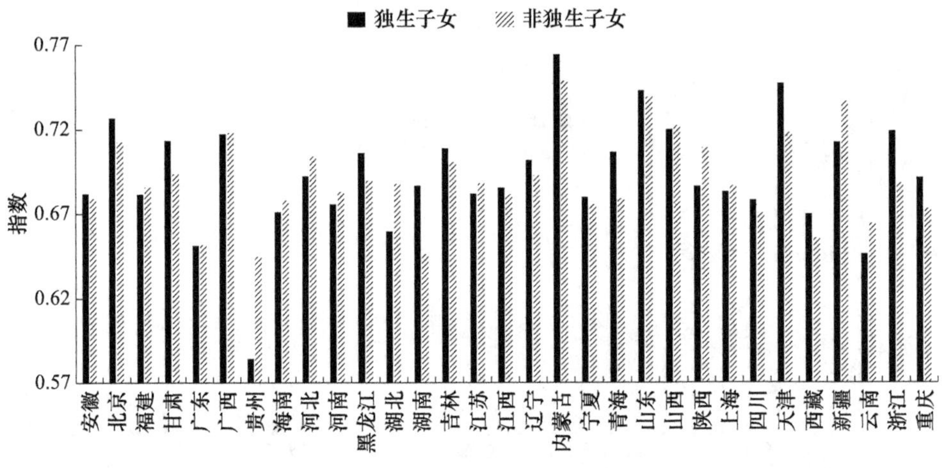

图 103 全国分省大学生劳动能力指数独生子女与非独生子女对比

图 104 为全国分省不同年级大学生劳动能力指数的对比。对比发现,全国大部分省份随着年级的增长,大学生劳动能力指数呈下降趋势。经测算,大一、大二、大三和大四年级大学生劳动能力指数分别为 0.6939、0.6932、0.6837 和 0.6740,大一学生的劳动能力指数最高,大四学生最低,说明中国大学生在大学期间的劳动能力呈不断下降趋势,应引起教育部门的高度重视。

(4)全国分省大学生劳动素质分项指数状况

同理,对每一个省份样本进行计算,可以得出其大学生劳动素质这一分项指标指数。如表 18 所示,对各省份的大学生劳动素质指数按由高到低排名,排名前 10 的省份依次是:内蒙古、山东、天津、新疆、山西、广西、北京、陕西、浙江、吉林。

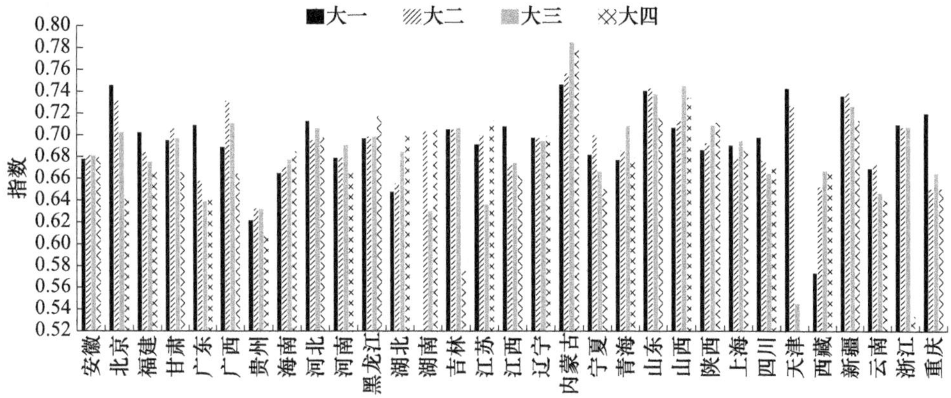

图 104　全国分省大学生劳动能力指数不同年级对比

表 18　全国分省大学生劳动素质分项指数对比

省份*	大学生劳动素质指数	排名
内蒙古	0.7849	1
山东	0.7712	2
天津	0.7637	3
新疆	0.7596	4
山西	0.7558	5
广西	0.7481	6
北京	0.7426	7
陕西	0.7331	8
浙江	0.7328	9
吉林	0.7296	10
—	0.7267	11
—	0.7249	12
—	0.7226	13
—	0.7201	14
—	0.7107	15
—	0.7104	16
—	0.7063	17
—	0.7053	18
—	0.7040	19
—	0.7015	20

续表

省份*	大学生劳动素质指数	排名
—	0.7012	21
—	0.6990	22
—	0.6986	23
—	0.6976	24
—	0.6933	25
—	0.6905	26
—	0.6799	27
—	0.6669	28
—	0.6668	29
—	0.6659	30
—	0.6484	31

* 此次呈现原始计算数据,根据需要只显示前 10 名省份。

图 105 是高校大学生劳动素养指数与大学生劳动素质指数比较。对比发现,全国分省高校大学生劳动素养指数排名与劳动能力排名存在较大差别,反映出中国各省份大学生劳动素质指数普遍高于劳动素养指数。

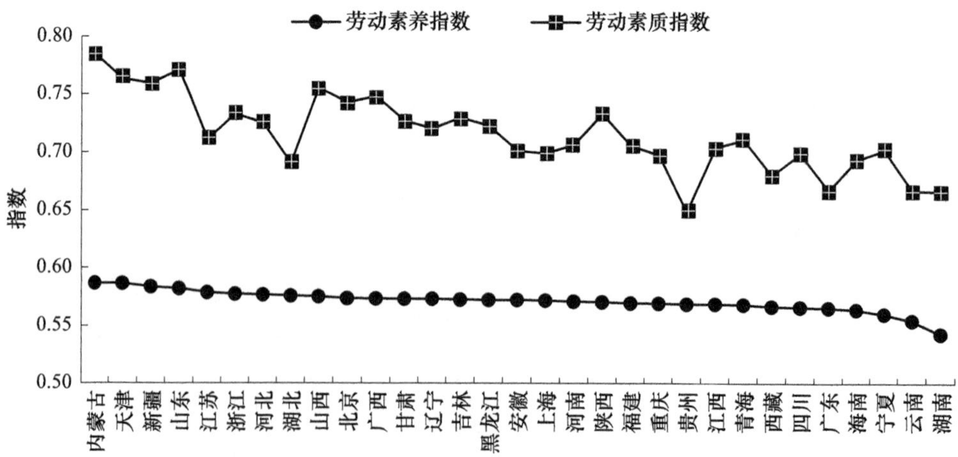

图 105　全国分省大学生劳动素养指数与劳动素质指数比较

如图 106 所示,劳动素质指数越高,排名越靠前,表明该省份大学生劳动素质越高。

图 107 为全国分省不同性别大学生劳动素质指数的对比。对比发现,全国大部分省份女性大学生劳动素质指数高于男性大学生。经测算,中国男性和女性大

学生劳动素质指数分别为 0.7097 和 0.7174，女性大学生略高于男性大学生，说明女大学生有着更好的劳动素质。

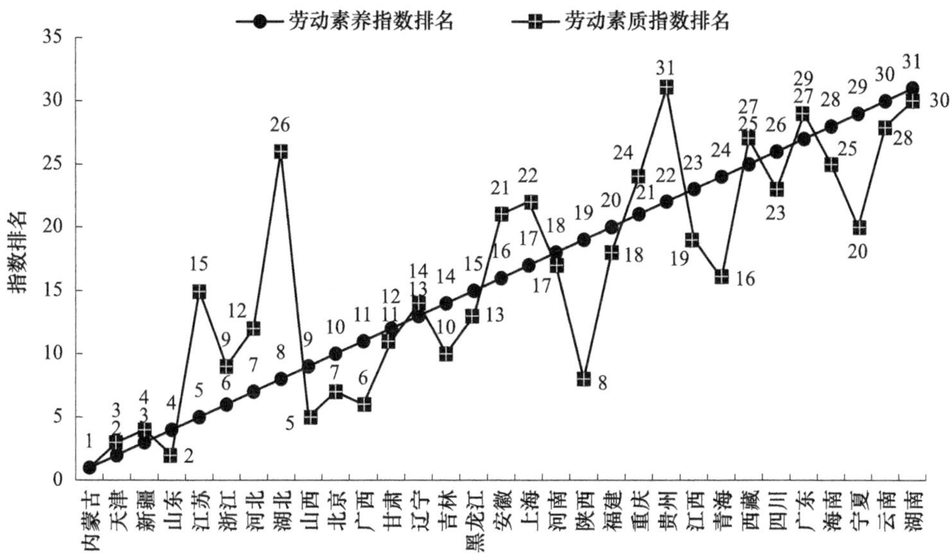

图 106　全国分省大学生劳动素养指数排名与劳动素质指数排名比较

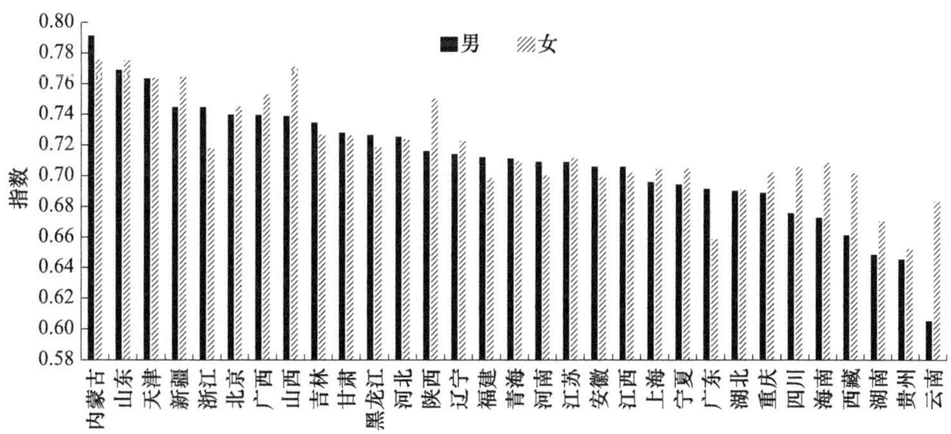

图 107　全国分省大学生劳动素质指数不同性别对比

图 108 为全国分省党员与非党员大学生劳动素质指数对比。对比发现，全国大部分省份党员大学生的劳动素质指数高于非党员大学生。经测算，中国党员和非党员大学生劳动素质指数分别为 0.7320 和 0.7154，党员大学生略高于非党员大学生，说明党员大学生有着更好的劳动素质。

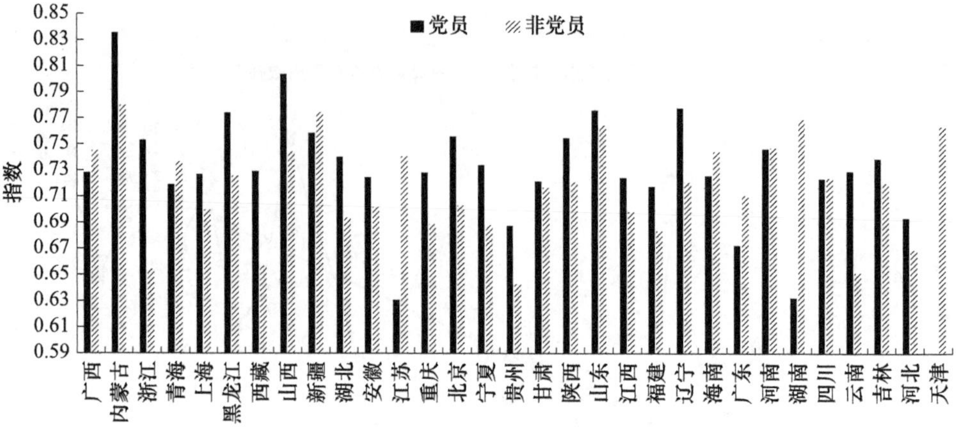

图 108　全国分省大学生劳动素质指数不同政治面貌(党员与非党员)对比

图 109 为全国分省城镇与农村户籍大学生劳动素质指数对比。对比发现,全国大部分省份城镇户籍大学生的劳动素质指数高于农村户籍大学生。经测算,中国城镇和农村户籍大学生劳动素质指数分别为 0.7198 和 0.7113,城镇户籍大学生略高于农村户籍大学生,说明城镇户籍大学生有更好的劳动素质。

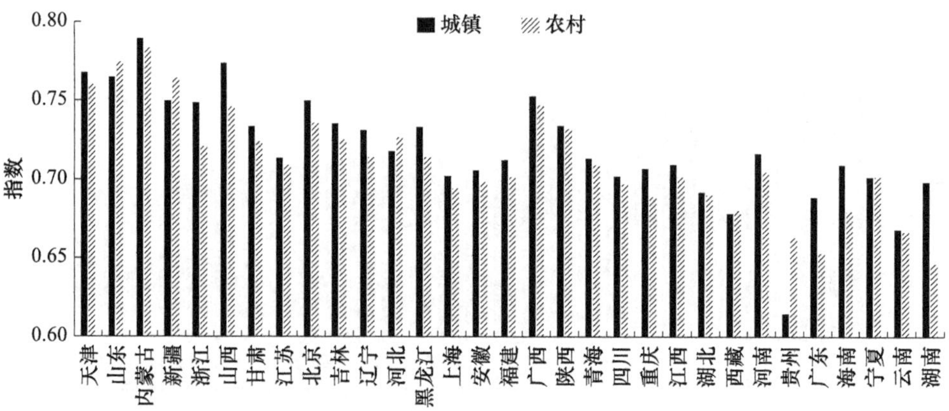

图 109　全国分省大学生劳动素质指数不同户籍(农村与城镇)对比

图 110 为全国分省公立与民办高校大学生劳动素质指数对比。对比发现,全国大部分省份公立高校大学生劳动素质指数高于民办高校大学生。经测算,中国公立和民办高校大学生劳动素质指数分别为 0.7157 和 0.7143,公立高校大学生略高于民办高校大学生,说明公立高校大学生有着更好的劳动素质。

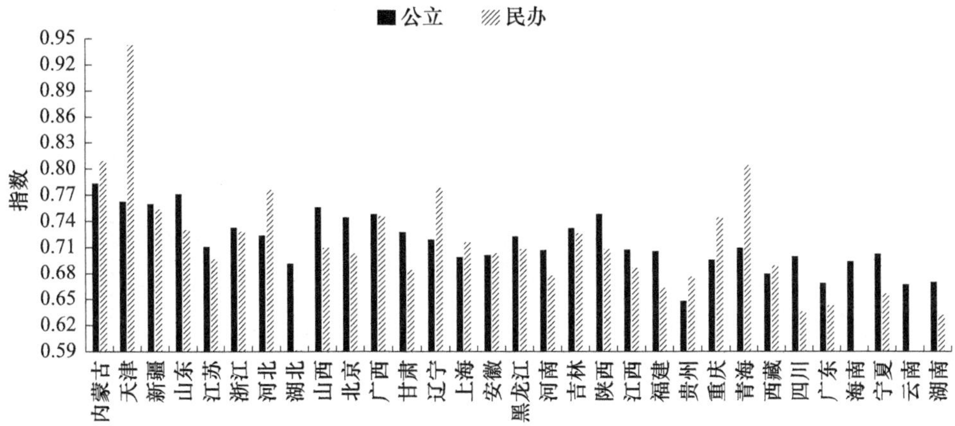

图 110 全国分省大学生劳动素质指数不同办学性质(公立与民办)对比

图 111 为全国分省高校不同办学层次(双一流类与非双一流类)大学生劳动素质指数的对比。对比发现,全国大部分省份非双一流类高校大学生劳动素质指数高于双一流类高校大学生。经测算,中国双一流类和非双一流类高校大学生劳动素质指数分别为 0.7062 和 0.7136,非双一流类高校大学生高于双一流类高校大学生,说明非双一流类高校大学生有着更好的劳动素质。

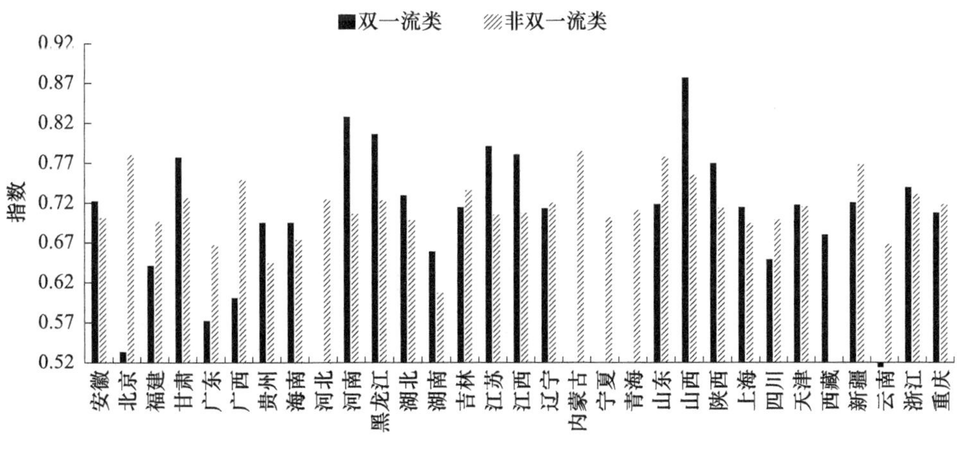

图 111 全国分省大学生劳动素质指数不同办学层次(双一流类与非双一流类)对比

图 112 为全国分省独生子女与非独生子女大学生劳动素质指数对比。对比发现,全国大部分省份独生子女大学生劳动素质指数高于非独生子女大学生。经测算,中国独生子女和非独生子女大学生劳动素质指数分别为 0.7165 和 0.7134,独生子女大学生高于非独生子女,说明独生子女大学生有着更好的劳动素质。

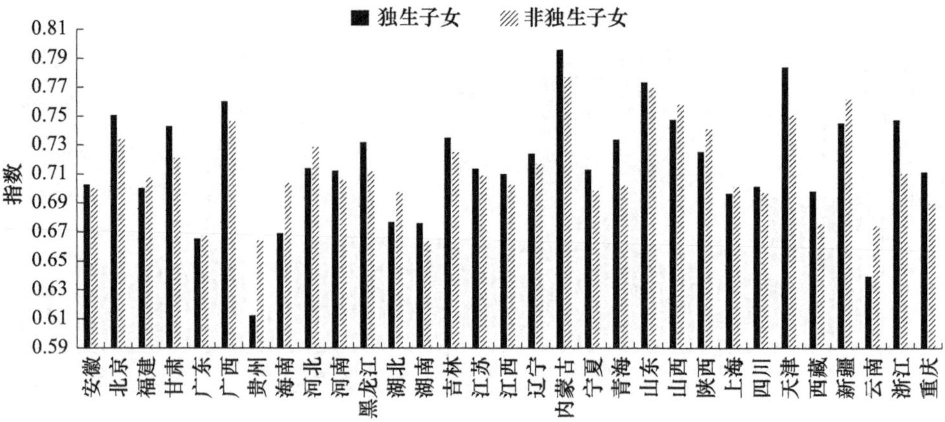

图 112　全国分省大学生劳动素质指数独生子女与非独生子女对比

图 113 为全国分省不同年级大学生劳动素质指数对比。对比发现,全国大部分省份随着年级的增长,大学生劳动素质指数呈下降趋势。经测算,中国大一、大二、大三和大四年级大学生劳动素质指数分别为 0.7216、0.7163、0.7120 和 0.6906,大一学生劳动素质指数最高,大四学生最低,说明中国大学生在大学期间的劳动素质呈不断下降趋势,应引起教育部门的高度重视。

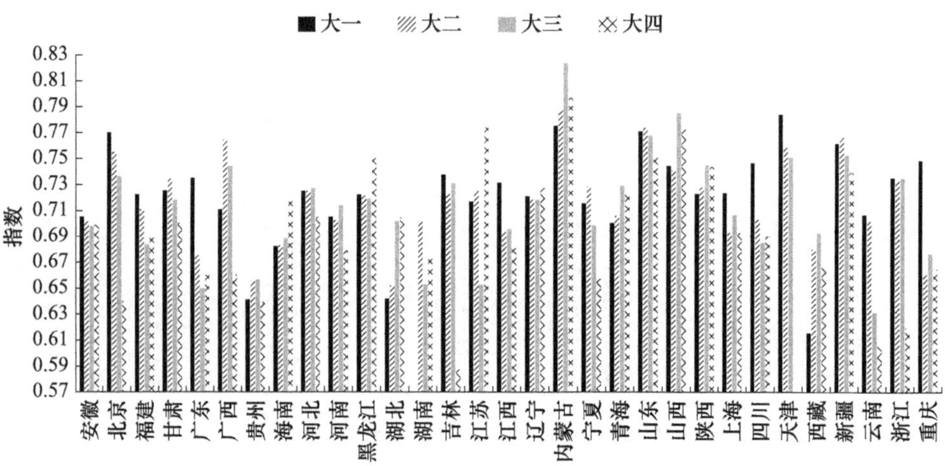

图 113　全国分省大学生劳动素质指数不同年级对比

(5)全国分省大学生劳动认知分项指数状况

同理,对每一个省份样本进行计算,可以得出其大学生劳动认知这一分项指标指数。如表 19 所示,对各省份的大学生劳动认知指数按由高到低排名,排名前 10 的省份依次是:内蒙古、山东、新疆、浙江、天津、北京、广西、山西、黑龙江、河北。

表 19　全国分省大学生劳动认知分项指数对比

省份*	大学生劳动认知指数	排名
内蒙古	0.5654	1
山东	0.5581	2
新疆	0.5554	3
浙江	0.5542	4
天津	0.5535	5
北京	0.5524	6
广西	0.5476	7
山西	0.5474	8
黑龙江	0.5473	9
河北	0.5468	10
—	0.5454	11
—	0.5440	12
—	0.5429	13
—	0.5421	14
—	0.5407	15
—	0.5401	16
—	0.5383	17
—	0.5364	18
—	0.5347	19
—	0.5319	20
—	0.5293	21
—	0.5286	22
—	0.5284	23
—	0.5272	24
—	0.5264	25
—	0.5249	26
—	0.5248	27
—	0.5239	28
—	0.5198	29
—	0.5148	30
—	0.5080	31

* 此次呈现原始计算数据，根据需要只显示前 10 名省份。

图 114 是全国分省高校大学生劳动素养指数与大学生劳动认知指数比较。对比发现,全国各省份高校大学生劳动素养指数排名与劳动认知指数排名存在较大差别,反映出中国各省份大学生劳动认知指数远低于劳动素养指数。

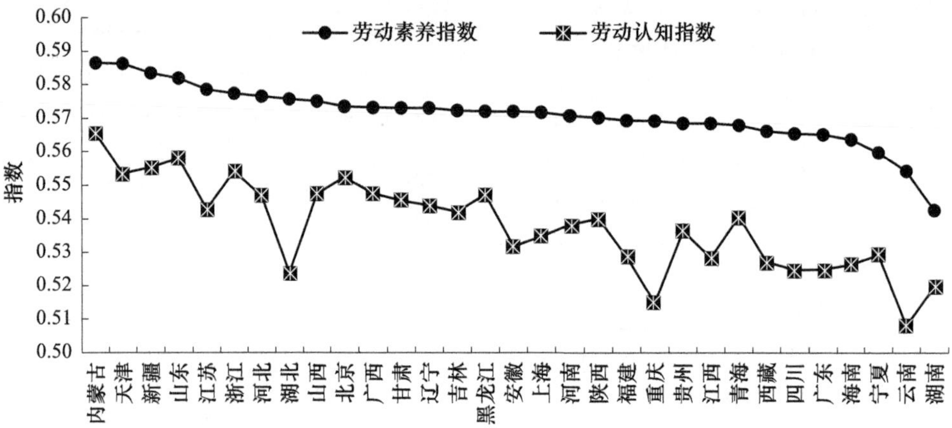

图 114 全国分省大学生劳动素养指数与劳动认知指数比较

如图 115 所示,劳动认知指数越高,排名越靠前,表明该省份大学生对劳动的认知程度越高。

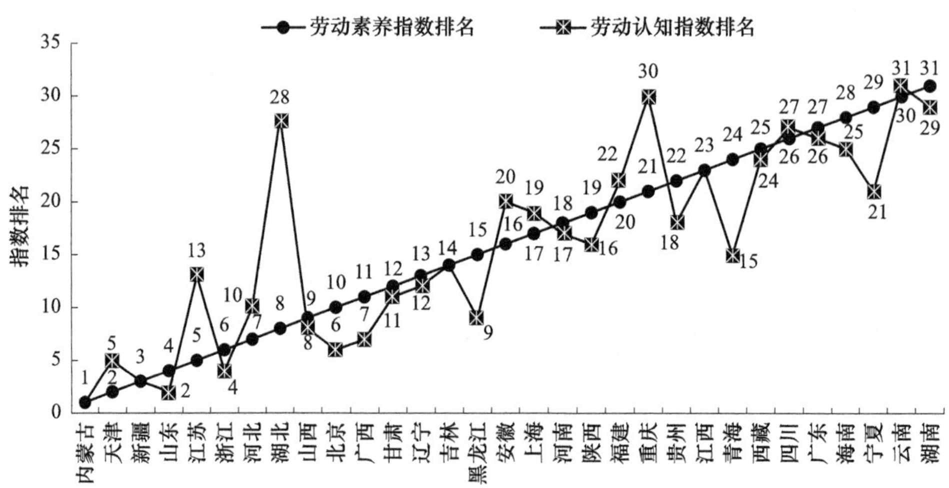

图 115 全国分省大学生劳动素养指数排名与劳动认知指数排名比较

图 116 为全国分省不同性别大学生劳动认知指数对比。对比发现,全国大部分省份男性大学生劳动认知指数高于女性大学生。经测算,中国男性和女性大学生劳动认知指数分别为 0.5419 和 0.5356,男性大学生略高于女性大学生,说明男性大学生对劳动有着更好的认知。

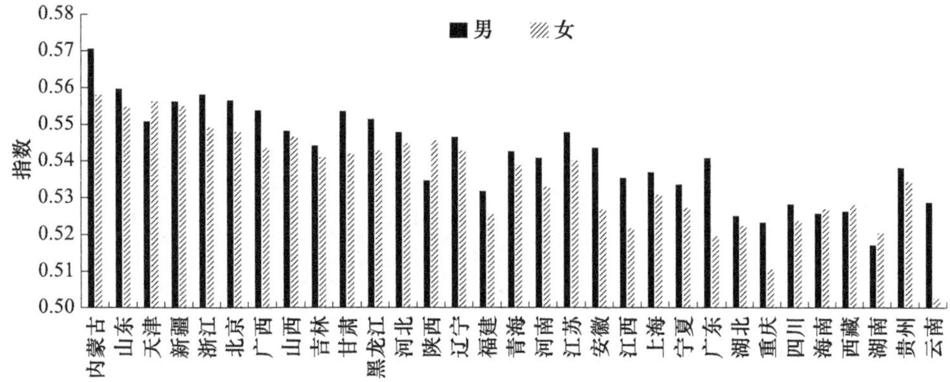

图 116　全国分省大学生劳动认知指数不同性别对比

图 117 为全国分省党员与非党员大学生劳动认知指数对比。对比发现，全国大部分省份非党员大学生的劳动认知指数高于党员大学生。经测算，中国党员和非党员大学生劳动认知指数分别为 0.5360 和 0.5402，非党员大学生略高于党员大学生，说明非党员大学生对劳动有更好的认知。

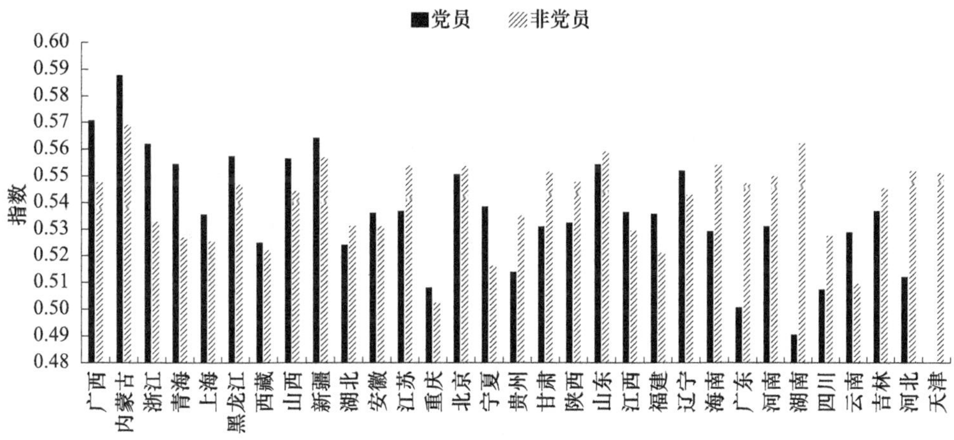

图 117　全国分省大学生劳动认知指数不同政治面貌（党员与非党员）对比

图 118 为全国分省城镇与农村户籍大学生劳动认知指数对比。对比发现，全国大部分省份城镇户籍大学生劳动认知指数高于农村户籍大学生。经测算，中国城镇和农村户籍大学生劳动认知指数分别为 0.5415 和 0.5358，城镇户籍大学生略高于农村户籍大学生，说明城镇户籍大学生有更好的劳动认知。

图 119 为全国分省公立高校与民办高校大学生劳动认知指数对比。对比发现，全国大部分省份民办高校大学生劳动认知指数高于公立高校大学生。经测算，我国公立高校和民办高校大学生劳动认知指数分别为 0.5380 和 0.5399，民办高校大学生略高于公立高校大学生，说明民办高校大学生有更好的劳动认知。

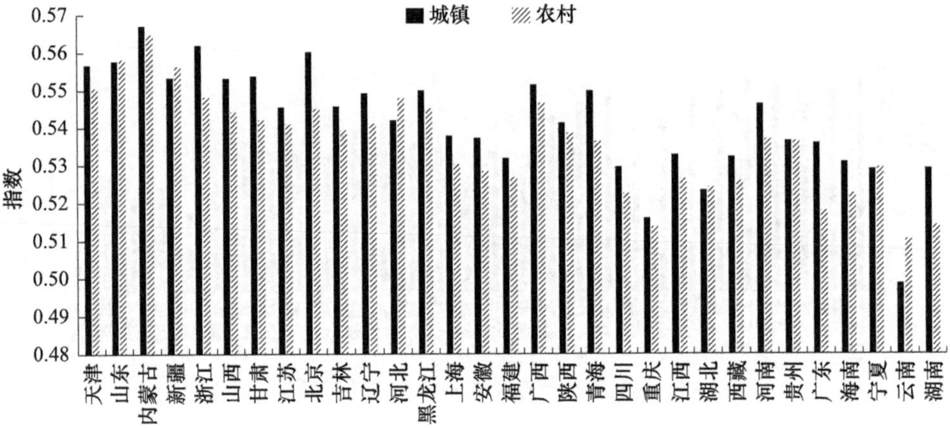

图 118　全国分省大学生劳动认知指数不同户籍(城镇与农村)对比

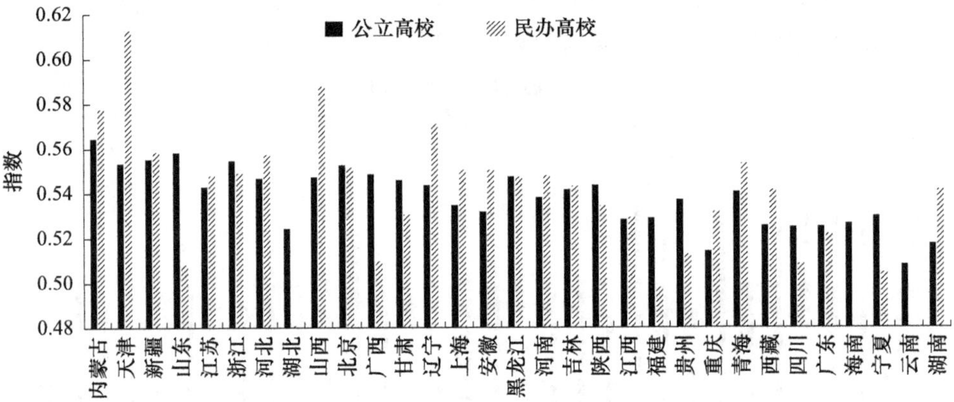

图 119　全国分省大学生劳动认知指数不同办学性质(公立高校与民办高校)对比

图 120 为全国分省高校不同办学层次(双一流类与非双一流类)大学生劳动认知指数对比。对比发现,全国大部分省份非双一流类高校大学生劳动认知指数高于双一流类高校大学生。经测算,中国双一流类和非双一流类高校大学生劳动认知指数分别为 0.5340 和 0.5397,非双一流类高校大学生高于双一流类高校大学生,说明非双一流类高校大学生有更好的劳动认知。

图 121 为全国分省独生子女与非独生子女大学生劳动认知指数对比。对比发现,全国大部分省份独生子女大学生劳动认知指数高于非独生子女大学生。经测算,中国独生子女大学生和非独生子女大学生劳动认知指数分别为 0.5413 和 0.5364,独生子女大学生略高于非独生子女,说明独生子女大学生有更好的劳动认知。

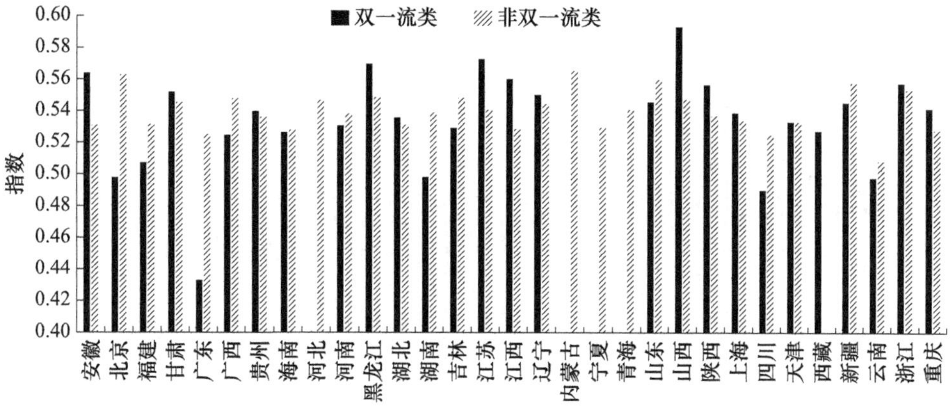

图 120 全国分省高校大学生劳动认知指数不同办学层次(双一流类与非双一流类)对比

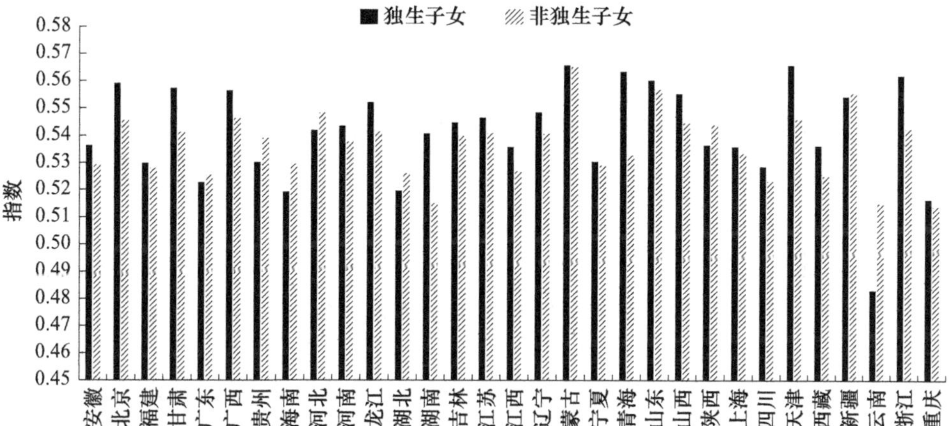

图 121 全国分省大学生劳动认知指数独生子女与非独生子女对比

图 122 为全国分省不同年级大学生劳动认知指数对比。对比发现,全国大部分省份随着年级的增长,大学生劳动认知指数呈下降趋势。经测算,中国大一、大二、大三和大四年级大学生劳动认知指数分别为 0.5405、0.5397、0.5380 和 0.5286,大一学生劳动认知指数最高,大四学生最低,说明中国大学生在大学期间劳动认知呈不断下降趋势,应引起教育部门的高度重视。

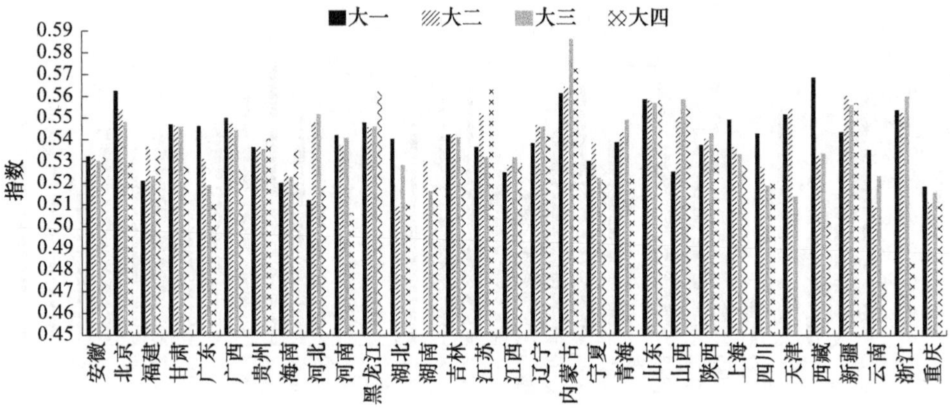

图 122　全国分省大学生劳动认知指数不同年级对比

四、提升中国大学生劳动素养对策分析

(一)影响中国大学生劳动素养状况的基本因素

综上,正处于高等教育学段的大学生,其劳动素养易受学生个体和学校—家庭—社会场域及相关因素的制约与影响(钟苗 等,2021),其影响因素一般可分为内在因素和外在因素两类。内在因素主要指在大学生进入高等教育阶段前制约其劳动素质的因素,而外在因素主要指在大学生进入高等教育阶段后影响其劳动素质的因素。其中每类因素又可以分为固有因素和活动因素两类,固有因素是学生、家庭或社会无法或很难通过自身努力进行彻底改变的因素(佘丽 等,2019);而活动因素是指学生、家庭或社会可以通过自身进行改变的因素。具体包括如下几个方面。

1. 内在因素

(1)内在固有因素。主要包括性别、户籍以及是否为独生子女等。这些因素通常自学生出生时就确定,学生无法自主选择。本次的调查结果表明,不同性别、不同户籍以及是否为独生子女的大学生之间劳动素养都存在差异。其个体劳动素养差异是客观存在的,也可能是家庭和社会的长期影响造成的,如传统中国式家庭的“重男轻女”观念,导致对男孩和女孩在劳动教育的方式与态度、家务劳动的分担、家庭责任的承担等方面区别对待,且有长期、深入且不易转变的影响,而这些影响恰恰是形成大学生劳动自我认知的基础。

(2)内在活动因素。主要包括学生劳动自我认知和家庭劳动教育的协同关系。在固有因素影响下的学生劳动自我认知基础形成后,学生可以通过不断与学校、社会等环境进行接触，进而不断通过教育、学习、改进、修复，对学生劳动素质的影响有可能是正向的，也有可能是负向的。这种影响在通过多种方式表达的家庭教育的进一步影响下，协同促成了学生在进入大学前某种程度的劳动惯习的形成，并通过累积分化最终表现为进入大学前的劳动观念和劳动能力水平，形成大学生的基础性劳动素养。

2. 外在因素

(1)外在固有因素。主要包括学生所在学校的办学性质(公立高校与民办高校)、办学层次(双一流类大学和非双一流类大学)和专业教育等因素。这些因素大部分通常自学生考上大学时就确定，之后学生无法或很难自主改变。本次的调查结果表明，在不同办学性质(公立高校与民办高校)、办学层次的高校就读，不同年级的大学生之间劳动素养存在差异，高校注重学生劳动素养的培养与提升已经迫在眉睫。

(2)外在活动因素。主要包括国家和教育行政部门劳动教育政策导向、高校劳动教育活动水平、社会劳动教育基地建设和学生政治面貌(党员与非党员)。国家和教育行政部门劳动教育政策导向直接影响高校的劳动教育方式、方法和水平；而在同一国家政策下，高校的劳动教育活动水平又会因为重视程度等因素有所不同；不同的国家政策、高校劳动教育重视程度和劳动教育方法也体现在国家与高校对社会劳动教育基地的开发与建设上。此外，学生的政治面貌也对其劳动价值观树立和劳动认知提升有一定影响。

(二)制约中国大学生劳动素养提升的新情况

培育和提升大学生劳动素养是高校开展劳动教育的核心目标，大学生劳动素养水平除了受传统因素制约和影响外，也会受到数字劳动、新冠疫情和教育评价等新兴因素的影响。

1. 数字劳动素养成为大学生劳动素养的“新标签”

进入21世纪以来，伴随互联网技术的进一步发展，在新技术、新产业、新业态、新模式的推动下，数字劳动在中国的发展迅速，提供了大量就业岗位，新业态下的数字劳动者规模迅速扩大。《中国数字经济发展报告(2022年)》指出，预计到2025年，数字经济带动就业的数字劳动规模可以达到3.79亿人(中国信息通信研究院，2022)。而美国的波士顿咨询公司则预测，到2035年，中国整体数字经济规模接近16万亿美元，数字经济渗透率将达到48%，由数字经济带来的数字劳动就业容量有望达到4.15亿人(阮芳 等，2017)。数字劳动素养成为大学生劳动素养的新内涵。因数字劳动具有灵活性高的特点，越来越多的大学毕业生愿意加入数字劳动。例如，2020年和2021年全国高校毕业生灵活就业率都超过了16%。数字劳动突破了传统劳动对工作岗位和工作场所的限制，同时也逐步改变着大学生的劳动认知、劳动价值观等诸多方面劳动素养因素。

具体包括:一是从劳动方式来说,数字化劳动以科技化、智能化、便捷化的互联网劳动为主要方式,传统劳动以机器化、工厂化、规模化的体力劳动为主要方式。二是从劳动资料来说,数字化劳动主要依靠大数据、云信息,传统劳动则主要依靠工业原材料等自然物。三是从劳动工具来说,数字化劳动主要使用电脑、手机、智能机器,传统劳动主要依靠人工操作、传统机器设备。四是从劳动者素养要求来说,数字化劳动对智力、创造力要求更高,传统劳动对体力、专注力要求更高。大学生作为劳动者的重要组成部分,如果不能适应这些差异,将直接影响劳动素养的提升。此外,在数字化劳动迅猛发展的背景下,大学生除了主动参与数字劳动会对劳动素养产生影响,还存在被动参与数字劳动而产生的影响。在被动数字劳动过程中,新自由主义、消费主义都潜在地传递着某种意识形态,而在此过程中,大学生各方面价值观的塑造都面临着"双重虚拟"语境下的主流意识形态难以生根、大学生主体性的深层丧失以及极易陷入虚拟情感陷阱等诸多挑战(赵灯峰 等,2023)。生活在互联网时代的这一代大学生易受互联网中充斥的消费主义、享乐主义、攀比主义、自我主义等负面因素影响,对大学生的劳动认知和劳动价值观等的形成具有强烈的迷惑性,可能造成大学生在劳动价值观、劳动意识形态方面出现偏差,从而产生消极的劳动观念,降低整体的劳动素养水平。

2. 新冠疫情事件成为大学生劳动素养的"试金石"

2019 年 12 月以来,一场突如其来的新冠病毒疫情席卷全国。这场突如其来的新冠疫情对高校大学生劳动素养产生了深远的影响,成为检验大学生劳动素养状况的"试金石"。

具体表现:一是学生实习实践被客观阻断。从学生的角度看,三年的新冠疫情导致大学生在疫情期间无法进行社会实践、实习;从用人单位的角度看,因为疫情的影响,众多企业不得不停工,但很多企业在招聘的时候要求应聘大学生具有一定的实习、实践经验。二是疫情导致的一系列社会范围的影响对学生的劳动价值观产生了冲击。由于疫情导致大量企业倒闭,某些行业的从业者失业、下岗,直接影响了很多学生对于未来职业生涯的规划,学生越来越倾向于未来选择国家公务员、事业单位岗位等,反映出在新冠疫情影响下,毕业生想从事的职业更加趋向于稳定的特点。这些都会潜移默化地影响大学生的劳动认知与劳动价值观。三是从大学生内在心理因素层面看,校园的封闭状态学习、限制外出等政策导致了更多的负面情绪,很多学生产生了散漫感、空虚感,对未来的迷茫、学业上的松懈,甚至对现实世界失去信心。这些都间接影响了学生劳动素养的形成与发展,成为大学生劳动素养提高道路上的绊脚石。

3. 教育评价改革成为大学生劳动素养提升的"助推器"

2020 年 10 月,《方案》提出"改进结果评价、强化过程评价、探索增值评价、健全综合评价”的新时代教育评价的新思路(周洪宇,2020),为大学生劳动素养评价提供了方向指引,成为大学生劳动素养提升的“助推器”。

具体表现:一是加强劳动教育评价。《方案》指出:“实施大中小学劳动教育指导纲要,明确不同学段、不同年级劳动教育的目标要求,引导学生崇尚劳动、尊重劳动。探索建立劳动清单制度,明确学生参加劳动的具体内容和要求,让学生在实践中养成劳动习惯,学会劳动、学会勤俭。加强过程性评价,将参与劳动教育课程学习和实践情况纳入学生综合素质档案。”在改革学生评价时,强调了劳动教育在学生评价内容中的重要地位与作用,从政策基础层面提高了大学生对劳动素养的认识。二是严格学业标准。《方案》指出:“完善各级各类学校学生学业要求,严把出口关。完善过程性考核与结果性考核有机结合的学业考评制度,加强课堂参与和课堂纪律考查,引导学生树立良好学风。完善实习(实训)考核办法,确保学生足额、真实参加实习(实训)。”在改革学生评价时,强调促进德智体美劳全面发展,要求严格学业标准,完善各级各类学校学生学业要求,严把出口关。

当前,中国正处在一个由经济、技术、文化构成的外部环境迅猛变化的阶段,必然会迎来教育评价的新变化。《方案》的提出正是中国教育评价适应教育规律发展要求的体现(司林波 等,2021)。新的教育评价方案必将会对学生综合素养的培养奠定重要基础,必然会带来学生劳动价值观、劳动能力、劳动素质等方面的重要变革,进而深刻地影响学生劳动素养的形成过程和结果。

(三)提升中国大学生劳动素养的对策与建议

1. 切实提高大学生的劳动认知和劳动价值观水平

(1)提高大学生劳动认知。本次调查显示,相比较而言,在所有构成大学生劳动素养的因素中,当前大学生的劳动认知水平最低,严重影响了大学生的整体劳动素养水平。从问卷分析维度看,大学生的劳动认知水平主要取决于劳动习惯、劳动权益和劳动风险三个指标的水平。劳动习惯是长期积累的过程,所以从源头上,学生家长在孩子成长过程中应该加强劳动教育,督促学生经常进行力所能及的劳动,逐步树立劳动应该是一种习惯的观念。社会层面应加大对劳动模范与典型事迹的宣传,倡导劳动创造财富的正确观念。从大学教育的角度看,高校应该将劳动教育列入专业教育的重要内容,加大劳动教育力度,将劳动表现纳入学生教育评价,并作为学生评优评先的重要考核条件,进一步树立劳动模范,加强模范引领作用;同时,应不断提高大学生劳动实践的频次、水平,为学生提供养成劳动习惯的岗位与平台。此外,应加大对劳动权益保护和劳动风险防范的立法、宣传和引导。新的经济与技术水平决定了数字劳动时期劳动权益保护的复杂性。相较于学生广泛了解的传统劳动风险,应加大在数字经济时代劳动关系发生巨大变化的情况下,对劳动主体、劳动协议、薪酬等各方面存在风险的教育与宣传,普及各种关于风险的防范手段与对策，强调学生在劳动的同时注意个人保护，提升劳动教育安全认知水平。

(2)提高大学生劳动价值观。本次调查显示，相比较而言，中国大学生目前的劳动价值观水平相对较低。从问卷分析维度看，大学生的劳动价值观水平主要取决于劳动情感、劳动态度、劳动价值和劳动伦理四个指标的水平。檀传宝(2019)认为，有效开展劳动教育的关键是培养学生的劳动素养，而促进学生形成正确的劳动价值观是培育劳动素养的核心。胡君进等(2018)也认为劳动教育的本质在于培养劳动价值观。大学生树立劳动价值观，其实就是将自己的人生观与世界观相互联系，用辩证的思维和眼光去分析，实事求是，一切从实际出发，根据实际和事实来具体解决问题。

2. 因地制宜地补齐大学生劳动素养区域化短板

本次调查显示，无论是劳动素养的综合指数还是劳动素养的各分项指标，在中国不同区域体现出了较大的差异。这说明不同地域的资源分布，经济、社会发展水平，学校教育水平，甚至当地的民俗、文化等都可能对大学生的劳动素养造成影响。各地应从自身特点出发，找出大学生劳动素养的短板，有针对性地采取有效措施进行提升，避免全国范围一刀切、策略单一化的问题。针对本地区高校普遍存在短板的大学生群体，要着力加强男性大学生、非独生子女大学生、农村户籍大学生、非党员大学生、高年级(大三、大四)大学生和民办高校大学生的劳动教育与实践锻炼。同时，要注重这些群体背后深层次问题的解决。比如男性大学生是否由于家庭或者观念原因在成长过程中更少地参与劳动；非独生子女家庭是否对不同孩子的劳动教育也不均衡；农村户籍大学生是否在成长过程中忽略了对劳动所创造价值的正向引导；随着学生年级的升高，高校是否需要加强劳动素养提升的相关举措，很多问题还需要因地制宜地提出解决方案。值得注意的是，上述人群除农村户籍大学生外，在劳动认知这一指标中，均体现出相反的结果，即在劳动认知方面，更应该加强对女性大学生、独生子女大学生、党员大学生劳动素养的培养与提升。

3. 协同推进“家校社”劳动教育一体化发展

相比中小学而言，“家校社”协同推进是中国高等教育阶段面临的难题之一。虽然大学生由于已经成年，很多意识层面如价值观、世界观、人生观等已经初步形成，但在大学阶段，学生正处于由身体上的成年到真正步入社会的思想上“成年”的关键阶段，尤其是在其劳动素养培养方面，往往存在学校重视劳动教育与劳动实践，但放假回家的学生又被“打回原形”，对更好地培养劳动素养往往起负面作用。另外，社会环境的多元文化和思想冲击，也在很大程度上影响了大学生劳动素养的提升。因此，务必重视加强对高等教育阶段“家校社”协同育人的研究与实践，大力推进“家校社”劳动教育一体化发展，探索其中存在的问题和解决路径。

4. 高质量推进高校“五育融合”一体化教学

“五育融合”教育是劳动素养问题解决的重要途径。劳动教育是高校教育“五育融合”中不可或缺的一环，如果说素养教育是全人教育的核心，那么劳动素养就是劳动教育的核心。钟柏昌等（2022）指出，新时期“五育并举”的提出是对“长智、疏德、弱体、抑美、缺劳”五育失衡现况的郑重回应。以“全人发展”的育人模板为导向，通过开发“五育融合”的劳动课程与改进劳动教育教学方法，构建科学合理的“五育融合”评价体系和大学生综合素质评价体系，进而高质量推进高校“五育融合”一体化教学，是当前中国大学生劳动素质提高的重要途径。

5. 持续推进校内外大学生劳动教育基地建设

劳动教育基地是保证劳动教育育人理念实施的载体，是劳动教育场景的主课堂，也是“五育”并举的重要平台（李轩复 等，2022）。在劳动教育基地开展的劳动实践是提高大学生劳动素养的最重要途径。事实上，高校不具备支持所有劳动实践的条件，仅靠高校自身实现有效的劳动实践活动是不现实的。高校应持续推进校内外大学生劳动教育基地的建设，满足不同专业、不同年级和不同层次大学生劳动教育的需求。此外，国家应出台有关政策鼓励社会力量第三方机构参与校外劳动教育基地的建设和投入。

6. 持续改进大学生劳动素养评价方式和方法

劳动素养评价是劳动教育的核心，其科学性直接决定了劳动素养教育能否被客观准确地衡量。同时，大学生劳动素养评价方式方法也是大学生劳动素养培养提升的内在驱动力和指挥棒。中国高校大学生的劳动素养评价方式方法应能够适应不断变化发展的社会环境、经济环境与高校大学生的发展特点，做到劳动素养评价的过程性评价与结果性评价并重，考虑采用形式多样的劳动素养评价手段，积极探索数字化、软件化的评价技术，使评价结果能够进一步促进大学生劳动素养的提升。

参考文献

卞玉昌，2021. 小学生劳动素养评价体系的价值与构建[J]. 教学与管理(26)：16-18.

蔡瑞林，花文凤，2021a. 基于混合研究方法的大学生劳动素养评价指标体系构建[J]. 中国大学教学(11)：81-85，96.

蔡瑞林，宋君，2021b. 烙印理论视角下大学生劳动素养的提升对策研究[J]. 山东工会论坛，27(6)：22-29.

崔杨，张义喜，2021. 大学生劳动素养现状调查研究[J]. 教育教学论坛(3)：41-44.

党刘栓，2019. 论大学生的劳动素养教育[J]. 西南石油大学学报(社会科学版)，21(3)：109-113.

范伟伟，李闻娇，2022. 青年学生劳动素养教育的历史变迁、时代转向及守正创新[J]. 三峡大学学报(人文社会科学版)，44(3)：20-26.

龚春燕，魏文锋，程艳霞，2020. 劳动素养：新时代人才必备素养[J]. 中小学管理(4)：9-11.

顾建军，2020. 加快建构新时代劳动素养评价体系[J]. 人民教育(8)：19-22.

顾金娟,2009. 学生劳动技术素养的培养[J]. 教育科研论坛(5):78-79.

关颖,2018. 劳动素养,孩子一生的财富 [N]. 人民政协报,05-02(011).

郝志军,哈斯朝勒,2020. 家庭、学校、社会协同是推进劳动教育的根本渠道和途径[J]. 人民教育(8): 23-26.

何盛明,1990. 财经大辞典[M]. 北京:中国财政经济出版社.

胡君进,檀传宝,2018. 马克思主义的劳动价值观与劳动教育观——经典文献的研析[J]. 教育研究,39(5):9-15,26.

胡世文,梁伟军,2021. 实现体面劳动:非正规就业农民工权益保障的理论审视与推进路径[J]. 学习与实践(8):117-124.

黄加敏,2021. 高职院校学生劳动素养评价指标构建探析[J]. 科技风(15):162-163.

嵇娥,朱鸿英,2021. 高职院校学生劳动素养标准评价指标及实施探析[J]. 大众标准化(20): 131-133.

纪德奎,陈璐瑶,2021. 劳动素养的内涵、结构体系及培养路径[J]. 天津师范大学学报(基础教育版),22(2):16-20.

姜大源,2020. 刍议新时代劳动教育的时空构建[J]. 国家教育行政学院学报(6):43-50,57.

靳大林,2022. 新时代中小学劳动素养评价的探索与实践[J]. 考试周刊(47):1-6.

K·H·卡特哈诺夫,1984. 社会主义生产中青年工作人员的劳动素养[J]. 苏联问题参考资料,1984(3):21-25.

李家邦,2021. 小学劳动素养测评模型建构[D]. 重庆:西南大学.

李松,2021. 新时代高校大学生劳动教育现状[J]. 家庭(15):176.

李轩复,段刘伟,李震,等,2022. 基于新时代人才培养的劳动教育基地建设研究——以中国农业大学劳动教育基地为例[J]. 劳动教育评论(2):104-116.

李益众,2018. 走出劳动教育的四大误区[J]. 四川教育(6):5.

林崇德,2016. 21世纪学生发展核心素养研究[M]. 北京:北京师范大学出版社.

林崇德,2017a. 构建中国化的学生发展核心素养[J]. 北京师范大学学报(社会科学版),259(1): 66-73.

林崇德,2017b. 中国学生核心素养研究[J]. 心理与行为研究,15(2):145-154.

凌鹊,刘景华,张胜利,2023. 高校劳动教育对大学生劳动意愿的影响——基于链式中介效应模型的分析[J]. 成都师范学院学报,39(7):29-38.

刘进才,1994. 劳动伦理学[M]. 上海:华东理工大学出版社.

刘婷婷,2021. 高职院校玉雕专业学生劳动素养现状与培养提升路径的探索[J]. 太原城市职业技术学院学报(5):96-98.

刘向兵,2019. 新时代高校劳动教育论纲[M]. 北京:社会科学出版社.

刘小惠,2021. 新时代劳动素养评价体系建构与课程实践路径选择——以人大附中劳动教育课程建设为例[J]. 创新人才教育(2):31-37.

刘治富,2020. 在劳力上劳心:乡村小学劳动教育的突围之路[J]. 教学月刊小学版(综合)(Z2): 15-17.

毛小平,2022. 场域与惯习:当代大学生劳动素养的分化机制[J]. 现代教育管理,387(6):27-37.

毛小平,2022. 累积与分化:当代大学生劳动素养差异的再思考[J]. 兰州学刊(3):17-29.

羌毅,姜乐军,2021. 新时代我国职业院校劳动素养评价[J]. 教育与职业(4):55-59.

秦超,2021. 小学劳动教育评价体系研究[D]. 曲阜:曲阜师范大学.

任苗苗,2021. 新时代大学生劳动精神培育路径研究[D]. 西安:西安理工大学.

阮芳,蔡菁容,张奕蕙,等,2017. 迈向 2035:4 亿数字经济就业的未来[J]. 科技中国(4):20-26.

邵长威,2019. 思想政治教育视域下提升大学生劳动素养的途径探索[J]. 辽宁工业大学学报(社会科学版),21(4):98-100,106.

佘丽,牟海美,2019. 提升劳动素养,实现立德树人——中职学生劳动素养状况分析与培养路径探索[J]. 现代职业教育(19):6-7.

束仁龙,2021. 应用型本科高校大学生劳动素养评价指标探析[J]. 池州学院学报,35(6):140-143.

司林波,裴索亚,王伟伟,2021. 新中国教育评价制度变迁的影响因素、基本规律与实践启示——基于教育评价相关政策文本的扎根理论研究[J]. 大学教育科学(6):69-77.

苏霍姆林斯基,1983. 赵玮,王义高,蔡兴文,等译,帕夫雷什中学[M]. 北京:教育科学出版社.

檀传宝,2019. 劳动教育的概念理解——如何认识劳动教育概念的基本内涵与基本特征[J]. 中国教育学刊(2):82-84.

王晖,刘霞,刘金梦,等,2022. 中小学生劳动素养评价的国际经验及启示[J]. 北京师范大学学报(社会科学版),292(4):142-149.

王梅茜,2015. 我国顶岗实习生劳动风险防范法律机制研究[D]. 海口:海南大学.

王泉泉,刘霞,陈子循,等,2021. 核心素养视域下劳动素养的内涵与结构[J]. 北京师范大学学报(社会科学版)(2):37-42.

工文琪,2022. 小学生劳动素养评价研究[D]. 呼和浩特:内蒙古师范大学.

王晓杰,宋乃庆,2022. 小学生劳动素养测评模型构建研究[J]. 湖南师范大学教育科学学报,21(2):94-102.

王燕,2023. 对新时代劳动素养评价的几点思考[J]. 学校党建与思想教育(2):42-44.

王正青,刘涛,杜娇阳,等,2021. 新时代大学生劳动素养测评模型构建与测度研究[J]. 现代教育管理(6):81-89.

温晓年,2020. 新时代高校劳动教育体系的构建[J]. 高等职业教育(天津职业大学学报),29(5):67-72,79.

温晓年,唐志风,梁淑锰,2022. 新时代高校大学生劳动素养评价体系的建构[J]. 宿州教育学院学报,25(1):9-13,36.

文新华,1995. 论劳动、劳动素质与劳动教育[J]. 教育研究(5):9-15.

吴宁,彭程,2020. 劳动教育为劳动伦理问题提供有效途径[J]. 渭南师范学院学报,35(11):1-7,34.

徐洁,楼幸琳,2020. 培育劳动素养:新时代劳动教育的核心指向[J]. 教育科学论坛(19):5-10.

宣芳,2020. 高中通用技术课程微视频资源的设计与应用研究——以合肥北城中学为例[D]. 重庆:西南大学.

颜晓程,2022. 从“身”出发,培育学生劳动素养[J]. 中小学班主任,80(20):1.

姚林,康翠萍,2022. 大学生劳动教育与劳动素养关系的实证研究——以Z校为例[J]. 广西科技师范学院学报,37(2):84-93.

游飞,2022. 基于信息化平台搭建的高校学生劳动素养评价[J]. 湖北开放职业学院学报,35(23):28-30.

张进财,高芳芳,2021. 新时代劳动素养评价的价值意蕴与实践路径[J]. 思想理论教育导刊(10):130-134.

赵灯峰,周俊强,邓闪闪,2023. 大学生被动数字劳动过程中意识形态引领策略分析[J]. 信阳师范学院学报:哲学社会科学版,43(1):93-98.

中国社会科学院语言研究所词典编辑室,2005. 现代汉语词典:第5版[M]. 北京:商务印书馆.

中国信息通信研究院,2022. 中国数字经济发展报告(2022年)[R]. 北京:中国信息通信研究院.

钟柏昌,刘晓凡,2022. 论"五育融合教育"[J]. 中国电化教育(1):86-94,104.

钟苗,2021. 教师劳动素养内涵与培养路径探析[J]. 高教论坛(6):15-16,53.

钟苗,王俊梅,徐亚幸,2021. 大学生劳动素养的现状调查及影响因素分析[J]. 黑河学刊(3):75-77.

周洪宇,2020. 深化教育评价改革 加快推进教育现代化——《深化新时代教育评价改革总体方案》解读[J]. 中国考试(11):1-8.

周文良,魏虹,王艺蓉,2022. 区域推进劳动教育的三个关键[J]. 教学管理与教育研究(22):125-127.

JONES E A, VOORHEES R A, PAULSON K, 2002. Defining and assessing learning: exploring compentence-based initiatives[R]. Washington DC: U. S. Department of Education, National Center for Education Statistics.

SPENCER L M, SPENCER S M, 1993. Competence at Work: Models for Superior Performance [M]. New York: John Wiley and Sons.

STOOF A, MARTENS R L, VAN MERRIËNBOER J G, et al, 2002. The boundary approach of competence: A constructivist aid for understanding and using the concept of competence[J]. Human Resource Development Review, 1(3):345-365.

第二部分

分报告

高校大学生劳动价值观状况调查

杨鑫刚[①]

摘要:做好劳动教育是落实新时代背景下立德树人根本任务的路径之一,而劳动教育的本质在于培养劳动价值观。通过对全国65 563名在校大学生的问卷调查,从劳动情感、劳动态度、劳动价值和劳动伦理四个核心指标出发,客观分析现阶段我国高校在校大学生劳动价值观现状。结果表明:我国高校大学生劳动价值观整体评估得分为3.79,整体指数为0.590 2,在李克特五级量表中进行匹配,属于"比较满意"的范畴,但四个核心指标之间存在较大差异,仍然存在一定的改进空间。同时,不同省份、不同地区、不同年级以及不同性别的大学生在劳动价值观整体及其核心指标之间均存在一定差异。因此,未来一段时间内的高校大学生劳动价值观培养工作应该在保持共性的前提下,从大学生劳动情感、劳动态度、劳动价值和劳动伦理等方面出发,个性化地引导不同高校大学生树立科学、合理和高质量的劳动价值观。

关键词:劳动价值观指数　现状调查　区域特征　对策

劳动价值观是引导大学生进行劳动实践的先决要素(高晓娜,2023),主要表现为大学生在日常生活、专业学习、社会实践中所具有的劳动态度、劳动情感、劳动价值和劳动伦理倾向(郝玉梅,2014)。本报告主要通过对全国样本高校大学生的劳动价值观状况进行调查,统计分析影响大学生劳动价值观的相关因素,梳理大学生劳动价值观培育中存在的问题,给出培育大学生劳动价值观的对策与建议。

一、大学生劳动价值观的基本状况

(一)大学生劳动价值观调查指标

本次调查包括四个核心指标,分别为劳动情感、劳动态度、劳动价值、劳动伦理,如表1所示。此次调查中关于大学生劳动价值观状况的测评,采用李克特五级

① 杨鑫刚,男,硕士,中国劳动关系学院劳动教育学院教师,主要从事劳动安全、劳动教育研究。

量表(Likert Scale)进行计分,邀请受访大学生按照自身对于调查问题的认同程度进行打分,"1"="非常不认同","2"="不认同","3"="不确定","4"="认同","5"="非常认同"。

表1　高校大学生劳动价值观调查指标

维度	核心指标	变量	调查问题
劳动价值观	劳动情感	XK	在校园生活过程中,如果宿舍的卫生状况被批评或排名靠后,您会感到羞愧吗?
		GY	如果学校发布了志愿服务或公益劳动活动通知,您会主动报名参加吗?
		JC	您愿意为心中的理想生活而自觉自愿地前往基层的艰苦环境工作吗?
		JW	在家庭日常生活中,您会主动帮助家人或自主干家务劳动吗?
	劳动态度	JF	您有明确的职业目标,清楚地知道自己未来的职业劳动角色,并为之努力吗?
		LF	您并不认为学生的主业是学习,参加劳动无异于浪费时间吗?
		DG	您曾到过或愿意到工厂车间或田间地头等生产劳动第一线,感受劳动的魅力吗?
		ZQ	您在与普通劳动者一起经历劳动过程后,增强了主动参与学校组织劳动实践活动的意识吗?
		AS	您在校学习时,总能够按时上课、认真听讲、诚信考试吗?
	劳动价值	TB	您不会只参与认为有价值的劳动活动,不感兴趣的尽量想办法逃避吗?
		ZD	您认为通过合法、正规的途径,用自身劳动获取生活资源的做法都是值得的吗?
		CC	您认为学校倡导诚信考试、论文查重等规范要求有益于自己的学习吗?
		BZ	您不认为成年后还可以向父母要求提供经济支持或其他帮助吗?
	劳动伦理	YS	您认为良好的劳动素养有助于改善人际关系,有利于形成良好的团队协作意识吗?
		CS	您认为从事所有职业的劳动者都值得被尊重吗?
		DD	您认为对待工作或学习的态度是"在其职,谋其位,负其责,尽其事"吗?
		TL	您不认为体力劳动又脏又累、工作不体面、社会地位低下吗?

(二)大学生劳动价值观指数分析

1. 大学生劳动价值观分项指标指数

从主报告可知,劳动价值观指数在大学生劳动素养的分项中居于第2位。在劳动价值观分项指数中,劳动情感指数排名最高(表2)。

表 2 大学生劳动价值观分项指标指数

劳动价值观分项指标	指数	排名
劳动情感指数	0.6879	1
劳动态度指数	0.6196	4
劳动价值指数	0.6724	3
劳动伦理指数	0.6734	2

2. 大学生劳动价值观指数排行

与大学生劳动素养指数测算原理相同，对每一个省份样本进行计算，得出分省大学生劳动价值观这一分项指标指数，如表 3 所示。对分省大学生劳动价值观指数按从高到低排名，排名前 10 的省份依次是：内蒙古、湖北、山东、新疆、北京、广西、天津、河北、山西和西藏。

表 3 大学生劳动价值观分项指标指数对比

省份*	劳动价值观指数	省份	劳动价值观指数
内蒙古	0.6309	—	0.5866
湖北	0.6220	—	0.5862
山东	0.6197	—	0.5858
新疆	0.6119	—	0.5846
北京	0.6056	—	0.5843
广西	0.6029	—	0.5843
天津	0.6014	—	0.5823
河北	0.5967	—	0.5808
山西	0.5932	—	0.5808
西藏	0.5932	—	0.5800
—	0.5928	—	0.5784
—	0.5924	—	0.5773
—	0.5901	—	0.5730
—	0.5893	—	0.5601
—	0.5878	—	0.5547
—	0.5874	—	—

* 此次呈现原始计算数据，根据需要只显示前 10 名省份。

(三)大学生劳动价值观描述统计分析

1. 大学生劳动价值观认同程度的描述性统计

运用 SPSS 24.0 软件对大学生劳动价值观构成的四个指标进行描述性统计，结果如表 4 和表 5 所示。大学生对劳动价值观不同指标的认同程度存在差异。指标均值越高表示越认同,四个指标的均值都超过了3.0,接近4.0,劳动情感指标的均值甚至超过了4.0,这表示大学生对劳动价值观不同指标的认同程度不一致。具体来看,大学生对劳动情感的认同程度最高,其次为劳动伦理与劳动态度,劳动价值认同程度最低。

表4 大学生劳动价值观的总体状况

劳动价值观指标	平均分		排序与认同等级	
	均值	标准差	排序	认同等级
劳动情感	4.03	0.894	1	认同(根据均值评价)
劳动态度	3.69	0.994	3	认同
劳动价值	3.63	0.942	4	认同
劳动伦理	3.82	0.987	2	认同

更为细致地讲,劳动情感指标中大学生"对于自身主动承担家务劳动"的认同程度最高,其次为"因自身宿舍卫生状况差而感到羞愧",而"为心中的理想生活而自觉自愿地前往基层的艰苦环境工作"最低,说明需要加强对大学生艰苦奋斗劳动精神的培养。劳动态度指标中,"按时上课、认真听讲、诚信考试"的认同程度最高,其次为"主动参与学校组织的劳动活动以及深入生产劳动一线,感受劳动魅力",最低为"认为参与劳动无异于浪费学习时间"。劳动价值指标中,"遵守相关学术道德规范"以及"通过合法、正规的途径,用自身劳动获取生活资源"的认同程度并列首位,其次为"正确看待父母的经济支持与经济帮助",而"逃避不感兴趣的劳动活动"最低,说明需要进一步加强大学生劳动兴趣的提升。劳动伦理指标中"认为从事所有职业的劳动者都值得被尊重"认同程度最高,"对待工作或学习的态度"次之,"认为体力劳动又脏又累"最低,说明需要加强对大学生劳动伦理认知程度的培养。

表5 大学生劳动价值观四个指标的描述性分析

编码	个案数	最大值	最小值	平均值	标准差	方差
XK	65 563	5	1	4.06	1.006	1.013
GY	65 563	5	1	3.97	0.944	0.892
JC	65 563	5	1	3.87	0.991	0.983
JW	65 563	5	1	4.14	0.891	0.794
JF	65 563	5	1	3.78	0.998	0.996
LF	65 563	5	1	2.53	1.398	1.954
DG	65 563	5	1	3.72	1.166	1.360
ZQ	65 563	5	1	3.90	0.977	0.955
AS	65 563	5	1	4.23	0.875	0.766

续表

编码	个案数	最大值	最小值	平均值	标准差	方差
TB	65 563	5	1	2.82	1.314	1.727
ZD	65 563	5	1	4.25	0.894	0.799
CC	65 563	5	1	4.25	0.898	0.806
BZ	65 563	5	1	3.14	1.159	1.343
YS	65 563	5	1	4.26	0.867	0.752
CS	65 563	5	1	4.35	0.868	0.754
DD	65 563	5	1	4.32	0.864	0.747
TL	65 563	5	1	2.32	1.450	2.103

2. 各省大学生劳动认知的描述性统计分析

通过对不同省份大学生劳动价值观状况的描述性统计，可以直观地了解每个省份的大学生劳动价值观状况。如表 6 和图 1 所示，不同省份大学生的劳动价值观存在差异，指标均值越高表示认同程度越高。数据显示，内蒙古、新疆、山东、天津、山西五个省份劳动情感的认同程度排在前列，安徽、江苏、湖南、广东、贵州五个省份劳动情感的认同程度排名靠后。湖北、内蒙古、山东、新疆、北京五个省份劳动态度的认同程度排在前列，四川、海南、重庆、广东、湖南五个省份劳动态度的认同程度排名靠后。内蒙古、山东、北京、广西、天津五个省份劳动价值的认同程度排在前列，浙江、山西、广东、甘肃、贵州五个省份劳动价值的认同程度排名靠后。内蒙古、山东、新疆、北京、广西五个省份劳动伦理的认同程度排在前列，宁夏、江苏、海南、广东、贵州五个省份劳动价值的认同程度排名靠后。综合劳动情感、劳动态度、劳动价值、劳动伦理四个指标来看，内蒙古、湖北、山东三个省份认同程度最高，湖南、广东、贵州三个省份认同程度最低。

表 6 各省份高校大学生劳动价值观及其核心指标评估情况表

省份	劳动情感	劳动态度	劳动价值	劳动伦理	省份	劳动情感	劳动态度	劳动价值	劳动伦理
安徽	3.95	3.56	3.60	3.76	辽宁	4.05	3.66	3.63	3.83
北京	4.09	3.81	3.74	3.93	内蒙古	4.29	4.04	3.83	4.06
福建	3.99	3.61	3.67	3.84	宁夏	4.05	3.62	3.59	3.76
甘肃	4.09	3.69	3.48	3.77	青海	4.02	3.64	3.62	3.78
广东	3.75	3.45	3.50	3.70	山东	4.23	3.91	3.80	3.99
广西	4.13	3.74	3.72	3.91	山西	4.16	3.71	3.53	3.85

续表

省份	劳动情感	劳动态度	劳动价值	劳动伦理	省份	劳动情感	劳动态度	劳动价值	劳动伦理
贵州	3.73	3.62	3.48	3.43	陕西	3.97	3.73	3.62	3.83
海南	3.96	3.52	3.61	3.75	上海	3.95	3.58	3.71	3.83
河北	4.05	3.75	3.66	3.88	四川	4.02	3.54	3.63	3.78
河南	3.96	3.67	3.60	3.79	天津	4.16	3.69	3.71	3.90
黑龙江	4.03	3.71	3.66	3.84	西藏	4.07	3.68	3.69	3.81
湖北	3.96	4.57	3.64	3.82	新疆	4.27	3.84	3.68	3.94
湖南	3.81	3.41	3.68	3.83	云南	4.08	3.60	3.64	3.76
吉林	4.08	3.67	3.61	3.87	浙江	4.00	3.78	3.53	3.79
江苏	3.94	3.66	3.57	3.76	重庆	4.01	3.48	3.62	3.80
江西	3.97	3.57	3.59	3.80	—	—	—	—	—

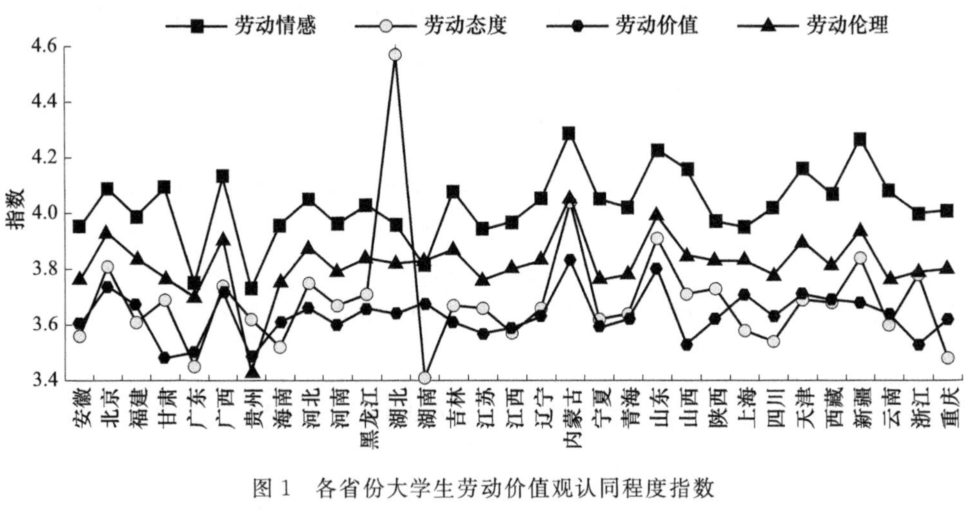

图 1　各省份大学生劳动价值观认同程度指数

(四)大学生劳动价值观状况对比分析

1. 基于性别的大学生劳动价值观现状分析

在大学生劳动价值观评价的过程中,不同性别对劳动价值观的评价具有比较明显的统计学差异。因为性别不同,大学生的劳动价值观存在差异,其对劳动价值观相关内容的主观评价也存在差异。运用独立样本 t 检验了解不同性别劳动价值观的差异,结果如表 7 所示。

表 7　大学生性别与劳动价值观的关系

变量	男性		女性		t	p
	均值	标准差	均值	标准差		
XK	4.02	1.056	4.10	0.964	−10.103	0.000
GY	3.91	0.998	4.01	0.896	−15.044	0.000
JC	3.87	1.036	3.87	0.954	−0.786	0.436
JW	4.10	0.928	4.17	0.859	−9.514	0.000
JF	3.82	1.032	3.76	0.969	7.503	0.000
LF	2.81	1.425	2.31	1.337	45.105	0.000
DG	3.84	1.126	3.62	1.189	24.234	0.000
ZQ	3.92	1.007	3.89	0.953	3.007	0.002
AS	4.16	0.923	4.29	0.831	−18.112	0.000
TB	3.06	1.329	2.62	1.269	43.543	0.000
ZD	4.17	0.933	4.31	0.856	−19.396	0.000
CC	4.17	0.941	4.31	0.856	−20.347	0.000
BZ	3.25	1.193	3.05	1.122	22.348	0.000
YS	4.18	0.911	4.32	0.826	−19.710	0.000
CS	4.25	0.917	4.44	0.818	−26.644	0.000
DD	4.23	0.907	4.40	0.820	−25.492	0.000
TL	2.63	1.492	2.07	1.366	49.274	0.000

注:检验水准为 0.05。

根据表 7,除劳动情感指标的 JC“您愿意为心中的理想生活而自觉自愿地前往基层的艰苦环境工作吗?”问题外,其他所有问题的性别间差异显著性水平都小于 0.05,这就说明性别除了对 JC 这一细分指标没有影响外,男生与女生在其他劳动价值观所包含的其他 30 项细分指标均存在显著差异。因此,对大学生进行劳动价值观培养与引导时,需按照男生与女生的不同诉求,采取个性化举措。

2. 基于年级的大学生劳动价值观现状分析

在大学生劳动价值观评价的过程中,大学生所在年级对自身劳动价值观的评价具有比较明显的差异,这与学校对劳动教育的重视程度和教学质量密切相关,学生对劳动价值的认知不同,主观评价也具有差异。所在年级差异运用描述统计和单因素方差分析方法了解不同年级劳动价值观状况的差异,结果如表 8 所示。

表 8 高校大学生所在年级与劳动价值观的关系

变量	大一(1)		大二(2)		大三(3)		大四(4)		F	p
	均值	标准差	均值	标准差	均值	标准差	均值	标准差		
XK	4.17	0.969	4.05	1.001	4.01	1.060	3.94	1.060	124.882	0.000
GY	4.06	0.921	3.98	0.930	3.91	0.957	3.80	0.993	155.728	0.000
JC	3.93	0.981	3.88	0.984	3.84	0.994	3.77	1.029	47.764	0.000
JW	4.18	0.883	4.12	0.890	4.13	0.892	4.11	0.908	15.915	0.000
JF	3.84	0.994	3.77	1.003	3.77	0.991	3.71	1.003	33.646	0.000
LF	2.32	1.398	2.61	1.409	2.62	1.384	2.59	1.334	186.325	0.000
DG	3.69	1.207	3.72	1.154	3.74	1.146	3.74	1.147	6.893	0.000
ZQ	3.97	0.968	3.90	0.970	3.88	0.978	3.78	1.011	67.163	0.000
AS	4.35	0.829	4.19	0.882	4.19	0.891	4.17	0.902	154.095	0.000
TB	2.62	1.330	2.88	1.312	2.88	1.304	2.94	1.251	185.293	0.000
ZD	4.35	0.875	4.22	0.891	4.21	0.908	4.20	0.896	109.133	0.000
CC	4.37	0.856	4.21	0.908	4.21	0.908	4.19	0.912	151.773	0.000
BZ	3.05	1.153	3.19	1.158	3.16	1.172	3.10	1.131	57.235	0.000
YS	4.38	0.833	4.23	0.870	4.20	0.880	4.17	0.882	168.585	0.000
CS	4.47	0.826	4.32	0.872	4.31	0.889	4.29	0.885	144.201	0.000
DD	4.44	0.818	4.28	0.868	4.27	0.887	4.25	0.885	168.391	0.000
TL	2.09	1.410	2.41	1.467	2.41	1.458	2.39	1.406	214.189	0.000

注:检验水准为 0.05。

由表 8 可知,大学生劳动价值观 4 个指标 17 个问题的年级差异显著性水平均小于 0.05,表示不同年级对这些细分指标具有显著影响。不同年级学生因宿舍卫生状况差而感到羞愧、主动参加公益劳动活动、为理想生活而自愿参加基层艰苦劳动、主动承担家务劳动、职业目标明确且为之努力、参与劳动不如学习重要、深入一线感知劳动魅力、愿意主动参与学校组织的劳动实践活动、遵守学校学习生活规范、参与自我认为有价值的劳动活动、通过自身劳动获取生活资源、遵守学术道德规范、正确看待父母经济支持与帮助、了解劳动素养的价值、尊重所有职业的劳动者、树立正确的学习与工作态度、正确的体力劳动观念 17 个变量的单因素方差分析结果达到显著水平,表示不同年级在劳动价值观这 17 个细分指标上存在显著差异。

3. 基于政治面貌的大学生劳动价值观现状分析

在大学生劳动价值观评价的过程中,大学生政治面貌对其劳动价值观的评价具有比较明显的差异,这与大学生政治素养密切相关,因为政治素养不同,个体对劳动价值的判断也不同，主观评价也有差异。政治面貌差异运用描述统计和单因素方差分析方法了解不同政治面貌大学生劳动价值观状况的差异，结果如表 9 所示。

表 9　高校大学生政治面貌与劳动价值观的关系

变量	群众(1)		共青团员(2)		党员(3)		其他(4)		F	p
	均值	标准差	均值	标准差	均值	标准差	均值	标准差		
XK	4.02	1.037	4.07	0.995	4.14	1.002	3.99	1.049	15.018	0.000
GY	3.91	0.984	3.98	0.930	4.11	0.917	3.92	0.992	41.504	0.000
JC	3.83	1.023	3.88	0.981	4.00	0.958	3.89	0.993	23.804	0.000
JW	4.11	0.919	4.14	0.878	4.21	0.905	4.09	0.986	14.529	0.000
JF	3.79	1.024	3.77	0.990	3.97	0.956	3.78	1.036	34.448	0.000
LF	2.63	1.413	2.50	1.389	2.53	1.431	2.65	1.433	39.995	0.000
DG	3.69	1.183	3.72	1.162	3.85	1.134	3.75	1.108	14.990	0.000
ZQ	3.87	1.004	3.91	0.968	4.02	0.961	3.88	1.008	18.895	0.000
AS	4.20	0.894	4.24	0.868	4.34	0.858	4.11	0.951	22.592	0.000
TB	2.91	1.332	2.79	1.304	2.78	1.352	2.90	1.352	33.953	0.000
ZD	4.21	0.922	4.26	0.883	4.29	0.893	4.14	0.959	16.911	0.000
CC	4.20	0.925	4.26	0.887	4.33	0.890	4.14	0.979	27.233	0.000
BZ	3.17	1.175	3.13	1.149	3.07	1.222	3.14	1.168	7.317	0.000
YS	4.21	0.901	4.27	0.854	4.33	0.858	4.14	0.945	28.252	0.000
CS	4.31	0.902	4.37	0.855	4.39	0.866	4.24	0.952	20.357	0.000
DD	4.27	0.895	4.34	0.851	4.36	0.876	4.20	0.977	26.111	0.000
TL	2.41	1.476	2.29	1.439	2.31	1.469	2.44	1.472	29.164	0.000

注：检验水准为 0.05。

由表 9 可知，大学生劳动价值观 4 个指标 17 个问题的政治面貌间差异显著性水平均小于 0.05，表示政治面貌对这些细分指标具有显著影响。17 个变量的单因素方差分析结果均达到显著水平，表示不同政治面貌对这 17 个细分指标有显著影响。根据 17 个细分指标均值横向比较可以看出，总体上党员学生在劳动价值观方面表现较好，不仅他们的整体劳动价值观评估指数高于其他群体，并且其劳动情感、劳动态度、劳动价值和劳动伦理等核心指标的评估指数也高于其他群体。因此，未来一段时间内中国大学生劳动价值观的培育与引导工作，应该充分发挥大学生党员的先锋模范作用，鼓励他们通过自身行动带动周围同学劳动情感、劳动态度、劳动价值和劳动伦理的提升。

4. 基于办学层次的大学生劳动价值观现状分析

在大学生劳动价值观评价的过程中，高校办学层次对他们劳动价值观的自我评价具有比较明显的影响,这与学生的学校、班级教育环境密切相关。因为学校的办学理念和条件、班级的管理风格与方式等都会直接影响大学生的劳动价值观判断,因此主观评价也存在差异。办学层次差异运用独立样本 t 检验了解不同办学层次间大学生劳动价值观状况的差异,结果如表 10 所示。

表 10　高校办学层次与劳动价值观的关系

变量	双一流类大学		非双一流类大学		t	p
	均值	标准差	均值	标准差		
XK	4.06	1.008	4.08	1.001	5.168	0.000
GY	3.94	0.950	4.05	0.924	3.373	0.001
JC	3.84	0.996	3.97	0.971	8.154	0.000
JW	4.11	0.893	4.22	0.880	9.116	0.000
JF	3.75	0.998	3.89	0.989	−11.970	0.000
LF	2.50	1.378	2.61	1.449	−7.001	0.000
DG	3.69	1.176	3.79	1.136	26.036	0.000
ZQ	3.87	0.986	3.98	0.950	8.085	0.000
AS	4.22	0.879	4.35	0.863	15.499	0.000
TB	2.81	1.295	2.85	1.366	10.909	0.000
ZD	4.25	0.892	4.34	0.898	1.868	0.000
CC	4.25	0.896	4.35	0.901	7.765	0.000
BZ	3.12	1.137	3.18	1.218	5.998	0.000
YS	4.25	0.870	4.31	0.859	0.298	0.000
CS	4.36	0.869	4.44	0.865	0.494	0.000
DD	4.33	0.865	4.41	0.862	1.457	0.000
TL	2.28	1.427	2.43	1.509	7.849	0.000

注:检验水准为 0.05。

由表 10 可知,劳动价值观 17 个问题的办学层次间差异显著性水平均小于 0.05,表示学校办学层次对这些细分指标有影响。17 个变量的单因素方差分析均达到显著水平,表示在不同高校办学层次上劳动价值观这 17 个细分指标存在显著差异。因此,根据细分指标均值非双一流类大学学生在 17 个细分指标上的认同均优于双一流类大学学生。

5. 基于户籍类型的大学生劳动价值观现状分析

在大学生劳动价值观的评价过程中,不同户籍类型对其劳动价值观判断具有比较明显的影响,这与生活环境密切相关,因为生活环境不同,人们对劳动价值的认知不同，主观评价也就存在差异。户籍类型差异运用独立样本 t 检验了解不同户籍类型间与劳动价值观的差异，结果如表 11 所示。

表 11 高校大学生户籍类型与劳动价值观的关系

变量	农村		城镇		t	p
	均值	标准差	均值	标准差		
XK	4.08	0.991	4.04	1.034	5.168	0.000
GY	3.98	0.934	3.95	0.962	3.373	0.001
JC	3.90	0.967	3.83	1.032	8.154	0.000
JW	4.16	0.877	4.09	0.914	9.116	0.000
JF	3.75	0.997	3.85	0.997	−11.970	0.000
LF	2.50	1.394	2.58	1.403	−7.001	0.000
DG	3.81	1.124	3.56	1.223	26.036	0.000
ZQ	3.93	0.958	3.86	1.011	8.085	0.000
AS	4.23	0.872	4.24	0.882	−1.499	0.134
TB	2.81	1.305	2.83	1.330	−1.677	0.092
ZD	4.25	0.891	4.25	0.898	−0.139	0.890
CC	4.25	0.892	4.25	0.908	0.725	0.466
BZ	3.12	1.150	3.17	1.174	−5.043	0.000
YS	4.26	0.860	4.26	0.879	0.298	0.764
CS	4.36	0.863	4.35	0.877	0.491	0.622
DD	4.33	0.858	4.32	0.875	1.457	0.143
TL	2.32	1.448	2.33	1.455	−1.031	0.302

注：检验水准为 0.05。

由表 11 可知，问题 AS、TB、ZD、CC、YS、CS、DD、TL 不同户籍类型间差异的显著性水平大于 0.05，问题 XK、GY、JC、JW、JF、LF、DG、ZQ 的显著性水平小于 0.05，这表示户籍类型对于因宿舍卫生状况差而感到羞愧、主动参加公益劳动活动、为理想生活而自愿参加基层艰苦劳动、主动承担家务劳动、职业目标明确且为之努力、参与劳动不如学习重要、深入一线感知劳动魅力、愿意主动参与学校组织的劳动实践、正确看待父母经济支持与帮助细分的指标具有显著性影响，而遵守学校学习生活规范、参与自我认为有价值的劳动活动、通过自身劳动获取生活资源、遵守学术道德规范、了解劳动素养的价值、尊重所有职业的劳动者、树立正确的学习与工作态度、正确的体力劳动观念等细分指标则不会受到大学生户籍类型的影响。因此，就劳动价值观各分项指标均值整体分布状况而言，具有农村户籍的高校大学生在劳动价值观整体、劳动情感、劳动态度以及劳动价值方面评估指数略高于具有城镇户籍的高校大学生。

6. 基于是否为独生子女的大学生劳动价值观现状分析

在大学生劳动价值观评价的过程中，是否为独生子女对其劳动价值观判断具有比较明显的影响，这与自身成长、生活条件密切相关，因为成长、生活条件不同，大学生对劳动价值判断认知不同，主观评价也存在差异。是否为独生子女差异运用独立样本 t 检验了解独生子女与非独生子女劳动价值观的差异，结果如表 12 所示。

表 12　高校大学生是否为独生子女与劳动价值观的关系

变量	独生子女		非独生子女		t	p
	均值	标准差	均值	标准差		
XK	4.01	1.047	4.08	0.989	−8.537	0.000
GY	3.94	0.978	3.98	0.931	−3.970	0.000
JC	3.84	1.039	3.88	0.972	−4.967	0.000
JW	4.08	0.930	4.16	0.874	−10.483	0.000
JF	3.86	1.007	3.76	0.993	12.020	0.000
LF	2.68	1.415	2.47	1.387	16.847	0.000
DG	3.63	1.206	3.76	1.149	−12.554	0.000
ZQ	3.88	1.012	3.91	0.964	−4.294	0.000
AS	4.20	0.900	4.24	0.865	−4.777	0.000
TB	2.91	1.347	2.78	1.300	10.786	0.000
ZD	4.21	0.922	4.26	0.882	−6.575	0.000
CC	4.21	0.930	4.27	0.884	−7.054	0.000
BZ	3.22	1.187	3.10	1.146	11.733	0.000
YS	4.22	0.897	4.27	0.855	−6.389	0.000
CS	4.31	0.891	4.37	0.859	−7.408	0.000
DD	4.28	0.889	4.34	0.854	−7.670	0.000
TL	2.46	1.488	2.27	1.432	14.636	0.000

注:检验水准为 0.05。

由表 12 可知，大学生劳动价值观 4 个指标 17 个问题独生子女与非独生子女差异的显著性水平均小于 0.05，表示大学生是否为独生子女对这些细分指标具有显著影响。17 个变量的独立样本 t 检验结果均达到显著水平，表示独生子女与非独生子女大学生劳动价值观存在显著差异。因此，根据分项指标均值非独生子女在所有 17 个细分指标的认同均优于独生子女，未来一段时期内中国高校大学生劳动价值观建设工作也需要考虑独生与否。

7. 基于办学性质的大学生劳动价值观现状分析

在大学生劳动价值观状况评价过程中，学校办学性质对大学生劳动价值观的评价具有比较明显的影响，这与学校办学条件和办学理念密切相关，因为学校办学条件和办学理念不同，在读学生自身劳动价值观的判断也就不同，主观评价也存在差异。学校办学性质差异运用独立样本 t 检验了解学校不同办学性质大学生劳动价值观状况的差异，结果如表 13 所示。

表 13 学校办学性质与劳动价值观的关系

变量	公立		民办		t	p
	均值	标准差	均值	标准差		
XK	4.11	0.987	4.03	1.018	10.361	0.000
GY	4.08	0.904	3.90	0.962	24.118	0.000
JC	3.95	0.970	3.82	1.002	15.776	0.000
JW	4.18	0.878	4.11	0.898	9.159	0.000
JF	3.87	0.977	3.73	1.007	17.646	0.000
LF	2.54	1.431	2.52	1.376	1.764	0.000
DG	3.78	1.159	3.68	1.169	11.024	0.000
ZQ	3.99	0.955	3.85	0.988	18.037	0.000
AS	4.28	0.855	4.20	0.887	10.921	0.000
TB	2.81	1.344	2.82	1.295	−1.064	0.287
ZD	4.28	0.879	4.23	0.903	7.551	0.000
CC	4.29	0.878	4.22	0.909	10.316	0.000
BZ	3.17	1.180	3.11	1.144	6.539	0.000
YS	4.30	0.845	4.23	0.880	11.265	0.000
CS	4.39	0.845	4.33	0.882	7.813	0.000
DD	4.36	0.841	4.30	0.878	9.622	0.000
TL	2.34	1.477	2.31	1.432	2.619	0.000

注：检验水准为 0.05。

由表 13 可知，除 TB 问题外，不同办学性质间其他问题差异显著性水平都小于 0.05，表示学校办学性质对这些细分指标有影响。“只参与认为有价值的劳动活动，不感兴趣的尽量想办法逃避”这一指标更多地取决于大学生自身对待劳动的看法，不受学校办学性质的影响。另外 16 个变量的独立样本 t 检验结果均达到显著水平，表示学校办学性质对这些细分指标有影响。因此，根据分项指标均值公立学校在除了“只参与认为有价值的劳动活动，不感兴趣的尽量想办法逃避”这一指标外的其他细分指标上的认同均优于民办学校。

二、大学生劳动价值观培育中存在的问题

(一)大学生劳动价值观薄弱且内部差异大

通过表 2 可以看出,大学生劳动价值观整体评估指数仅为 0.5902,在大学生劳动素养的分项中居于第 4 位,且明显落后于劳动素质(0.7149)、劳动能力(0.6915)、劳动知识(0.6871),这表明现阶段中国大学生整体的劳动价值观较为薄弱,劳动价值观教育迫在眉睫。同时,为进一步明确 2022 年度中国高校大学生劳动价值观内部各个核心指标之间的差异程度,绘制了高校大学生劳动价值观及其分项评估指数排行图(图 2)。

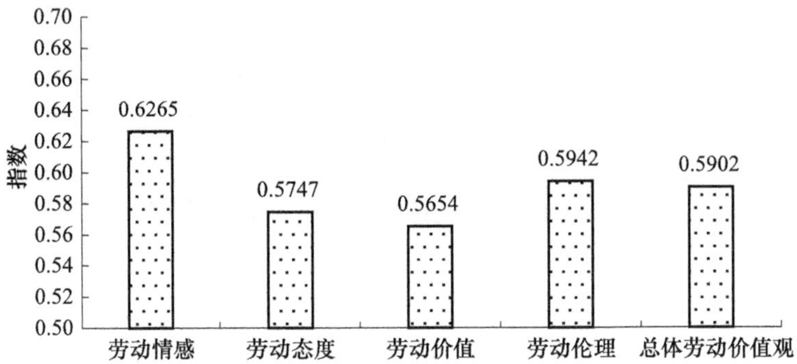

图 2　大学生劳动价值观及其分项评估指数

由图 2 可见,2022 年度中国高校大学生劳动价值观评估指数中的"劳动情感"与"劳动伦理"位列前两位,且高于总体的劳动价值观评估指数,这就说明通过中国高校近几年的努力,大学生对于劳动情感和劳动伦理的认同程度较高,这也能够从根本上保证后续大学生劳动素养教育工作的顺利开展。然而,在"劳动态度"与"劳动价值"方面,2022 年度中国高校大学生整体的评估状况并不理想,分列第 3 与第 4 位,这也就是说,中国高校大学生在具体劳动态度以及劳动价值认知方面还存在一定程度的缺陷,整体的劳动价值观内部差异较大。

(二)大学生劳动价值观省域分布不均衡

根据表 3 中不同省份大学生劳动价值观分项指标指数可以看出,现阶段不同省份大学生的劳动价值观指数存在较大差异,其中内蒙古自治区大学生的劳动价值观整体指数排名第 1(指数为 0.6309),贵州省大学生劳动价值观指数排名最后(指数为 0.5547),极差为 0.0792。同时,通过对不同地区(华北、东北、西北、华东、华南、华中、西南)大学生劳动价值观的进一步分析,华北地区整体的劳动价值观指

数最高(指数为 0.6056),其次为华中地区(指数为 0.5931)与东北地区(指数为 0.5918),而西南地区整体的劳动价值观指数最低,仅为 0.5794。具体各地区的大学生劳动价值观指数及排名见表 14。

表 14 不同地区大学生劳动价值观指数统计和排名

排名	地区	指数均值
1	华北	0.6056
2	华中	0.5931
3	东北	0.5918
4	西北	0.5912
5	华东	0.5889
6	华南	0.5815
7	西南	0.5794

(三)大学生群体间劳动价值观差异大

从性别对比来看,大学生劳动价值观的差异主要表现在女生在劳动情感、劳动价值和劳动伦理指标上的整体得分明显高于男生,而男生在劳动态度指标的整体状况优于女生,这表明男生虽然具备较为积极的劳动态度,但并不一定具备良好的劳动情感与劳动伦理,也没有充分意识到参与劳动的价值。

从不同年级对比来看,大学生劳动价值观的差异主要表现在大一学生在劳动情感、劳动态度、劳动价值和劳动伦理四个指标方面总体上优于其他年级的大学生,这也说明高校急需加强大学生劳动价值观教育,尤其要重点关注高年级大学生劳动价值观的培养,从而促进学生全面发展。

从政治面貌对比来看,大学生劳动价值观的差异主要表现在党员大学生在劳动情感、劳动态度、劳动价值和劳动伦理四个指标方面表现均优于非党员大学生。因此,未来一段时间内中国高校大学生劳动价值观的培育与引导工作,应该充分发挥大学生党员的先锋模范作用,鼓励他们通过自身行动带动周围同学劳动情感、劳动态度、劳动价值和劳动伦理的提升。

从办学层次对比来看,大学生劳动认知的差异主要表现在非双一流类高校大学生劳动情感、劳动态度、劳动价值和劳动伦理四个指标方面表现均优于双一流类高校大学生。其背后的逻辑在于,大学生劳动价值观的形成会受到社会、家庭、学校等各方面因素的影响,初、高中时期在传统教育观念和升学竞争的现实压力下,学习成绩好的学生为了能考上重点大学,非常勤奋,几乎把所有的精力和时间都用在学习上,学校、多数家庭也只注重学生的学习成绩,忽视了学生劳动教育和劳动价值观的培养。

从户籍类型对比来看,具有农村户籍的高校大学生在劳动价值观整体、劳动情感、劳动态度和劳动价值方面评估指数略高于具有城镇户籍的高校大学生,而在劳动伦理方面,农村户籍与城镇户籍大学生的评估指数一致,因此,未来一段时间内高校大学生劳动价值观的培养工作可暂不考虑户籍类型的影响。

从是否独生子女对比来看,大学生劳动认知的差异主要表现在非独生子女大学生在劳动情感、劳动态度、劳动价值和劳动伦理四个指标方面表现均优于独生子女大学生。这表明受家庭环境的影响,非独生子女对劳动的认识总体上是积极的,能够在劳动中感受到劳动的价值与快乐,认为可以在劳动中培养自己的能力、增进父母的感情、展示自己的本事。

从办学性质对比来看,大学生劳动价值观的差异主要表现在公立学校大学生在劳动情感、劳动态度、劳动价值和劳动伦理四个指标方面均优于民办学校大学生。高校作为大学生接受教育、内化观念的主阵地,对大学生劳动认知产生关键影响。各大高校在劳动教育方面积极探索,努力拓展校内外劳动教育实践资源,而公立学校在促进劳动教育创新发展方面更具有优势。

三、培育大学生树立正确的劳动价值观的对策与建议

1. 弘扬热爱劳动的价值理念,引导培育时代劳动精神

一方面,要积极营造劳动光荣的校园文化,充分利用校园官网、官微、宣传栏等平台进行宣传引导(冯珊珊 等,2022),通过关注劳动实践活动,记录劳动人民生活,讲好劳动人民故事,弘扬劳动精神、工匠精神,在潜移默化中提高大学生对劳动教育的认知、认同,将其蕴含的理想信念内化为自身的价值取向,指导自己的行为(吴玉剑 等,2021)。

另一方面,邀请劳动模范作报告,通过学习他们的先进事迹,使大学生深刻认识劳动的内在价值,形成积极向上的劳动精神和认真负责的劳动态度,激励大学生奋发图强(刘晨晔 等,2023)。同时,还可以将大学生身边的优秀劳动者案例作为素材,挖掘其中的劳动教育资源,通过书画、话剧、音乐、舞蹈、纪录片等形式创作文艺精品,向最美劳动者致敬,弘扬劳动光荣的主旋律。

2. 坚定辛勤劳动的情感认知,加强劳动价值观念引领

一方面,要依据学生实际知识掌握程度,科学安排劳动教育课程,帮助其形成对劳动价值观相关理论的基础认知。学校要开足、开好相关课程,摒弃传统的"应试教育"思维,注重学生的全方位发展(任桂萍,2022);要引导学生认识、了解劳动教育,将易混淆的知识讲透彻、讲明白,明晰劳动教育作为中国特色社会主义教育体系的重要组成,在教育引导过程中的独特育人价值;要及时引导学生进行自我反思、自我教育,明确人生理想目标,形成正确的价值认知,努力在实践中磨炼坚强意

志、塑造优秀品格(吴艾卿 等,2024)。

另一方面,要注重家庭教育在大学生劳动价值观塑造中的重要作用,无论是时代的不断前行还是科技的快速更迭,都不能消磨家庭生活的社会功能和作用。家庭作为一个人最重要的启蒙学校,家中长辈的思想和行为方式会在无形中影响孩子的成长。因此,要进一步强化家校沟通,做到家风和校风相互一致、相互促进,共同促进大学生对劳动价值观的认同(刘柏岩 等,2024)。在家庭生活中,要努力营造热爱劳动、主动劳动的良好家风,重视对子女的劳动教育,引导大学生珍惜劳动机会、端正劳动态度;要适当支持和鼓励大学生积极参与各式各样的社会劳动,丰富他们的实践体验。

3. 激发积极主动的劳动态度,扩宽学生参与劳动的平台

首先,要引导大学生端正思想态度,摒弃厌恶、逃避劳动的错误思想,提升独立性和创新性思维,在日常学习和生活中有主见、有能力参与各类创新、创业实践活动。努力引导大学生积极参与到日常劳动中,形成积极的劳动态度和劳动情感。在与家人分担家务劳动、参与校园劳动实践、专业实习等活动中,不断丰富学生的劳动体验,感悟劳动带来的愉悦感和成就感,逐渐树立"崇尚劳动、热爱劳动、辛勤劳动、诚实劳动"的劳动态度(李承秋 等,2024)。

其次,学校可通过举办主题征文、演讲比赛、知识竞赛、摄影比赛、辩论赛等方式,丰富劳动教育的形式。同时应给予优胜者一定的精神和物质奖励,调动大学生的主动性和创造性,让大学生更加积极主动地学习劳动精神、工匠精神,在参与活动的过程中感受劳动教育的魅力,用榜样的高尚品德鼓舞自己,自觉践行社会主义核心价值观(雷云,2023)。此外,还可以通过文明宿舍、文明班级等评比活动,举办劳动周、劳动月等主题活动,利用植树节、劳动节等特殊节日,将劳动精神融入校园文化建设,融入班级和社团活动,培养大学生勤劳、团结、奋斗、奉献的优良品质。

最后,学校要同家庭和社会形成劳动教育合力,通过列出寒暑假家务劳动清单、发起家庭劳动打卡活动,引导大学生合理安排假期生活。通过与国家机关、企事业单位合作,扩大社会实践场所,为学生提供专业实习、勤工俭学、社会调查、志愿服务、社区服务等多种多样的劳动实践形式,磨砺学生意志,感知劳动真谛,为将来就业、创业奠定坚实的基础。

4. 构建崇尚劳动的伦理体系,打造劳动教育管理体系

第一,应在学校层面成立劳动教育领导小组,全面统筹劳动教育工作,明确各职能部门相应的职责和任务,协同开展劳动教育。同时应加大对劳动教育的资金投入,确保有充足的经费用于劳动教育。

第二,加强师资队伍建设,凝聚专任教师、辅导员、班级导师等多方力量,打造劳动素养教育理论和实践教师团队,在共同劳动的过程中指导学生,充分发挥言传身教的作用。

第三,进行劳动教育体系标准化、制度化建设,出台相应的章程,根据社会、学校和学生的发展需要,完善相应的细则和管理办法,让师资力量配备、教学内容设计、教学活动开展都有章可循。同时要加大执行力度,确保制度落实落细。

第四,建立劳动教育考核评价体系,全面考核学生的劳动技能掌握情况、劳动态度、劳动质量等指标(徐乐 等,2023)。充分发挥评价体系的"指挥棒"作用,将劳动教育的考核成绩与学生综合成绩的评定、评优评先、组织发展、毕业升学挂钩,根据劳动教育考核反馈的结果,不断优化劳动教育形式和内容,使大学生积极主动参与劳动实践,推动劳动教育良性发展。

参考文献

冯珊珊,代以平,2022. 全媒体视域下学校劳动教育:价值、困境与路径[J]. 教育科学研究(12):17-22.

高晓娜,2023. 数字时代劳动价值观教育的内涵、挑战与突破进路[J]. 教育评论(7):69-74.

郝玉梅,2014. 大学生劳动价值观调查分析与教育对策[J]. 内蒙古财经大学学报,12(5):98-101.

雷云,2023. 劳模文化融入高校劳动教育的价值与实践路径[J]. 湖州师范学院学报,45(9):53-59.

李承秋,韩丽颖,2024. 新时代大学生劳动精神培育探究[J]. 社会科学战线(1):273-280.

刘柏岩,任增元,李一博,2024. 新时代高校劳动教育的定位及实施路径[J]. 黑龙江高教研究,42(2):27-31.

刘晨晔,孙擎,2023. 劳动教育:本义探寻、实践困囿与优化方略[J]. 东南大学学报(哲学社会科学版),25(S1):5-8.

任桂萍,2022. 新时代大学生劳动价值观的认同困境与培育路径[J]. 教育评论(6):43-48.

吴艾卿,李佳璐,卢文芸,2024. 新时代大中小学劳动教育一体化体系构建现状与实践路径——基于上海市 21 所大中小学的教学工作状况调研[J]. 黑龙江教育(理论与实践)(2):22-25.

吴玉剑,王习胜,2021. 新时代高校劳动教育的困境与出路[J]. 广西社会科学(9):183-188.

徐乐,郎超男,朱玉斌,2023. 新时代高校大学生劳动教育实施对策研究[J]. 创新创业理论研究与实践,6(21):97-99.

高校大学生劳动知识状况调查

窦培谦[①]

摘要：劳动知识储备是大学生进行劳动实践和提高劳动效率的基本前提。调查显示，劳动知识指数在全国大学生劳动素养的评价指标里排第3位。大学生的性别、年级、政治面貌、户籍类型、是否独生子女、学校办学性质和办学层次等显著影响着大学生的劳动知识水平。针对高校大学生存在的劳动知识方面的问题，给出了改善大学生劳动知识状况的对策和建议。

关键词：劳动知识指数　劳动知识　区域特征　对策

劳动知识是指对构成劳动基础的主要事实、概念和解释性理论的理解（刘小惠，2021），包括大学生在日常生活、专业学习（生产劳动）、社会实践（含志愿服务、公益劳动）中所具备的理论与实践知识。本报告主要通过对全国样本高校大学生的劳动知识状况调查，统计分析影响大学生劳动知识的相关因素，梳理大学生劳动知识方面存在的问题，给出提升大学生劳动知识的对策和建议。

一、大学生劳动知识的基本状况

（一）大学生劳动知识调查指标

本次大学生劳动知识状况调查包括两个核心指标，分别为劳动理论知识与劳动实践知识，如表1所示。

表1　大学生劳动知识调查指标

维度	核心指标	变量	调查问题
劳动知识	劳动理论知识	AX	您所在学校已开展劳动教育及相关课程，学习到必要的劳动理论知识了吗？
		AY	您知道什么是劳动，并运用劳动理论知识指导自己的劳动吗？

① 窦培谦，男，讲师，中国劳动关系学院安全工程学院实验室主任，主要从事环境科学与工程、职业卫生工程研究。

续表

维度	核心指标	变量	调查问题
劳动知识	劳动理论知识	AZ	您对劳动过程中的安全基本知识非常了解吗?
		BA	您所在学校经常对在校大学生就业或兼职过程中出现的劳动安全问题等进行教育或培训吗?
	劳动实践知识	BB	您认为参加校内外的劳动实践活动非常有利于劳动实践技能的提升吗?
		BC	您认为所在学校提供的各种劳动实践机会很多、质量也很高吗?
		BD	您目前基本掌握了您所学专业对应职业劳动实践技能吗?
		BE	您认为劳动技能有别于专业实践技能,应加强劳动实践知识学习吗?
		BF	您认为只有通过不断参加劳动实践活动,才能掌握、创新相关综合劳动技能吗?

(二)大学生劳动知识指数分析

1. 大学生劳动知识分项指标指数

从主报告可知,劳动知识指数在大学生劳动素养的分项指数中居于第 1 位,而在劳动知识分项指数中,劳动理论知识指数排名第 1(表 2)。

表 2　大学生劳动知识分项指标指数

劳动知识分项指标	指数	排名
劳动理论知识	0.6985	1
劳动实践知识	0.6836	2

2. 大学生劳动知识指数省域排行

与大学生劳动素养指数估算原理相同,对每一个省份样本进行计算,得出分省大学生劳动知识这一分项指标指数(表 3),其中对分省大学生劳动知识指数按从高到低排名,排名前 10 位的依次是:内蒙古、山东、天津、新疆、山西、北京、广西、浙江、河北和吉林。

表 3　大学生劳动知识分项指标指数对比

省份*	劳动知识指数	省份*	劳动知识指数
内蒙古	0.7621	—	0.6816
山东	0.7404	—	0.6813
天津	0.7344	—	0.6797
新疆	0.7316	—	0.6792

续表

省份*	劳动知识指数	省份*	劳动知识指数
山西	0.7171	—	0.6772
北京	0.7166	—	0.676
广西	0.7083	—	0.6751
浙江	0.7081	—	0.6705
河北	0.7052	—	0.6619
吉林	0.6978	—	0.6574
—	0.6966	—	0.6546
—	0.6937	—	0.6451
—	0.6916	—	0.6448
—	0.6911	—	0.6283
—	0.6861	—	0.6252
—	0.6824	—	—

*此次呈现原始计算数据，根据需要只显示前10名省份。

(三)大学生劳动知识描述统计分析

1. 大学生劳动知识认同程度的描述性统计

运用SPSS 24.0软件对大学生劳动知识来源的两个核心指标进行描述性统计，结果如表4和表5所示。大学生对于劳动知识不同方面的认同程度存在差异。指标均值越高表示越认同，两个核心指标的均值都超过了3.0接近4.0，这表明大学生对于劳动知识的认同程度较高。其中大学生对于劳动实践知识认同程度比劳动理论知识高。劳动理论知识分项指标中“懂得并可以运用劳动理论知识指导劳动”的认同程度最高，“开展劳动教育的相关课程及学到劳动知识”项次之，“学校在就业或兼职中对劳动安全等进行教育或培训”的认同程度最低，说明学校应增强对学生在就业或兼职中的劳动安全教育及培训。劳动实践知识分项指标中“参加劳动实践活动有利于劳动实践技能的提升”的认同程度最高，“劳动技能区别于专业实践技能且应加强劳动实践知识学习”项次之，“专业对应职业劳动实践技能”的认同程度最低，说明大学生应加强所学专业对应劳动实践技能的学习。

表4　大学生劳动知识的总体状况

劳动知识来源	平均分		排序与认同等级	
	均值	标准差	排序	认同等级(根据均值评价)
劳动理论知识	3.875	0.959	2	认同
劳动实践知识	3.922	0.913	1	认同

表 5　大学生劳动知识两个指标的描述性分析

变量	个案数	最小值	最大值	平均值	标准差	方差
AX	65563	5	1	3.93	0.968	0.984
AY	65563	5	1	3.96	0.843	0.918
AZ	65563	5	1	3.82	0.881	0.939
BA	65563	5	1	3.80	0.988	0.994
BB	65563	5	1	4.10	0.807	0.898
BC	65563	5	1	3.85	0.966	0.983
BD	65563	5	1	3.71	0.998	0.999
BE	65563	5	1	3.99	0.810	0.900
BF	65563	5	1	3.90	0.855	0.922

2. 各省大学生劳动知识的描述性统计分析

通过对不同省份大学生劳动知识的描述性统计,可以直观地了解每个省份的大学生劳动知识状况。根据表 6 和图 1 可知,不同省份大学生的劳动知识存在差异,指标均值越高表示认同程度越高。数据显示,内蒙古、山东、天津、新疆、北京等五个省份劳动理论知识的认同程度排在前列,西藏、广东、贵州、云南、湖南五个省份劳动理论知识的认同程度排名靠后。内蒙古、山东、新疆、天津、北京五个省份劳动实践知识的认同程度排在前列,西藏、云南、广东、湖南、贵州五个省份劳动实践知识的认同程度排名靠后。综合劳动理论知识、劳动实践知识两个指标来看,内蒙古、山东两个省份的认同程度最高,湖南、贵州两个省份的认同程度最低。

表 6　各省份大学生劳动知识认同程度指标均值

省份	劳动理论知识	劳动实践知识	省份	劳动理论知识	劳动实践知识
北京	4.01	4.08	湖北	3.86	3.89
天津	4.18	4.12	湖南	3.48	3.69
河北	3.97	4.02	广东	3.68	3.71
山西	4.01	4.08	广西	4.00	4.02
内蒙古	4.28	4.28	海南	3.71	3.83
辽宁	3.91	3.94	重庆	3.77	3.92
吉林	3.93	3.98	四川	3.76	3.86
黑龙江	3.92	3.95	贵州	3.61	3.60
上海	3.85	3.90	云南	3.55	3.78
江苏	3.92	3.90	西藏	3.69	3.79
浙江	3.99	4.03	陕西	3.89	4.00

续表

省份	劳动理论知识	劳动实践知识	省份	劳动理论知识	劳动实践知识
安徽	3.83	3.90	甘肃	3.90	3.95
福建	3.83	3.92	青海	3.82	3.90
江西	3.82	3.87	宁夏	3.69	3.80
山东	4.19	4.16	新疆	4.15	4.12
河南	3.84	3.86	—	—	—

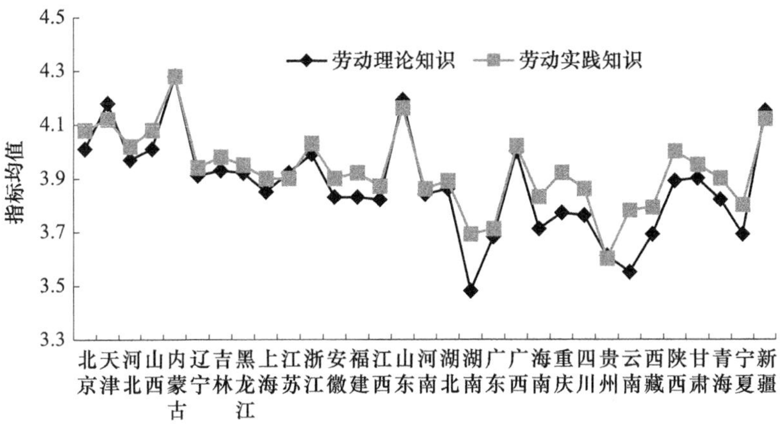

图 1　各省份大学生劳动知识认同程度指数

(四)大学生劳动知识状况对比

1. 基于性别的大学生劳动知识状况

在大学生劳动知识状况评价的过程中,不同性别对劳动知识的评价存在比较明显的差异,说明劳动知识的掌握水平与性别有一定的关系。因为性别不同,导致人们对于劳动知识的认知不同,主观评价也存在差异。运用独立样本 t 检验了解不同性别间劳动知识状况的差异,结果如表 7 所示。

表 7　大学生性别与劳动知识状况的关系

变量	男性		女性		t	p
	均值	标准差	均值	标准差		
AX	3.90	1.015	3.93	0.958	−3.766	0.000
AY	3.95	0.949	3.97	0.892	−2.891	0.000
AZ	3.85	0.969	3.79	0.913	8.730	0.000
BA	3.81	1.022	3.79	0.971	2.534	0.000

续表

变量	男性		女性		t	p
	均值	标准差	均值	标准差		
BB	4.05	0.938	4.15	0.863	−13.589	0.000
BC	3.85	1.008	3.84	0.963	1.358	0.000
BD	3.74	1.027	3.69	0.976	6.239	0.000
BF	3.97	0.930	4.00	0.875	−4.427	0.000
BE	3.95	0.950	3.97	0.900	−3.124	0.000

注:检验水准为 0.05。

根据表 7 可知,所有问题的差异显著性水平都小于 0.05,表示性别对这些细分指标有影响。AX、AY 等 9 个变量检验的 t 统计量均达到显著水平,表示不同性别的大学生在这 9 个细分指标上存在显著的不同。指标值最大为 5 分,表示非常认同,最小为 1 分,表示非常不认同。数据分析表明,男性在"劳动过程中的安全知识、学校在就业或兼职中劳动安全等进行教育或培训、劳动实践机会及质量、专业对应职业劳动实践技能"四个细分指标中的认同均高于女性,同时也说明男性对于实际的劳动安全及劳动实践关注且认同度高。女性在"开展劳动教育的相关课程及学到劳动知识、懂得并可以运用劳动理论知识指导劳动认识、参加劳动实践活动有利于劳动实践技能的提升、劳动技能区别于专业实践技能且应加强劳动实践知识学习、参加劳动实践才能掌握相关劳动技能"五个分项指标中的认同均高于男性,同时也说明女性更关心劳动知识的学习及理论知识的积累,且自身的性别特质表现得比较明显,比较善于学习。

2. 基于年级的大学生劳动知识状况

在大学生劳动知识状况评价的过程中,大学生所在年级对劳动知识的评价存在较明显的差异,这与学校对劳动教育的重视程度和教学质量密切相关,学生对劳动知识的掌握水平不同,主观评价也有差异。所在年级差异运用描述统计和单因素方差分析方法了解所在年级与劳动知识状况的相关关系,结果如表 8 所示。

表 8 高校大学生所在年级与劳动知识状况的关系

变量	大一(1)		大二(2)		大三(3)		大四(4)		F	p
	均值	标准差	均值	标准差	均值	标准差	均值	标准差		
AX	4.01	0.973	3.93	0.970	3.90	0.975	3.68	1.040	187.427	0.000
AY	4.03	0.914	3.96	0.913	3.95	0.921	3.84	0.926	75.373	0.000
AZ	3.83	0.947	3.83	0.933	3.82	0.937	3.72	0.935	27.622	0.000
BA	3.87	0.981	3.8	0.985	3.78	0.994	3.62	1.038	103.131	0.000

续表

变量	大一(1)		大二(2)		大三(3)		大四(4)		F	p
	均值	标准差	均值	标准差	均值	标准差	均值	标准差		
BB	4.23	0.877	4.08	0.896	4.05	0.906	3.98	0.909	195.807	0.000
BC	3.99	0.949	3.84	0.977	3.79	0.989	3.64	1.021	256.453	0.000
BD	3.65	1.062	3.74	0.98	3.76	0.962	3.66	0.970	46.087	0.000
BF	4.07	0.895	3.97	0.897	3.96	0.90	3.88	0.906	88.093	0.000
BE	4.00	0.939	3.96	0.914	3.95	0.921	3.91	0.906	19.196	0.000

注：检验水准为 0.05。

根据表 8 可知，所有问题的差异显著性水平都小于 0.05，表示不同年级对这些细分指标有影响。AX、AY 等 9 个变量检验的 t 统计量均达到显著水平，表示不同年级大学生在这 9 个细分指标上存在显著的不同。由分析得知，在“开展劳动教育的相关课程及学到劳动知识、懂得并可以运用劳动理论知识指导劳动认识、学校在就业或兼职中对劳动安全等进行教育或培训、参加劳动实践活动有利于劳动实践技能的提升、劳动实践机会及质量、劳动技能区别于专业实践技能且应加强劳动实践知识学习、参加劳动实践才能掌握相关劳动技能”这 7 个细分指标上，认同顺序是大一学生＞大二学生＞大三学生＞大四学生；在“劳动过程中的安全知识”这个细分指标上，认同顺序是大 学生一大二学生＞大三学生＞大四学生；在“专业对应职业劳动实践技能”这个细分指标上，认同顺序是大三学生＞大二学生＞大四学生＞大一学生。

3. 基于政治面貌的大学生劳动知识状况

在大学生劳动知识状况评价的过程中，大学生政治面貌对劳动知识的评价具有比较明显的影响，这与大学生政治素养密切相关，因为政治素养不同，人们对劳动知识的掌握水平不同，主观评价也存在差异。政治面貌差异运用描述统计和单因素方差分析方法了解不同政治面貌间劳动知识状况的差异，结果如表 9 所示。

表 9 高校大学生政治面貌与劳动知识状况的关系

变量	群众(1)		共青团员(2)		党员(3)		大四(4)		F	p
	均值	标准差	均值	标准差	均值	标准差	均值	标准差		
AX	3.94	0.988	3.91	0.980	3.90	1.021	3.85	1.038	3.253	0.021
AY	3.96	0.933	3.96	0.910	3.98	0.949	3.93	0.988	0.672	0.041
AZ	3.82	0.960	3.81	0.930	3.85	0.959	3.80	0.951	2.074	0.000
BA	3.81	1.002	3.79	0.989	3.82	1.024	3.77	1.016	3.601	0.013

续表

变量	群众(1)		共青团员(2)		党员(3)		大四(4)		F	p
	均值	标准差	均值	标准差	均值	标准差	均值	标准差		
BB	4.09	0.925	4.10	0.890	4.17	0.880	4.07	0.934	6.872	0.000
BC	3.87	0.986	3.84	0.980	3.86	1.008	3.85	1.006	4.044	0.007
BD	3.69	1.030	3.71	0.989	3.85	0.971	3.74	0.996	19.131	0.000
BF	3.97	0.924	3.99	0.890	4.06	0.902	3.94	0.961	7.447	0.000
BE	3.93	0.950	3.97	0.911	4.06	0.915	3.88	0.986	15.999	0.000

注:检验水准为0.05。

根据表9可知,9个问题的差异显著性水平都小于0.05,表示政治面貌对这些分项指标有影响。这9个变量的单因素方差分析均达到显著水平,表示不同政治面貌大学生在这9个分项指标上存在显著的不同。因此,根据细分指标均值,总体上党员学生在9个细分指标中表现最好。

4. 基于办学层次的大学生劳动知识状况

在大学生劳动知识状况评价的过程中,高校办学层次对劳动知识的评价存在比较明显的差异,这与学生的学校和家庭劳动教育环境密切相关。因为学校的办学理念和条件、家庭物质条件、家庭结构、家长的教育观念和教养方式等都会直接影响大学生的劳动知识,因此主观评价也存在差异。办学层次差异运用独立样本 t 检验了解办学层次变量与劳动知识状况的相关关系,结果如表10所示。

表10 高校办学层次与劳动知识状况的关系

变量	双一流类大学		非双一流类大学		t	p
	均值	标准差	均值	标准差		
AX	3.81	1.009	3.94	0.976	−13.399	0.000
AY	3.89	0.929	3.98	0.915	−9.588	0.000
AZ	3.74	0.948	3.83	0.936	−9.546	0.006
BA	3.71	1.012	3.82	0.989	−10.404	0.000
BB	4.04	0.910	4.12	0.895	−8.052	0.001
BC	3.78	0.994	3.86	0.98	−8.405	0.002
BD	3.61	1.016	3.73	0.994	−11.989	0.002
BF	3.93	0.911	4.00	0.897	−7.713	0.000
BE	3.92	0.932	3.97	0.920	−6.159	0.000

注:检验水准为0.05。

根据表 10 可知，9 个问题的差异显著性水平都小于 0.05，表示学校办学层次对这些细分指标有影响。这 9 个变量检验的 t 统计量均达到显著水平，表示学校办学层次对这 9 个细分指标有显著的影响。因此，根据细分指标均值非双一流类大学在这 9 个细分指标上的认同度均优于双一流类大学。

5. 基于户籍类型的大学生劳动知识状况

在大学生劳动知识状况评价的过程中，不同户籍类型对劳动知识的评价存在比较明显的差异，这与生活环境密切相关，因为生活环境不同，人们对劳动知识的掌握不同，主观评价也存在差异。户籍类型差异运用独立样本 t 检验了解户籍类型与劳动知识状况的相关关系，结果如表 11 所示。

表 11　高校大学生户籍类型与劳动知识状况的关系

变量	农村		城镇		t	p
	均值	标准差	均值	标准差		
AX	3.90	0.982	3.95	0.987	−5.693	0.021
AY	3.94	0.914	4.00	0.925	−7.101	0.036
AZ	3.80	0.929	3.86	0.955	−7.927	0.001
BA	3.77	0.989	3.84	1.001	−8.346	0.027
BB	4.10	0.891	4.10	0.912	−0.277	0.000
BC	3.83	0.977	3.88	0.993	−5.618	0.025
BD	3.68	0.996	3.76	1.002	−9.169	0.000
BF	3.98	0.893	4.00	0.912	−2.958	0.005
BE	3.95	0.916	3.98	0.933	−3.383	0.011

注：检验水准为 0.05。

根据表 11 可知，9 个问题的差异显著性水平都小于 0.05，表示户籍类型对这些分项指标有影响。这 9 个变量检验的 t 统计量均达到显著水平，表示不同户籍类型的大学生对这 9 个细分指标存在显著的不同。因此，根据细分指标均值，这 9 个细分指标城镇户籍大学生的认同度均优于农村户籍大学生。

6. 基于是否为独生子女的大学生劳动知识状况

在大学生劳动知识状况评价的过程中，是否为独生子女对劳动知识的评价存在比较明显的差异，这与生活条件密切相关，因为生活条件不同，人们对劳动知识的掌握不同，主观评价也存在差异。是否为独生子女差异运用独立样本 t 检验了解是否为独生子女与劳动知识状况的相关关系，结果如表 12 所示。

表 12　高校大学生是否为独生子女与劳动知识状况的关系

变量	独生子女		非独生子女		t	p
	均值	标准差	均值	标准差		
AX	3.96	0.99	3.90	0.981	6.266	0.045
AY	3.99	0.937	3.95	0.911	4.905	0.015
AZ	3.87	0.959	3.79	0.930	9.620	0.017
BA	3.85	1.008	3.77	0.988	8.713	0.015
BB	4.09	0.927	4.11	0.887	−2.165	0.000
BC	3.89	0.996	3.83	0.978	6.107	0.009
BD	3.79	0.999	3.68	0.997	13.350	0.008
BF	4.00	0.917	3.98	0.893	2.579	0.006
BE	3.98	0.938	3.96	0.916	3.037	0.002

注:检验水准为 0.05。

根据表 12 可知,9 个问题的差异显著性水平都小于 0.05,表示是否为独生子女对这些细分指标有影响。这 9 个变量检验的 t 统计量均达到显著水平,表示是否为独生子女对这 9 个细分指标评价存在显著的不同。指标值最大为 5 分,表示非常认同,最小为 1 分,表示非常不认同。因此,根据细分指标均值,独生子女大学生在“开展劳动教育的相关课程及学到劳动知识、懂得并可以运用劳动理论知识指导劳动认识、劳动过程中的安全知识、学校在就业或兼职中对劳动安全等进行教育或培训、劳动实践机会及质量、专业对应职业劳动实践技能、劳动技能区别于专业实践技能且应加强劳动实践知识学习、参加劳动实践才能掌握相关劳动技能”8 个细分指标上的认同度均优于非独生子女大学生,非独生子女大学生在“参加劳动实践活动有利于劳动实践技能的提升”1 个细分指标上的认同优于独生子女大学生。

7. 基于办学性质的大学生劳动知识状况

在大学生劳动知识状况评价的过程中,学校办学性质对劳动知识的评价具有比较明显的差异,这与学校办学条件和办学理念密切相关,因为学校办学条件和办学理念不同,人们对劳动知识的掌握不同,主观评价也存在差异。学校办学性质差异运用独立样本 t 检验了解学校办学性质与劳动知识状况的相关关系,结果如表 13 所示。

表 13　高校办学性质与劳动知识状况的关系

变量	公立		民办		t	p
	均值	标准差	均值	标准差		
AX	3.93	0.981	3.79	1.005	11.317	0.000
AY	3.97	0.915	3.87	0.946	8.758	0.000
AZ	3.83	0.936	3.73	0.961	7.638	0.000
BA	3.81	0.99	3.65	1.018	11.823	0.000
BB	4.12	0.893	3.98	0.939	11.596	0.000
BC	3.86	0.979	3.73	1.009	10.407	0.000
BD	3.72	0.996	3.60	1.019	9.492	0.003
BF	4.00	0.897	3.88	0.921	10.233	0.000
BE	3.98	0.919	3.84	0.947	11.055	0.000

注:检验水准为 0.05。

根据表 13 可知,9 个问题的差异显著性水平都小于 0.05,表示高校办学性质对这些细分指标有影响。这 9 个变量检验的 t 统计量均达到显著水平,表示不同办学性质对这 9 个细分指标的认同度存在显著的不同。因此,根据细分指标均值公立学校大学生在 9 个细分指标上的认同度均优于民办学校大学生。

二、大学生劳动知识存在的问题

(一)大学生劳动理论知识方面的不足

1. 劳动知识储备不足

在现代社会中,劳动知识储备不足已经成为一个日益严峻的问题。从事工作/劳动时,我们需要掌握许多有关的知识和技能,以便更好地完成任务。然而,由于社会经济发展和教育水平的提高,许多人在学习新知识和理论方面遇到了困难,这使得他们在实际的工作/劳动中无法发挥自己的潜力。现阶段中,劳动知识的理论较多,实践相对较少。在“五育”并举的体系中,劳动教育是不可或缺的一部分。依据调查问卷结果的数据分析,大学生现今对于劳动理论知识教授效果没有达到理想的要求,大学生们所掌握的劳动理论知识储备并不足以支撑其劳动实践(郭云珠等,2023)。

2. 缺乏劳动安全理论及实践

劳动安全作为劳动中一个不可忽视的重要因素,经常体现在日常生活的方方面面,对于大学生群体对劳动安全知识如何运用于实践,通过问卷调查得出:大学生缺乏劳动安全实践,掌握的劳动安全理论在劳动实践中运用不到位。本次调查显示,在参与问卷调查的大学生中,参加劳动时非常认同和认同先观察劳动现场安全注意事项,然后才会开始劳动的大学生仅有 4.79%,这表明中国大学生依旧存在日常劳动实践少,缺乏劳动安全经验的问题(常玉鑫,2023)。

3. 劳动实践培训不足

劳动实践培训作为实际劳动前的最重要一环,也可以视为实际劳动的开始。现实中,学校在劳动教育的过程中通常仅传授理论知识,对于实际劳动仅仅是一笔带过。除劳动知识的教育比重不够外,学校对学生的劳动实践培训也不够,这导致学生在劳动方面缺乏足够的技能和知识。此外,学校提供的劳动实践培训与实际劳动的联系并不紧密,通常出现的情况就是在实际劳动中不能将所培训的知识良好运用。

(二)大学生劳动实践知识方面的不足

1. 缺乏劳动实践经历

劳动实践经历包括参加社会实践、实习、志愿活动等。这可以帮助学生更好地了解社会,提高实践能力,同时也有助于他们更好地与他人沟通和交往。此外,参加社会实践还可以让学生更好地了解自己的特长和优势,从而更好地规划未来的职业发展(陈季云,2022)。然而,大学生往往因缺乏劳动实践的经历,很难拥有丰富的劳动技能和实践经验,从而造成大学生往往难以理解复杂的概念和具体问题,导致他们缺乏实际的技能和经验,进而影响专业技能的整体建构。

2. 劳动技能知识匮乏

缺乏劳动技能知识是当今社会一个普遍存在的问题,大学生群体中也同样存在这个问题,且处于较低水平,导致他们无法在劳动中充分发挥自己的才能,无法获得理想的工作,也无法获得更好的生活质量。此外,缺乏劳动技能知识也会对个人的发展产生负面影响,导致他们在职业生涯中落后于其他人,进而导致一些大学毕业生就业能力不足(孟国忠,2019)。

三、提升大学生劳动知识水平的对策与建议

1. 思政引领,稳步提升大学生劳动知识水平

2022 年 4 月 25 日,习近平总书记在中国人民大学考察时强调:“广大青年用脚步丈量祖国大地,用眼睛发现中国精神,用耳朵倾听人民呼声,用内心感应时代脉搏,把对祖国血浓于水、与人民同呼吸共命运的情感贯穿学业全过程、融汇在事业追求中。”高校要坚持劳动教育与思想政治教育相结合,完善融通共建机制,充分发挥思想政治理论课堂的主渠道、主阵地作用,促进德育、劳育相结合、相协调,主动将劳动教育融入思想政治教育中,主动提升思想政治教育学习引领成效,切实提升

大学生劳动理论知识和认知水平(郭婧 等,2020)。大学阶段的学生三观逐步趋于成熟,在这个关键时期,对塑造大学生的劳动价值观有重要价值。充分发挥劳动教育的积极作用,使大学生发挥积极性、能动性、创造性,更好地成为践行社会主义核心价值观的引路人,提升劳动知识水平。

2. 搭建平台,切实提升大学生劳动实践技能

2021 年 5 月 28 日,习近平总书记在中国科学院第二十次院士大会、中国工程院第十五次院士大会和中国科学技术协会第十次全国代表大会讲话指出,要更加重视人才自主培养,努力造就一批具有世界影响力的顶尖科技人才,稳定支持一批创新团队,培养更多高素质技术技能人才、能工巧匠、大国工匠。高等教育作为大学生完成学业、走上工作岗位前的最后一站,是其提升自身能力、进行实践锻炼的重要阶段,同时也是培养劳动意识、养成劳动习惯、增强劳动实践能力的关键阶段。高校要搭建校内外劳动教育实践、专业实习实践平台,加强大学生的劳动意识,转变劳动观念,优化劳动教育的社会环境,从而激发创新能力。同时需要找准大学生的"兴趣点"和"兴奋点",努力提升生产劳动、公益与服务劳动和家务劳动技能。此外,还需要学校、家庭、社会相互配合,共同促进劳动教育发展,提升劳动实践技能。

3. 立足创新,积极拓展数字化实践平台

习近平总书记多次强调,要着力培养担当民族复兴大任的时代新人。青年兴则国家兴,青年强则国家强。青年一代有理想、有本领、有担当,国家就有前途,民族就有希望。因此,时代新人需要具备创新精神,当代青年大学生要坚定理想信念、夯实专业技能。数字体验平台是一种基于数字技术的工具或系统,旨在提供用户与产品、服务或品牌进行交互和体验的场所。它通过结合人工智能、大数据、云计算、物联网等多种数字化技术,为用户提供个性化、多维度的体验,是当前数字劳动实践能力培养的新兴平台。高校应充分利用校内外的相关教育资源,结合专业特色,推进产学研一体化,着力开展数字化实践平台,培养数字劳动技能,传递劳动精神和劳动文化,助力大学生形成现代劳动观。

参考文献

常玉鑫,2023. 新时代大学生劳动教育的综合育人研究[J]. 劳动哲学研究(1):267-279.

陈季云,2022. 马克思主义视角下职业院校劳动教育的内涵探究[J]. 产业与科技论坛,21(12):77-78.

郭婧,赵健杰,2020. 将马克思主义劳动美学融入高校劳动教育[J]. 中国高等教育(17):21-23.

郭云珠,薛伟,2023. 新时代大学生劳动教育存在的问题及对策[J]. 学校党建与思想教育(16):48-50.

刘小惠,2021. 新时代劳动素养评价体系建构与课程实践路径选择——以人大附中劳动教育课程建设为例[J]. 创新人才教育(2):31-37.

孟国忠,2019. 高校劳动教育价值实现的机理研究[J]. 学校党建与思想教育(14):85-87.

高校大学生劳动能力状况调查

余志红[①]

摘要:大学生的劳动能力主要体现在劳动参与过程前后的系统思维、劳动技能和劳动创造。调查统计分析显示,劳动能力指数在大学生劳动素养的指标里排第4名。大学生的性别、年级、政治面貌、户籍类型、是否独生子女等都显著影响着大学生的劳动能力。针对地区劳动能力不平衡、不同群体间劳动能力差异大等问题,提出了对策和建议。

关键词:劳动能力指数　区域特征　对策　劳动教育

劳动能力包括系统思维、劳动技能和劳动创造,表明大学生应用劳动知识解决实际问题的能力,并且在劳动中进行创造与创新(黄加敏,2021)。本报告主要通过对全国普通高校大学生的劳动能力状况进行调查,统计分析影响大学生劳动能力的相关因素,梳理大学生劳动能力存在的问题,给出提升大学生劳动能力的对策与建议。

一、大学生劳动能力的基本状况

(一)大学生劳动能力调查指标

本次调查包括三个核心指标,分别为系统思维、劳动技能和劳动创造,如表1所示。系统思维,也称整体观、全局观,是把想要取得的结果、实现该结果的过程、过程优化以及对未来的影响等一系列问题作为一个整体系统进行研究,主要考察参与劳动时是否总是兴趣浓厚、注意力高度集中,有明确的目标和计划;每次做志愿服务或公益劳动时,习惯做充分的准备,做到有备无患;每次参加劳动实践过程中,听从指挥,不单独行事,为团队着想。劳动技能指的是运用某些劳动知识和经验顺利完成某项劳动任务的活动方式(刘小惠,2021),主要考察在劳动过程中能否正确地使用必要的常见劳动工具,并会简单的维修与保养;有没有较好的卫生习

① 余志红,女,博士,副教授,中国劳动关系学院安全工程学院应急技术与管理系教师,主要从事安全与应急工程、劳动教育研究。

惯，能够定期清洁房间，保持室内整洁；是否能够独立或与人合作种植花草树木，掌握必要的养护技能；是否认为劳动能够提高自己的动手能力，增强劳动熟练程度。劳动创造作为隐性劳动能力，着重强调劳动行为的创造性、劳动成果的创造性和劳动知识的创造性（羌毅 等，2021）。在评价要点上，要引导学生在劳动中养成勇于创新、善于变革的劳动品质；养成灵活运用科学原理、专业知识和现代技术的劳动方法，以及可以创造性地发现并解决劳动问题、结构化地积累劳动知识和劳动经验，并能够在劳动过程中进行新的发现、发明的能力，主要考察是否具备培养自己想象力、创造力，是否提升分析问题和解决问题的能力，是否能克服困难坚持利用专业知识与技能创新性解决问题，是否在运用专业知识过程中有意识地增加创造体验。调查选项分为非常认同、认同、不确定、不认同和非常不认同五个等级，赋分值分别为 5 分、4 分、3 分、2 分、1 分，分值越高，代表着学生对劳动能力的表述认同度越高，劳动能力越强。

表 1　大学生劳动能力状况调查指标

维度	核心指标	变量	调查问题
劳动能力	系统思维	NH	您参与劳动时总是兴趣浓厚、注意力高度集中，有明确的目标和计划吗？
		WH	每次做志愿服务或公益劳动时，习惯做充分的准备，做到有备无患吗？
		SE	每次参加劳动实践过程中，听从指挥，不单独行事，为团队着想吗？
	劳动技能	RW	您认为劳动能够提高自己的动手能力，增强劳动熟练程度吗？
		JH	您有较好的卫生习惯，能够定期清洁房间，保持室内整洁吗？
		CM	您能够独立或与人合作种植花草树木，掌握必要的养护技能吗？
		GJ	您能正确地使用必要的常见劳动工具，并会简单的维修与保养吗？
	劳动创造	CZ	您认为具备良好的劳动素养有助于增强想象力和创造力吗？
		FX	您会主动申报或参与创新创业科研项目，提升分析问题、解决问题的能力吗？
		ZC	即使在财力、人力、平台和政策有困难的情况下，您也会选择个人创业吗？
		CD	您会不断尝试利用自己的专业知识与技能创新性地解决问题吗？
		TY	您认为创造劳动有一定难度，但仍然坚持在专业知识运用过程中增加创造体验吗？

（二）大学生劳动能力指数分析

1. 大学生劳动能力分项指标指数

从总报告可知，劳动能力指数在大学生劳动素养的分项指数中居于第 4 名，而在劳动能力分项指数中，劳动技能指数排名最高（表 2）。

表 2　大学生劳动能力分项指标指数

劳动能力分项指标	指数	排名
系统思维	0.7261	2
劳动技能	0.7286	1
劳动创造	0.6767	3

2. 大学生劳动能力指数省域排行

与大学生劳动素养指数估算原理相同,对每一个省份样本进行计算,得出分省大学生劳动能力这一分项指标指数(表 3),对分省大学生劳动能力指数按从高到低排名,排名前 10 位的是:内蒙古、山东、新疆、天津、山西、北京、广西、浙江、吉林、河北。

表 3　大学生劳动素养分项指标指数排名

排序	省份*	指数	排序	省份*	指数
1	内蒙古	0.7549	17	—	0.6847
2	山东	0.7404	18	—	0.6844
3	新疆	0.7328	19	—	0.6821
4	天津	0.7291	20	—	0.6821
5	山西	0.7215	21	—	0.6800
6	北京	0.7197	22	—	0.6796
7	广西	0.7181	23	—	0.6784
8	浙江	0.7066	24	—	0.6764
9	吉林	0.7042	25	—	0.6758
10	河北	0.7010	26	—	0.6728
11	—	0.6987	27	—	0.6603
12	—	0.6985	28	—	0.6583
13	—	0.6970	29	—	0.6537
14	—	0.6964	30	—	0.6516
15	—	0.6861	31	—	0.6264
16	—	0.6859	—	—	—

* 此次呈现原始计算数据,根据需要只显示前 10 名省份。

(三)大学生劳动能力描述性统计分析

1. 大学生劳动能力的描述性统计

运用 SPSS 24.0 软件对大学生劳动能力来源的三个指标进行描述性统计,结果如表 4 和表 5 所示。

表 4 大学生劳动能力的总体状况

劳动能力分项指标	平均分		排序与认同等级	
	均值	标准差	排序	认同等级(根据均值评价)
系统思维	4.00	0.815	2	认同
劳动技能	4.01	0.805	1	认同
劳动创造	3.85	0.812	3	认同

表 5 大学生劳动能力三个指标的描述性分析

变量	个案数	最小值	最大值	平均值	标准差	方差
NH	65 563	5	1	3.94	0.893	0.798
WH	65 563	5	1	3.98	0.892	0.795
SE	65 563	5	1	4.08	0.888	0.788
RW	65 563	5	1	4.15	0.864	0.747
JH	65 563	5	1	4.05	0.884	0.782
CM	65 563	5	1	3.89	0.970	0.942
GJ	65 563	5	1	3.95	0.921	0.849
CZ	65 563	5	1	4.12	0.872	0.761
FX	65 563	5	1	3.84	0.972	0.944
ZC	65 563	5	1	3.44	1.158	1.341
CD	65 563	5	1	3.93	0.909	0.826
TY	65 563	5	1	3.92	0.93	0.815

大学生对劳动能力不同指标的认同程度存在差异。指标均值越高表示越认同,三个指标的均值都超过了 3.0,其中两个指标超过了 4.0,表示大学生对劳动创造不同方面的认同程度较高。其中大学生对劳动技能的认同程度最高,系统思维次之,劳动创造认同程度最低。系统思维指标中,“参加劳动实践过程中,听从指挥,不单独行事,为团队着想”的认同程度最高,“做志愿服务或公益劳动时,习惯做充分的准备”次之,“参与劳动时总是兴趣浓厚、注意力高度集中,有明确的目标和计划”的认同度最低,说明需要加强对大学生系统思维的培养,养成制定目标和计划并持续努力的行动模式。劳动技能指标中,“认为劳动能够提高自己的动手能力,增强劳动熟练程度”的认同程度最高,“定期清洁房间,保持室内整洁”次之,“独立或与人合作种植花草树木,掌握必要的养护技能”的各项劳动技能认同程度最低,说明需要加强对大学生日常生产生活劳动能力的培养。劳动创造指标中,“认为具备良好的劳动素养有助于增强想象力和创造力”的认同程度最高,“会不断尝

试利用自己的专业知识与技能创新性地解决问题”的能力次之,“在财力、人力、平台和政策有困难的情况下,也会选择个人创业”的认同程度最低,说明需要加强对大学生应对困难环境的劳动创造能力的培养。标准差和方差值显示,调查的样本对大学生系统思维、劳动技能和劳动创造的认识意见比较一致。

2. 基于省份的大学生劳动能力的描述性统计分析

通过对不同省份大学生劳动能力的描述性统计,可以直观地了解每个省份的大学生劳动能力状况。据表 6 所示,不同省份大学生的劳动能力存在差异,指标均值越高表示认同程度越高。数据显示,内蒙古、山东、天津、山西、新疆五个省份系统思维的认同程度排在前列,内蒙古、山东、天津、新疆、山西五个省份劳动技能的认同程度排名靠前,内蒙古、山东、新疆、天津、广西五个省份劳动创造的认同程度排在前列;云南、西藏、广东、湖南、贵州五个省份系统思维的认同程度排名靠后,云南、广东、西藏、湖南、贵州劳动技能的认同程度排名靠后,西藏、湖南、云南、广东、贵州劳动创造的认同程度排名靠后。从综合系统思维、劳动技能、劳动创造 3 个指标来看,内蒙古、山东、新疆三个省份认同程度最高,贵州、广东、湖南三个省份认同程度最低。图 1 呈现的是全国各省份大学生劳动能力指数。从图 1 看,基于各省份的大学生劳动能力的三个分项指标曲线的走势一致,变化趋势也相似。

表 6 各省份大学生劳动能力认同程度指标均值

省份	系统思维	劳动技能	劳动创造	省份	系统思维	劳动技能	劳动创造
北京	4.1242	4.1426	4.0219	湖北	3.9681	4.0006	3.7413
天津	4.1992	4.1796	4.0609	湖南	3.8169	3.8099	3.6845
河北	4.0403	4.0327	3.9341	广东	3.8297	3.8277	3.6390
山西	4.1826	4.1684	3.9897	广西	4.1020	4.1183	4.0315
内蒙古	4.2847	4.3045	4.2144	海南	3.9806	3.9208	3.7608
辽宁	4.0190	4.0220	3.9011	重庆	4.0262	3.9724	3.7434
吉林	4.0679	4.0712	3.9290	四川	3.9375	3.9721	3.7192
黑龙江	4.0198	4.0240	3.9230	贵州	3.6308	3.6411	3.5973
上海	4.0008	3.9755	3.8135	云南	3.8576	3.9136	3.6582
江苏	3.9504	3.9727	3.8552	西藏	3.8470	3.8238	3.7060
浙江	4.0091	4.0523	4.0019	陕西	4.0109	4.0477	3.8965
安徽	3.9676	3.9610	3.7889	甘肃	4.0171	4.0463	3.9114
福建	4.0024	3.9645	3.8145	青海	3.9755	3.9649	3.8492
江西	3.9663	3.9780	3.7999	宁夏	3.9150	3.9280	3.8004
山东	4.2296	4.2378	4.1303	新疆	4.1798	4.2294	4.0772
河南	3.9258	3.9533	3.8411	—	—	—	—

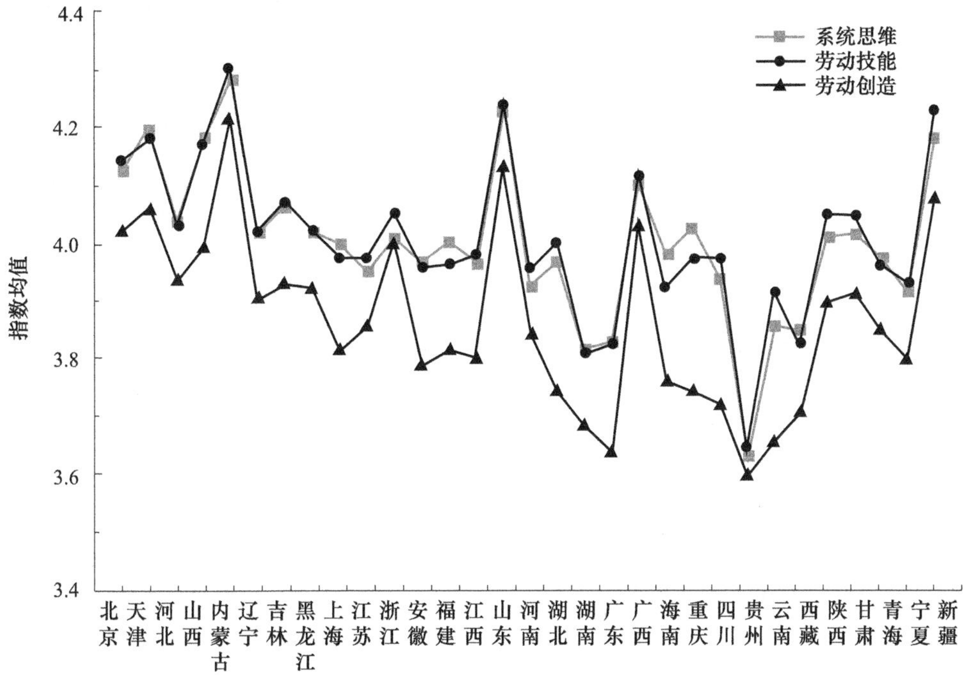

图 1　全国各省份大学生劳动能力指数

(四)大学生劳动能力状况对比

1. 基于性别的大学生劳动能力状况

男女性别上的差异会影响大学生对劳动的实际感知，进而产生态度上的差异，最终导致男性和女性大学生的劳动能力呈现不同的结果。在"性别"这一变量下的大学生劳动能力往往呈现不同的特点。运用单因素方差分析和独立样本 t 检验了解性别与大学生劳动能力状况及不同层面的相关关系，结果如表 7 所示。

表 7　全国高校大学生性别与劳动能力的关系

分项指标	男		女		t	p
	均值(M)	标准差	均值(M)	标准差		
系统思维	3.97	0.855	4.02	0.782	−7.776	0.000
劳动技能	3.99	0.841	4.03	0.776	−6.180	0.000
劳动创造	3.88	0.841	3.83	0.785	7.372	0.000

注：检验水准为 0.05。

根据表 7，各分项指标的显著性水平均小于 0.05，表示性别显著影响劳动能力。不同性别在系统思维、劳动技能和劳动创造三个指标的 t 统计值均达到显著水平。系统思维方面，男生(M=3.97)低于女生(M=4.02)；劳动技能方面，男生(M=3.99)也低于女生(M=4.03)；劳动创造方面，男生(M=3.88)高于女生(M=3.83)。

从这些调查结果可以看出，总体上女生得分比男生高，但是劳动创造指标上男生比女生得分有优势。这可能有两方面的原因，一方面，男女生理上的差别造就他们荷尔蒙不同，不同的荷尔蒙也就造就不同的性格，例如，男生更喜欢积极、激烈的活动，喜欢寻求刺激，喜欢占主导地位，喜欢冒险，在思维特点上，更注重理性的思考，因此，从劳动创造这一维度，男生更占优势。女生则更喜欢从感性出发，干活细致，平时生活、学习更注重细节，做事情前习惯做好各种准备工作。另一方面，也和后天环境有关，在儿时，周围环境会给孩子贴上一个性别标签，男孩应该怎样，女孩应该怎样，慢慢地，男生女生在自我认同和习惯上就更趋向各自性别的标签，久而久之就形成了男女差异，在劳动能力方面也形成了差异。

2. 基于年级的大学生劳动能力状况

大学阶段不同年级的学生对劳动能力的表现也不尽相同。因此运用描述统计和单因素方差分析方法，得出大学阶段不同年级与劳动能力三个指标的相关关系，结果见表8。

以劳动能力的三个指标(系统思维、劳动技能和劳动创造)为因变量，以大学阶段不同年级为自变量进行了单因素方差分析。这三个指标的显著性水平都是0.000，均小于0.05，也就是说大学阶段不同年级对劳动能力的认知和劳动能力的表现存在显著性差异。

表8　全国高校大学生年级与劳动能力三个指标的关系

分项指标	大一		大二		大三		大四		F	p
	均值	标准差	均值	标准差	均值	标准差	均值	标准差		
系统思维	4.08	0.803	3.99	0.815	3.97	0.820	3.91	0.824	85.046	0.000
劳动技能	4.08	0.795	3.998	0.806	3.989	0.810	3.930	0.808	70.491	0.000
劳动创造	3.92	0.788	3.86	0.816	3.82	0.818	3.74	0.817	95.204	0.000

注：检验水准为0.05。

表9　全国高校大学生年级与劳动能力各指标的关系

变量	大一		大二		大三		大四		F	p
	均值	标准差	均值	标准差	均值	标准差	均值	标准差		
NH	4.00	0.883	3.93	0.895	3.91	0.896	3.84	0.892	62.720	0.000
WH	4.06	0.882	3.98	0.889	3.95	0.898	3.89	0.898	71.231	0.000
SE	4.17	0.885	4.07	0.883	4.05	0.889	4.00	0.894	82.014	0.000

续表

变量	大一		大二		大三		大四		F	p
	均值	标准差	均值	标准差	均值	标准差	均值	标准差		
RW	4.27	0.845	4.12	0.864	4.11	0.873	4.07	0.863	149.658	0.000
JH	4.13	0.873	4.03	0.883	4.02	0.889	3.96	0.888	92.731	0.000
CM	3.92	0.989	3.89	0.960	3.89	0.963	3.81	0.970	24.391	0.000
GJ	3.99	0.935	3.95	0.915	3.94	0.918	3.89	0.912	20.168	0.000
CZ	4.22	0.856	4.10	0.874	4.08	0.877	4.03	0.875	121.627	0.000
FX	3.92	0.959	3.84	0.967	3.81	0.978	3.72	0.988	81.504	0.000
ZC	3.41	1.159	3.51	1.133	3.43	1.169	3.29	1.198	67.087	0.000
CD	4.02	0.891	3.91	0.910	3.89	0.914	3.82	0.917	108.068	0.000
TY	4.02	0.890	3.93	0.904	3.89	0.905	3.83	0.910	102.605	0.000

注：检验水准为0.05。

为了进一步分析各个关注指标和劳动能力的关系，运用描述统计和单因素方差分析方法，得出大学阶段不同年级与劳动能力各指标的相关关系，结果见表9。经比较可知，在系统思维这个指标上，大一学生＞大二学生＞大三学生＞大四学生，为了进一步找到系统思维这个指标下各个关注问题与劳动能力的关系，又以“参与劳动时总是兴趣浓厚、注意力高度集中，有明确的目标和计划”“做志愿服务或公益劳动时，习惯做充分的准备”“参加劳动实践过程中，听从指挥，不单独行事，为团队着想”这三个基本问题为因变量，以大学阶段不同年级为自变量进行了单因素方差分析，这三个问题的显著性水平都是0.000，均小于0.05，也表现出明显的差异。大一学生在劳动时更有明确目标和计划，劳动前也能主动做好充足的准备，参加劳动实践过程中更能听从指挥和为团队着想，其次是大二学生、大三学生和大四学生。

在劳动技能这个指标上，也是大一学生＞大二学生＞大三学生＞大四学生，为了进一步找到劳动技能这个指标下各个关注问题与劳动能力的关系，又以“认为劳动能够提高自己的动手能力，增强劳动熟练程度”“有较好的卫生习惯，能够定期清洁房间，保持室内整洁”“能够独立或与人合作种植花草树木，掌握必要的养护技能”“能正确地使用必要的常见劳动工具，并会简单的维修与保养”这四个基本问题为因变量，以大学阶段不同年级为自变量进行单因素方差分析，这四个问题的显著性水平都是0.000，均小于0.05，也表明存在明显的差异。分析表明，大一学生对劳动能提高动手能力的认同程度、“在定期清洁房间保持室内整洁、和室友合作种植花草树木、使用并简单维修和保养常见劳动工具”的能力方面均强于其他几个年级，并且随着大学阶段年级的升高而减弱。

在劳动创造这个指标上，也是大一学生＞大二学生＞大三学生＞大四学生，为了进一步找到劳动创造这个指标下各个关注问题与劳动能力的关系，也以“认为具备良好的劳动素养有助于增强想象力和创造力”“主动申报或参与创新创业科研项目，提升分析问题、解决问题能力”“即使在财力、人力、平台和政策有困难的情况下，也会选择个人创业”“不断尝试利用自己的专业知识与技能创新性地解决问题”“认为创造劳动有一定难度，但仍然坚持在专业知识运用过程中增加创造体验”这五个基本问题为因变量，以大学阶段不同年级为自变量进行单因素方差分析，这五个问题的显著性水平都是 0.000，均小于 0.05，也表明存在明显的差异。分析表明，大一学生更认同良好的劳动素养有助于增强想象力和创造力，主动申报或参与创新科研项目会提升分析问题、解决问题能力，尝试利用专业知识和技能创新性地解决问题，坚持在专业知识运用过程中增加创造体验。认同度最低的是大四学生。大二和大三学生差异不显著。克服困难选择个人创业方面，大二学生＞大三学生＞大一学生＞大四学生。

该结果大大超出了我们日常的感性认识，认为大学生随着独立住校时间的延长，个人劳动能力会逐渐增强，调查问卷结果却恰恰相反。这很大程度上说明大学的劳动教育开展的效果值得反思。

3. 基于政治面貌的大学生劳动能力状况

从微观主体的心理因素之中看出，当前每一个大学生在社会之中都是独立的个体，那么在当前每一个微观主体所处的环境，每一个人都是社会的产物，因此，任何一个微观主体，都会受到外界环境的影响。大学生的劳动能力也会受到微观主体政治面貌的影响。不同政治面貌的学生劳动能力的表现也不相同。大学生的政治面貌分为群众、共青团员、党员和其他四类。因此，运用描述统计和单因素方差分析方法，得出全国大学生政治面貌与劳动能力的关系，结果如表 10 所示。

表 10　全国大学生政治面貌与劳动能力的关系

分项指标	群众		共青团员		党员		其他		F	p
	均值	标准差	均值	标准差	均值	标准差	均值	标准差		
系统思维	3.97	0.841	4.01	0.805	4.10	0.805	3.94	0.885	20.664	0.000
劳动技能	3.99	0.834	4.01	0.794	4.09	0.789	3.94	0.887	11.816	0.000
劳动创造	3.86	0.833	3.85	0.803	3.92	0.792	3.84	0.860	6.714	0.000

注：检验水准为 0.05。

以劳动能力的三个指标（系统思维、劳动技能和劳动创造）为因变量，以大学生不同的政治面貌为自变量进行单因素方差分析。这三个分项的显著性水平都是 0.000，均小于 0.05，也就是说大学生不同的政治面貌对劳动能力的认知和劳动能力的表现存在显著差异。

经比较分析可知，在系统思维这个维度上，群众＞党员＞共青团员＞其他，为了进一步找到系统思维这个维度下各个关注问题与劳动能力的关系，又以“有明确目标和计划”“劳动前主动做充分的准备”“听从指挥为团队着想”这几个基本问题为因变量，以大学生的政治面貌为自变量进行单因素方差分析，这三个问题的显著性水平都是0.000，均小于0.05，也表明存在明显的差异。党员大学生在劳动时更有明确目标和计划，劳动前也能主动做好充足的准备，参加劳动实践过程中更听从指挥和为团队着想，其他政治面貌之间不存在太大的差异。

为了更深入研究大学生政治面貌对劳动能力评价指标的影响，运用描述统计和单因素方差分析方法，得出全国大学生政治面貌与劳动能力各指标的关系，结果如表11所示。在劳动技能这个指标上，党员比其他各种政治面貌大学生得分均值都高，群众大学生和其他类型大学生不存在明显的差异。为了进一步找到劳动技能这个指标下各个关注问题与劳动能力的关系，又以“认为劳动能够提高自己的动手能力，增强劳动熟练程度”“有较好的卫生习惯，能够定期清洁房间，保持室内整洁”“能够独立或与人合作种植花草树木，掌握必要的养护技能”“能正确地使用必要的常见劳动工具，并会简单的维修与保养”这四个基本问题为因变量，以大学生政治面貌为自变量进行单因素方差分析，这四个问题的显著性水平都是0.000，均小于0.05，也表明存在明显的差异。分析表明，党员大学生对“劳动能提高动手能力、定期清洁房间保持室内整洁、和室友合作种植花草树木、使用并简单维修和保养常见劳动工具”的能力方面均强于其他大学生。

表11 全国大学生政治面貌与劳动能力的关系

变量	群众		共青团员		党员		其他		F	p
	均值	标准差	均值	标准差	均值	标准差	均值	标准差		
NH	3.92	0.920	3.94	0.883	4.03	0.891	3.91	0.946	11.975	0.000
WH	3.95	0.920	3.99	0.880	4.07	0.902	3.93	0.939	19.571	0.000
SE	4.05	0.914	4.09	0.877	4.19	0.880	3.98	0.986	23.603	0.000
RW	4.13	0.897	4.16	0.851	4.23	0.863	4.07	0.944	10.598	0.000
JH	4.03	0.910	4.05	0.874	4.12	0.890	3.94	0.972	10.446	0.000
CM	3.87	0.992	3.89	0.962	3.97	0.969	3.86	1.03	7.378	0.000
GJ	3.93	0.944	3.95	0.912	4.03	0.928	3.90	1.00	9.605	0.000
CZ	4.09	0.903	4.13	0.862	4.22	0.841	4.05	0.957	18.249	0.000
FX	3.83	0.983	3.84	0.967	3.95	0.960	3.84	1.05	10.745	0.000
ZC	3.50	1.141	3.42	1.159	3.43	1.228	3.44	1.179	21.810	0.000
CD	3.93	0.925	3.92	0.901	3.98	0.927	3.93	0.957	4.250	0.000
TY	3.93	0.921	3.93	0.896	4.01	0.908	3.92	0.952	6.226	0.000

注：检验水准为0.05。

在劳动创造这个指标上，也是党员大学生在认同和能力方面都强于普通群众、共青团员及其他政治面貌的大学生群体。为了进一步找到劳动创造这个指标下各个关注问题与劳动能力的关系，又以“认为具备良好的劳动素养有助于增强想象力和创造力”“主动申报或参与创新创业科研项目，提升分析问题、解决问题能力”“即使在财力、人力、平台和政策有困难的情况下，也会选择个人创业”“不断尝试利用自己的专业知识与技能创新性地解决问题”“认为创造劳动有一定难度，但仍然坚持在专业知识运用过程中增加创造体验”这五个基本问题为因变量，以大学生政治面貌为自变量进行单因素方差分析，显著性水平均为 0.000，小于 0.05，也表明存在了明显的差异。分析表明，在“良好的劳动素养有助于增强想象力和创造力”“主动申报或参与创新科研项目会提升分析问题解决问题能力”“尝试利用专业知识和技能创新性的解决问题”“坚持在专业知识运用过程中增加创造体验”这些问题上，党员大学生得分均值最高；其他几类大学生之间不存在明显的差异。

在校大学生一般党员的人数占比 8%左右，而这部分大学生党员的思想觉悟、学习成绩、社会活动能力、劳动能力都是整个大学生群体的领先者。从学生方面来说，学生对入党有很强的积极性。在校期间入党，是学生综合能力的体现，是学生做出的成绩得到学校肯定的体现，是学生增加就业机会的一个重要因素。特别是毕业后想到政府部门或事业单位就业的学生，党员身份是他们能否进入理想单位的一个重要筹码。从学校方面来说，只有那些学生中的优秀分子才有可能被吸收到党员队伍中来。所以学生党员必须是在学习上名列前茅，在同学心目中具有较高的威望，在测评中得到较多同学的认同，在思想上具有较高的思想觉悟，对党的基本理论、基本路线理解领会深刻。大学生党员在联系、团结、引领大学生方面具有特殊的优势，他们是加强和改进大学生劳动教育，提升大学生劳动素养的重要依靠力量。

4. 基于办学层次的大学生劳动能力状况

不同办学层次的大学生对劳动能力的表现不尽相同。在“办学层次”这一变量下的大学生劳动能力往往呈现不同的特点。运用单因素方差分析和独立样本 t 检验了解办学层次与大学生劳动能力各指标的相关关系，结果见表 12。

表 12　办学层次与劳动能力的各指标的相关关系

指标	双一流类大学		非双一流类大学		t	p
	均值	标准差	均值	标准差		
系统思维	3.96	0.815	4.00	0.815	−5.615	0.000
劳动技能	3.95	0.807	4.02	0.805	−8.119	0.000
劳动创造	3.80	0.802	3.86	0.812	−7.609	0.000

注：检验水准为 0.05。

根据表12,各分项指标的显著性水平均小于0.05,表示办学层次显著影响大学生劳动能力。不同办学层次在系统思维、劳动技能和劳动创造三个指标的 t 统计值均达到显著水平。系统思维方面,双一流类大学(M=3.96)低于非双一流类大学(M=4.00);劳动技能方面,双一流类大学(M=3.95)低于非双一流类大学(M=4.02);劳动创造方面,双一流类大学(M=3.80)低于非双一流类大学(M=3.83)。总之,双一流类大学在三个指标均值均低于非双一流类大学。

为进一步探究在劳动能力三个指标下各个指标与办学层次的相关关系,运用单因素方差分析和独立样本 t 检验了解办学层次与大学生劳动能力各维度的相关关系,结果见表13。每一个指标均值的变化趋势趋同,但仍然是双一流类大学均值低于非双一流类大学。双一流类大学的学生在学习能力、学习知识方面通过层层考试的筛选,肯定是强于非双一流类大学的学生,但是劳动能力并没有任何的优势,而且是处于劣势。这也从另一个角度说明,不论是家庭教育还是学校教育,重知识学习、轻劳动能力的培养现象还是普遍存在的。高校需要加大劳动教育的培养,提升大学生的劳动能力。

表13 办学层次与劳动能力各指标的相关关系

变量	双一流类大学		非双一流类大学		t	p
	均值	标准差	均值	标准差		
NH	3.89	0.905	3.95	0.890	−6.031	0.000
WH	3.94	0.897	3.99	0.891	−5.172	0.000
SE	4.05	0.891	4.09	0.887	−4.128	0.000
RW	4.12	0.875	4.16	0.862	−4.250	0.000
JH	3.98	0.905	4.06	0.880	−9.074	0.000
CM	3.82	0.998	3.91	0.964	−8.574	0.000
GJ	3.90	0.942	3.96	0.917	−6.337	0.000
CZ	4.09	0.883	4.13	0.870	−4.400	0.000
FX	3.78	0.984	3.85	0.969	−6.906	0.000
ZC	3.34	1.178	3.46	1.153	−10.228	0.000
CD	3.90	0.910	3.93	0.908	−3.816	0.000
TY	3.89	0.908	3.94	0.902	−5.252	0.000

注:检验水准为0.05。

5. 基于户籍类型的大学生劳动能力状况

户籍类型多半也反映了学生成长时期的生活环境。不同的生活环境对学生劳动能力也会产生影响,学生劳动能力的表现也会不同。因此,运用描述统计和独立样本 t 检验方法,得出全国大学生户籍类型与大学生劳动能力的关系。

根据表 14,p 值均小于 0.05,表示学生的户籍类型影响着劳动能力。户籍类型对大学生的劳动思维、劳动技能和劳动创造三个变量的 t 统计值均达到显著性水平。系统思维、劳动技能和劳动创造三个方面,农村户籍学生均显著低于城镇户籍学生。

表 14 全国大学生户籍类型与劳动能力的关系

指标	农村		城镇		t	p
	均值	标准差	均值	标准差		
系统思维	3.99	0.808	4.02	0.827	−4.878	0.000
劳动技能	4.01	0.799	4.02	0.817	−1.197	0.000
劳动创造	3.84	0.804	3.88	0.822	−5.558	0.000

注:检验水准为 0.05。

这也是当前大学生中很明显的一个事实,农村户籍的大学生的劳动能力弱一些。相对而言,农村孩子从小生长在相对落后又闭塞的环境中(20 世纪 90 年代以前更明显),从小接触的人和事往往都是些文化程度不高的农村人,父母为了生计外出打工,教育孩子方面有缺失,很多都是隔辈养大的留守儿童,容易溺爱,家长对孩子的期望很高,更关注学习,除了学习以外的很多事情都由家长代劳,导致很多时候忽略了其他能力的培养和锻炼。城镇孩子的父母(身边大人)基本都具有高中以上文化程度,更多的是大学生,亲朋好友一般也如此,随便讨论一个话题都有一定的深度、广度,潜移默化对孩子的影响很大。虽然现在城乡差距正日趋缩小,但观念的改变需要一段时间。

6. 基于是否独生子女的大学生劳动能力状况

在大学生劳动能力状况评价的过程中,是否独生子女对劳动能力的评价存在比较明显的差异,这与生活条件密切相关,因为生活条件不同,人们对子女劳动能力的培养不同,主观评价也存在差异。运用独立样本 t 检验了解是否独生子女与劳动能力的相关关系,结果如表 15 所示。

根据表 15,p 值均小于 0.05,表示学生是否为独生子女影响着劳动能力。从系统思维的得分看,独生子女的均值为 4.02,非独生子女的均值为 4.00;劳动技能的得分中,独生子女的均值为 4.02,非独生子女的均值为 4.01;劳动创造的得分中,独生子女的均值为 3.89,非独生子女的均值为 3.84。

表 15 高校大学生是否独生子女与大学生劳动能力的关系

指标	独生子女		非独生子女		t	p
	均值	标准差	均值	标准差		
系统思维	4.02	0.837	4.00	0.807	2.882	0.000
劳动技能	4.02	0.818	4.01	0.800	1.035	0.033
劳动创造	3.89	0.828	3.84	0.804	6.521	0.000

注:检验水准为 0.05。

通过更进一步对每一个维度的问题进行分析发现，独生子女大学生对参与劳动的认同感和系统思维是积极的。统计结果中，有 90% 左右的独生子女大学生在参与劳动时总是兴趣浓厚、注意力高度集中，有明确的目标和计划，认为劳动是一件快乐的事情。82%的独生子女对自己的劳动能力表示满意，每次做志愿服务或公益劳动时，习惯做充分的准备，做到有备无患。整体表现优于非独生子女大学生，而从一些人的固有观念看来，独生子女天生就懒，现在的孩子不爱劳动成为人们的思维定势。然而调查结果表明，事实并非如此。

独生子女的劳动主动性和部分劳动技能要弱于非独生子女。在对三个指标下具体问题的分析时，"有较好的卫生习惯，能够定期清洁房间，保持室内整洁""能正确地使用必要的常见劳动工具，并会简单的维修与保养"这两项，独生子女的表现要弱于非独生子女。

在劳动创造方面，"认为具备良好的劳动素养有助于增强想象力和创造力""主动申报或参与创新创业科研项目，提升分析问题、解决问题能力""克服困难选择个人创业""尝试利用专业知识和技能创新性地解决问题""坚持在专业知识运用过程中增加创造体验"独生子女大学生得分均值也高于非独生子女大学生。

以上几方面的问题，是值得学校劳动教育者高度重视的问题。这种情况不排除家庭、学校和社会等各种因素的影响，有待进一步深入探讨研究。

7. 基于办学性质的大学生劳动能力状况

在大学生劳动能力状况评价的过程中，学校办学性质对劳动能力的评价存在比较明显的差异，这与学校办学条件和办学理念密切相关，因为学校办学条件和办学理念不同，人们对劳动能力的认知不同，主观评价也存在差异。学校办学性质差异运用独立样本 t 检验了解学校办学性质与劳动能力的相关关系，结果如表 16 所示。

表 16　学校办学性质与劳动能力的关系

变量	公立		民办		t	p
	均值	标准差	均值	标准差		
NH	3.95	0.890	3.85	0.921	8.031	0.000
WH	3.99	0.887	3.88	0.933	9.638	0.000
SE	4.10	0.882	3.96	0.931	11.455	0.000
RW	4.17	0.859	4.03	0.902	11.526	0.042
JH	4.05	0.881	3.97	0.916	6.783	0.000
CM	3.90	0.968	3.80	0.983	7.642	0.000
GJ	3.96	0.918	3.86	0.944	8.685	0.000
CZ	4.13	0.868	4.01	0.905	10.575	0.000

续表

变量	公立		民办		t	p
	均值	标准差	均值	标准差		
FX	3.85	0.970	3.77	0.982	6.634	0.000
ZC	3.44	1.162	3.45	1.119	0.670	0.000
CD	3.94	0.906	3.83	0.929	8.349	0.000
TY	3.94	0.901	3.84	0.915	8.572	0.000

注:检验水准为0.05。

根据表16,12个问题的显著性水平都小于0.05,表示学校办学性质对这些分项指标有影响。在如下11个调查指标方面,都是公立学校大学生得分高于民办学校大学生:“参与劳动时总是兴趣浓厚、注意力高度集中,有明确的目标和计划”“做志愿服务或公益劳动时,习惯做充分的准备”“参加劳动实践过程中,听从指挥,不单独行事,为团队着想”“认为劳动能够提高自己的动手能力,增强劳动熟练程度”“有较好的卫生习惯,能够定期清洁房间,保持室内整洁”“能够独立或与人合作种植花草树木,掌握必要的养护技能”“能正确地使用必要的常见劳动工具,并会简单的维修与保养”“认为具备良好的劳动素养有助于增强想象力和创造力”“主动申报或参与创新创业科研项目,提升分析问题、解决问题能力”“不断尝试利用自己的专业知识与技能创新性地解决问题”“认为创造劳动有一定难度,但仍然坚持在专业知识运用过程中增加创造体验”。唯有“即使在财力、人力、平台和政策有困难的情况下,也会选择个人创业”这一个指标得分是民办学校大学生高于公立学校大学生。

二、大学生劳动能力存在的问题

(一)大学生劳动能力薄弱的原因分析

1. 劳动系统思维方式缺乏养成

《意见》和《纲要》从劳动教育的目标、内容、评价、规划和实施等方面,对推进新时代劳动教育提出了全面的指导和更高的要求。《意见》中强调:“具备满足生存发展需要的基本劳动能力,形成良好劳动习惯。”劳动能力是指顺利完成与个体年龄及生理特点相适宜的劳动任务所需的胜任力,是个体的劳动知识、技能、行为方式等在劳动实践中的综合表现。主要表现为:学生具备基本的劳动知识和技能,能正确使用常用的劳动工具;能在劳动实践中增强体力,提高智力和创造力,具备完成一定劳动任务所需要的设计能力、操作能力及团队合作能力。调查发现,大部分大学生都认同在劳动实践过程中听从指挥，为团队着想，不单独行事，但是部分大学生停留在被动指挥的角色，不能主动积极参加劳动，不能在劳动前制定一个明确的目标和计划，做好劳动前的准备，并始终保持热情坚持下去。

2. 劳动技能涉及范围狭窄

调查发现，大部分大学生的劳动能力仅仅体现于生活中能照顾自己，能够保持自身生活、学习环境的干净整洁，但是，对于其他的劳动，如自觉参与教室、食堂、校园场所的卫生保洁、绿化美化和管理服务，掌握常见劳动工具的使用，简单维修和保养等，参与程度很低。这里既有社会原因、家庭原因，也有学校原因。随着中国经济社会的飞速发展，社会的价值取向也在发生着变化。特别是近年来西方个人主义、享乐主义、拜金主义思潮对中国大学生产生了较大的影响，社会上存在着很多利己主义的价值观，只重视个人利益不重视集体利益，只重视短期利益不重视长远利益等。中国的学校教育一直以应试教育为主，近年来改革实施素质教育，素质教育虽然取得一定的成效，但是“唯分数论”的应试教育观念还是占据非常重要的地位。当代大学生基本上是“零零后”，“零零后”是在互联网下成长的一代，他们家庭条件相对较好，享受着改革开放带来的优越物质生活。在家庭教育中，受传统“学而优则仕”的观念影响，父母更看重的是学习成绩而轻视劳动教育，有些父母甚至认为劳动花费过多的时间和精力，会影响学习，造成有些大学生从小到大“十指不沾阳春水”，缺乏基本的生活能力。

3. 劳动创新思维能力有待提升

《纲要》强调，高校劳动教育的重点和核心在于强化马克思主义劳动观教育，注重围绕创新、创业，结合学科专业开展生产劳动和服务劳动，积累职业经验，培育创造性劳动能力和诚实守信的合法劳动意识。重视生产劳动锻炼，积极参加实习实训、专业服务和创新、创业活动，重视新知识、新技术、新工艺、新方法的运用，提高在生产实践中发现问题和创造性解决问题的能力，在动手实践的过程中创造有价值的物化劳动成果。

调查表明，当代大学生在劳动创新思维方式、劳动创新能力方面存在很大的欠缺。问卷中“主动申报或参与创新创业科研项目，提升分析问题、解决问题能力”“即使在财力、人力、平台和政策有困难的情况下，也会选择个人创业”“不断尝试利用自己的专业知识与技能创新性地解决问题”“认为创造劳动有一定难度，但仍然坚持在专业知识运用过程中增加创造体验”等这几项得分都不高。学校应该加强大学生劳动创新思维能力的培养。

(二)大学生劳动能力省域分布不均衡

根据自然地理位置，我国分为东北、华北、西北、华南、西南、华东、华中七大区域。如表 17 所示，就大学生的劳动能力平均分来看，华北地区的内蒙古排第 1 位，华东地区的山东排第2位。华南地区的广州和西南地区的贵州排在倒数第2位和倒数第1位。从大区域看，华北排名第1，其次是西北地区，东北地区排第3位，华东第4位，然后依次是华中、华南和西南地区。把大学生劳动能力按照省份进行排名，如表17所示。

表17　分省大学生劳动能力得分及排名

省份	劳动能力平均分	排名	省份	劳动能力平均分	排名
内蒙古	4.2679	1	福建	3.9271	17
山东	4.1992	2	江苏	3.9261	18
新疆	4.1621	3	江西	3.9147	19
天津	4.1466	4	重庆	3.9140	20
山西	4.1136	5	河南	3.9067	21
北京	4.0962	6	安徽	3.9059	22
广西	4.0839	7	湖北	3.9033	23
吉林	4.0227	8	海南	3.8874	24
浙江	4.0211	9	宁夏	3.8812	25
河北	4.0024	10	四川	3.8763	26
甘肃	3.9916	11	云南	3.8098	27
黑龙江	3.9889	12	西藏	3.7923	28
陕西	3.985	13	湖南	3.7704	29
辽宁	3.9807	14	广州	3.7655	30
青海	3.9299	15	贵州	3.6231	31
上海	3.9299	16	—	—	—

(三)大学生群体间劳动能力差异较大

从性别对比来看，大学生劳动能力的三个分项指标中，系统思维和劳动技能得分都是女生高于男生，但是劳动创造上男生比女生有优势。具体原因在前面的单因素分析中已经详述，既跟男女先天的生理差异有关，也与后天养育生活环境有关。

从办学性质来看，大学生劳动能力的差异主要表现在公立学校大学生在系统思维、劳动技能、劳动创造三个指标方面表现均优于民办学校大学生。高校作为大学生接受教育、内化观念的主阵地，对大学生劳动认知产生关键影响。各大高校在劳动教育方面积极探索，努力拓展校内外劳动教育实践资源，而公立学校在促进劳动教育创新发展方面更具有优势。

从办学层次对比来看，大学生劳动能力的差异主要体现在每一个指标均值的变化趋势趋同，但仍然是双一流类大学均值低于非双一流类大学双一流类大学的学生在学习能力、学习知识方面通过层层考试的筛选，肯定是强于非双一流类大学的学生，但是劳动能力并没有任何的优势，而且是处于劣势。这也从另一个角度说明，不论是家庭教育还是学校教育，重知识学习、轻劳动能力的培养现象还是普遍存在的。高校需要加大劳动教育的培养，提升大学生的劳动能力。

从户籍类型对比来看，城镇户籍大学生劳动能力优于农村户籍大学生。户籍类型代表着不同环境下的人群，这种户籍存在的差异往往会带来劳动能力的不同。数据显示，城镇户籍大学生劳动能力高于农村户籍大学生。这种现象可能归结于以下三个方面：首先，中国城乡经济发展存在差距，农村的居民生活条件与城市存在差距，人们的思想、决策都会受到周围环境的影响，养育和培养的方式方法同样会受到影响。农村培养一个大学生，更多的精力放在了如何提高孩子学习成绩方面，对其他方面关注较少，甚至更多的农村孩子无法考上大学。其次，与当前的农民工迁徙打工有关，因为生计原因，许多父母外出打工，把年幼的孩子留给爷爷奶奶辈照顾，成为留守儿童。爷爷奶奶辈能给予生活的照料，但是对孩子的教育就力不从心了，当然还存在隔辈溺爱的问题，给不了丰厚的物质生活，就尽量全方位照顾孩子，表面看是弥补了缺失的父爱和母爱，但实际上，也剥夺了孩子在日常生活中的劳动教育和劳动实践，导致农村户籍大学生劳动能力不如城镇户籍大学生。最后，由于大学生最终来到了城市，离开了熟悉的农村生活，很多方面也处于一个逐渐学习、摸索的过程，在学习和生活中也会带来隐形的压力，导致自己参与学校的各类活动，如种植花草树木、申请科研项目、自主创业等方面缺乏精力和信心。这也是一个逐渐提升的过程。

从政治面貌对比来看，党员大学生在劳动能力的三个方面都明显优于其他政治面貌的大学生。正是由于大学生党员在各个方面都较为突出，才能在同学中起到表率和示范作用。在高校大学生劳动能力调查中表现优异也是大家对党员大学生的普遍评价。高校在开展大学生劳动教育、提升学生劳动素养的过程中，要更好地发挥大学生党员同学的模范带头作用。大学生党员是校园的精英群体，是贯彻和落实学校各项工作的重要影响力量，在学生自我管理中扮演着十分重要的示范引领角色，是学校学生管理工作的重要依靠力量。大学生党员在联系、团结、引领大学生方面具有特殊的优势，他们是加强和改进大学生劳动教育，提升大学生劳动素养的重要依靠力量。

三、提升大学生劳动能力水平的对策与建议

（一）强化学校教育主渠道作用，完善劳动教育顶层设计

前面的调查结果表明，当前大学生的劳动能力水平明显偏低。《意见》指出：

“劳动教育是中国特色社会主义教育制度的重要内容，直接决定社会主义建设者和接班人的劳动精神面貌、劳动价值取向和劳动技能水平。”我们在看到劳动教育取得了一定成效的同时也要看到其被淡化、弱化的现象(聂勇，2021)，急需加强学校主渠道建设。具体包括：一是注重有关大学生创造、创新性劳动能力的培养。要把有关劳动教育方面的内容加入大学专业学科教育课程和思想政治教育课程中，让大学生明确有关劳动的基本知识、基础理论，理解其在推进科技进步创新方面的重大作用。二是开设国家所需的实践活动综合课程和通用技术课程，以锻炼加强大学生的生产劳动技能。鼓励各高校因地制宜、实事求是地开设相关课程或活动。高校应积极与职业院校建立合作关系，推进实训资源共通共享，实现劳动教育效果的共赢多赢。可以相互提供专用教室、多功能实验室、科技馆、展览馆、体验馆等进行各种劳动实践活动，实现劳动教育场地的互补。三是积极开展与劳动有关的活动，组织相关社团、协会等，加强创造性思维与动手能力的培养。加强校企合作建设产教融合教育基地。校企协作育人是解决我国人才培养供给侧和产业需求侧结构性矛盾的重要途径，企业能够为学生提供真实的应用场景和实训环境，通过实际生产任务加深学生对劳动知识的理解，加快劳动技能的有效提升，满足社会对大批高素质劳动人才的需求。尤其像智能制造、高端装备、网络安全、人工智能、生物医药、节能环保等学科以及新工科专业的学生培养更离不开企业的深度参与。四是积极在校园内宣传国家工匠精神，传播劳模故事，组织开展优秀劳动工人进校园、技术模范进课堂活动，让大学生们亲身感受到身边的工匠精神和劳模精神。五是完善劳动教育的评价体系。评价体系是由一系列与大学生劳动教育相关的评价机构、制度、指标、方法和标准等形成的有机整体。它是对劳动教育质量展开的监督与控制、分析与评定，完善体系也是为了更好地指导和推进大学生劳动教育的持续开展。

(二)协同“家-社”资源平台，夯实劳动能力实践基础

前面的调查结果表明，系统思维方面，男生($M=3.97$)显著低于女生($M=4.02$)；劳动技能方面，男生($M=3.99$)也是显著低于女生($M=4.03$)；劳动创造方面，男生($M=3.88$)显著高于女生($M=3.83$)。《意见》强调：“加强政府统筹，拓宽劳动教育途径，整合家庭、学校、社会各方面力量。家庭劳动教育要日常化，学校劳动教育要规范化，社会劳动教育要多样化，形成协同育人格局。”“家-社”协同推动劳动教育，明确了劳动教育的主体(马志霞 等，2021)。具体包括：一是父母应该积极投身于劳动中去，引导学生正确对待劳动、珍惜劳动成果，不能简单地将任务布置给子女，而是要参与进来，与子女一起感受劳动的乐趣和成就，感受劳动的艰辛，珍惜劳动果实。二是形成良好的家风，拒绝给子女传授一些不劳而获的思想，要让子女知道幸福美好的生活都是撸起袖子加油干出来的，只有通过踏踏实实的劳动，

才能收获美好的生活。三是转变教育理念，不再“唯分数论”，将劳动教育充分融入子女的教育中来，特别是在生活中加强对子女生活劳动的引导，让他们亲自动手，提高自身劳动能力。四是加强对社会媒体的监督，特别是网络监督管理。对于媒体的传播内容要进行严格审查，提供良好的社会环境，以潜移默化的方式使大学生逐步形成正确的劳动价值观。根据青少年发展的阶段性，政府应循序渐进地引导大学生逐步树立正确的劳动价值观。五是切实畅通社会实践体验渠道。结合“三支一扶”、大学生志愿服务西部计划、“青年红色筑梦之旅”、“三下乡”等社会实践活动，开展服务劳动，强化公共服务意识和面对重大疫情、灾害等危机主动作为的奉献精神；充分利用专业、优质的社会资源，结合传统节假日、社会实践、研学旅行等，组织学生亲身经历劳动过程，在劳动中出力流汗。此外，平台和学校还应积极与社区、企业进行资源链接，让学生走出校园开展现代服务业、公益劳动、志愿服务等实践，感受劳动的社会价值。

（三）引导大学生主动提升个体劳动能力和创新劳动能力

前面的调查结果表明，不论是基于性别还是基于户籍、是否独生子女、政治面貌、办学性质的统计分析中，都有一个共同的特征，在劳动能力的三个指标中都是劳动创造这个维度的得分最低，说明学生在自身创新劳动能力方面关注不够。学校、家庭和社会要共同引导大学生创新劳动能力的提升（朱玉芳 等，2019）。具体包括：一是培养大学生具有强烈的事业心和责任感并且要主动营造活跃的创新氛围。创新氛围的营造能为创新行为提供环境支持，例如在大学里面主动配合营建自己的创新团体，如宿舍创新文化、社团组织创新文化等；积极利用好大学里的各种硬软件方面的环境资源，如图书馆、实验室等，这些场所通常是培育和激发创新灵感的绝佳环境。二是夯实自己的知识储备。良好的知识基础是创新成果诞生的根源，对于创新能力的提升起着至关重要的作用。要培育良好的学习习惯和思考习惯。三是培养大学生广泛的兴趣，切实发现自己的真正兴趣，发扬自己的兴趣，坚持不懈地在发现问题和解决问题的思考当中收获自己的创新。

（四）促进区域间大学生劳动能力的整体均衡性

前面的调查结果表明，综合系统思维、劳动技能、劳动创造三个指标来看，内蒙古、山东、新疆三个省份认同程度最高，贵州、广东、湖南三省份认同程度最低。说明全国不同省份大学生劳动能力的表现是不同的。要实现大学生劳动能力的整体均衡发展，具体包括：一是从劳动意识开始培养。一分耕耘一分收获，没有劳动就没有收益，劳动意识也就成了培养新时代大学生劳动能力的基础，没有劳动意识启蒙、劳动习惯的形成，谈劳动能力就是空中楼阁，没有根基。培养新时代大学生劳动能力要从小抓起，立足家务劳动是不可多得的方法。二是观念的转变，劳动不仅仅是体力劳动。心灵手巧,手巧则心灵,体力劳动与脑力劳动相辅相成,不可分离,如将二者完全割裂开来,体力得不到发展,智力也不成熟。只有将劳动看作是一种活动,如同看作体育运动才是高度智慧的体现。所以,转变观念也就成了培养新时代大学生劳动能力的指导性办法,劳动就是一种运动方式,同出异名而已。没有劳动就没有生存需求的满足、失去了生活的基础。提升道德修养是培养新时代大学生劳动能力的不二选择,一个人如果没有良好的道德修养,就无以立足社会,也无法构建良好的人际关系。三是坚持系统化改革。劳动教育是一项系统工程,劳动能力是一种智慧,是四肢与心灵共同释放出来的光彩,如同草木绽放的花朵、日月普照的光明,没有长期锻炼就没有熟练,拙手钝脚发挥不出应有的作用,只有切入儿童时代,从小抓起,才是培养新时代大学生劳动能力的最好办法。

参考文献

黄加敏,2021. 高职院校学生劳动素养评价指标构建探析[J]. 科技风(15):162-163.

刘小惠,2021. 新时代劳动素养评价体系建构与课程实践路径选择——以人大附中劳动教育课程建设为例[J]. 创新人才教育(2):31-37.

马志霞,黄朝霞,2021. 新时代大学生劳动教育的价值意蕴、核心内容及实践策略[J]. 中国大学教学(10):60-66.

聂勇,2021. 新时代背景下高校劳动教育开展的优势、问题及出路[J]. 重庆广播电视大学学报(5):52-57.

羌毅,姜乐军,2021. 新时代我国职业院校劳动素养评价[J]. 教育与职业(4):55-59.

朱玉芳,李楠,林申琦,等,2019. 首都应用型高校大学生创新能力影响因素及提升策略[J]. 劳动保障世界(32):53,55.

高校大学生劳动素质状况调查

王永柱[①]

摘要：大学生的劳动素质主要包括劳动健康、劳动文化和劳动精神。调查显示，劳动素质指数在全国大学生劳动素养的指标里排在第3位。大学生的性别、年级、政治面貌、户籍类型、是否独生子以及所在省份都与大学生的劳动素质显著相关。针对高校大学生劳动素质方面存在的问题，给出了相应的对策和建议。

关键词：劳动素质指数　劳动素质　区域特征　对策

劳动者的劳动素质是指从事劳动或者能够从事劳动的人的体力因素、健康因素、智力因素和品德因素的有机结合，主要包括劳动健康、劳动文化和劳动精神。联合国世界卫生组织（WHO）认为，健康不仅是没有疾病，而且包括躯体健康、心理健康、社会适应良好和道德健康。在本研究中劳动健康主要指劳动过程中的身心健康。劳动文化是广大学生在各类生活、生产劳动、专业学习和社会实践中逐步积累的文化素质。劳动精神是指广大劳动者为创造美好生活在劳动过程中所秉持的劳动态度、劳动理念以及所体现的精神品质，主要分为崇尚劳动、热爱劳动、辛勤劳动和诚实劳动四个基本维度。劳动精神孕育于中国特色社会主义的伟大实践中（任苗苗，2021），继承了中华民族优秀传统劳动文化，体现了马克思主义劳动观，主要指工匠精神和劳模精神。

一、大学生劳动素质的基本状况

（一）中国大学生劳动素质调查指标

本次调查包括三个核心指标，分别为劳动健康、劳动文化和劳动精神，如表1所示。劳动健康方面主要调查学生是否注重养成良好的作息习惯（如经常锻炼身体）、是否重视劳动安全和职业健康问题。劳动文化方面主要调查学生是否认同培养良好的劳动文化意识（既要注重劳动类课程学习，更要注重反思提升）是否经常

---

① 王永柱，男，讲师，中国劳动关系学院安全工程学院职业卫生工程系，主要从事职业健康安全、劳动教育研究。

参加相关活动、是否经常阅读相关书籍、是否经常参加相关讲座。劳动精神方面主要调查学生是否经常关注劳动模范和大国工匠及其精神、经常观摩与学习劳动模范等先进事迹、经常开展与劳模等劳动者相关的采访或调查活动。调查选项分为非常认同、认同、不确定、不认同和非常不认同五个等级,分别赋分为 5 分、4 分、3 分、2 分、1 分,分值越高,代表着学生对调查问题的表述认同度越高,则劳动素质也越高。

表 1　大学生劳动素质调查指标

维度	核心指标	变量	调查问题
劳动素质	劳动健康	DL	日常生活中,您会经常锻炼身体,注重养成良好的作息习惯吗?
		YA	在开展劳动的过程中,您会非常重视劳动中的安全问题与应急预案吗?
		JL	在开展劳动的过程中,您会非常重视职业健康问题,注重劳动保护吗?
	劳动文化	FS	您认为培养良好的劳动文化意识,既要注重劳动类课程学习,更要注重反思提升吗?
		WJ	您认为经常参加劳动教育基地相关活动,有助于提升劳动文化水平吗?
		KM	您会经常阅读有关劳动知识和劳模人物书籍,观看时代楷模等相关视频吗?
		QY	您积极参加学校组织的有关劳动教育、劳动法律之类前沿学术讲座吗?
	劳动精神	GK	您经常关注“五一”劳动节表彰大会中的劳动模范、大国工匠及其劳模精神、劳动精神、工匠精神吗?
		XY	您经常通过观摩与学习劳动模范、大国工匠、成功校友等先进事迹,深受其劳动精神的鼓舞吗?
		YY	您经常利用课余时间开展劳模、工匠、科学家和普通劳动者采访或调查活动吗?

(二)大学生劳动素质指数分析

1. 大学生劳动素质分项指标指数

从总报告可知,劳动素质指数在大学生劳动素养的分项指数中居于第 3 位,而在劳动素养三个分项指数中,劳动健康指数排名第 1(表 2)。

表 2　大学生劳动素质分项指标指数

劳动素质分项指标	指数	排名
劳动健康	0.7220	1
劳动文化	0.7140	3
劳动精神	0.7143	2

2. 大学生劳动素质指数省域排行

与大学生劳动素养指数估算原理相同，对每一个省份样本进行计算，得出分省大学生劳动素质这一分项指标指数（表 3），其中对分省的大学生劳动素质指数按由高到低排名，排名前 10 位的是：内蒙古、天津、新疆、山东、江苏、浙江、河北、湖北、山西和北京。

表 3 大学生劳动素质指数各省排行榜

排名	省份*	指数	排名	省份	指数
1	内蒙古	0.7849	17	—	0.6990
2	天津	0.7637	18	—	0.7063
3	新疆	0.7596	19	—	0.7331
4	山东	0.7712	20	—	0.7053
5	江苏	0.7107	21	—	0.6976
6	浙江	0.7328	22	—	0.6484
7	河北	0.7249	23	—	0.7040
8	湖北	0.6905	24	—	0.7104
9	山西	0.7558	25	—	0.6799
10	北京	0.7426	26	—	0.6986
11	—	0.7481	27	—	0.6668
12	—	0.7267	28	—	0.6933
13	—	0.7201	29	—	0.7015
14	—	0.7296	30	—	0.6669
15	—	0.7226	31	—	0.6659
16	—	0.7012	—	—	—

* 此次呈现原始计算数据，根据需要只显示前 10 名省份。

（三）大学生劳动素质描述性统计分析

1. 大学生劳动素质的描述性统计

通过问卷中大学生劳动素质的描述性统计，可以直观地了解各省大学生的劳动素质状况。运用 SPSS 软件对大学生劳动素质的三个指标进行描述性统计，结果如表 4、表 5 所示。三个指标的均值最低为 3.85，表示大学生劳动素质水平普遍较高；但均值最高仅为 4.00，表明大学生劳动素质水平还有提升空间。劳动健康均值约为 4.00，其中“注重养成良好的作息习惯”均值为 3.92，低于“重视劳动安全问题"(4.02)和"重视职业健康问题"(4.06)。劳动文化均值也接近4.00,其中"注重养成良好的作息习惯"与"经常参与相关活动"均值较高,"经常阅读相关书籍"和"经常参加相关讲座"均值较低。劳动精神均值约为3.85,与前两个指标相比均值较低,主要表现在"开展与劳模等劳动者相关的采访或调查活动"方面均值较低,说明要提升大学生劳动素质水平,需要关注劳动精神的培养,可以鼓励学生开展劳模、工匠、科学家和普通劳动者采访或调查活动。

表4 大学生劳动素质的总体状况

分项指标	个案数	最小值	最大值	平均值	标准差	方差
劳动健康	65 563	1.00	5.00	4.0010	0.82698	0.684
劳动文化	65 563	1.00	5.00	3.9678	0.82877	0.687
劳动精神	65 563	1.00	5.00	3.8522	0.91514	0.837

表5 大学生劳动素质三个分项指标的描述性分析

变量	个案数	最小值	最大值	平均值	标准差	方差
DL	65 563	1.00	5.00	3.92	0.932	0.869
YA	65 563	1.00	5.00	4.02	0.889	0.790
JL	65 563	1.00	5.00	4.06	0.873	0.763
FS	65 563	1.00	5.00	4.12	0.869	0.756
WJ	65 563	1.00	5.00	4.06	0.898	0.807
KM	65 563	1.00	5.00	3.85	0.969	0.938
QY	65 563	1.00	5.00	3.85	0.976	0.953
GK	65 563	1.00	5.00	3.91	0.961	0.923
XY	65 563	1.00	5.00	3.91	0.951	0.905
YY	65 563	1.00	5.00	3.73	1.047	1.097

2. 基于省份的大学生劳动素质的描述性统计分析

通过对不同省份大学生劳动素质的描述性统计,可以直观地了解各省大学生劳动素质水平。据表6和图1所示,不同省份大学生的劳动素质水平存在差异,每个省份的大学生劳动素质三个指标(劳动健康、劳动文化、劳动精神)的均值具有一致性。我们以劳动健康数据为例进行分析,数据显示,内蒙古、山东、天津、新疆、山西、北京、陕西七个省份大学生劳动健康素质排名靠前,均值均高于4.1,其中内蒙古最高,均值约为4.29;贵州、广东、云南、西藏四个省份劳动健康素质排名靠后,均值均低于3.9,其中贵州最低,均值约为3.65。因此,各省大学生劳动素质水平存在很大差异,西南地区均值较低。

表 6　各省大学生劳动素质指标均值

省份	劳动健康	劳动文化	劳动精神	省份	劳动健康	劳动文化	劳动精神
安徽	3.9488	3.9077	3.7934	辽宁	4.0002	3.9896	3.9103
北京	4.1448	4.0940	3.9845	内蒙古	4.2881	4.2798	4.2336
福建	3.9949	3.9480	3.7604	宁夏	3.9345	3.9076	3.8009
甘肃	4.0331	4.0141	3.9470	青海	3.9372	3.9393	3.8860
广东	3.8118	3.7500	3.6123	山东	4.2454	4.2175	4.1500
广西	4.0915	4.1104	4.0841	山西	4.1835	4.1508	4.0715
贵州	3.6525	3.6338	3.5954	陕西	4.1233	4.0066	3.9695
海南	3.9653	3.8583	3.7208	上海	3.9751	3.9160	3.7281
河北	4.0409	4.0034	3.9253	四川	3.9251	3.8966	3.7921
河南	3.9587	3.9007	3.8545	天津	4.2261	4.1695	4.1188
黑龙江	4.0244	3.9940	3.9189	西藏	3.8342	3.8374	3.6703
湖北	3.9542	3.8671	3.6822	新疆	4.1916	4.1723	4.0907
湖南	3.9249	3.7500	3.5211	云南	3.8424	3.7432	3.6030
吉林	4.0602	4.0385	3.9411	浙江	4.0396	4.0487	3.9798
江苏	3.9520	3.9482	3.8667	重庆	3.9637	3.9353	3.7122
江西	3.9642	3.9318	3.7918	全部	4.0010	3.9678	3.8522

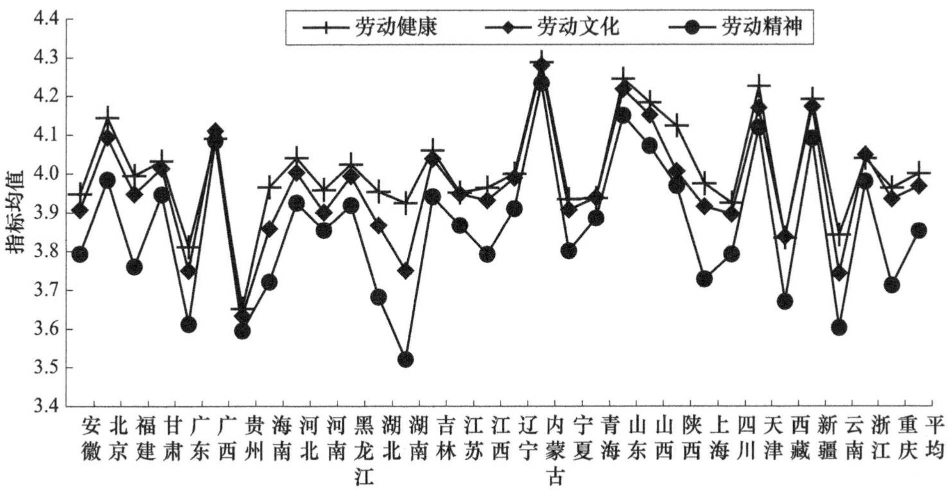

图 1　各省大学生劳动素质指标均值折线图

(四)大学生劳动素质水平对比

1. 基于性别的大学生劳动素质水平

运用独立样本 t 检验方法来了解大学生性别与劳动素质的相关关系,分析结果如表 7 所示。

表 7　高校大学生性别与劳动素质的关系

变量	男性		女性		t	p
	均值	标准差	均值	标准差		
DL	3.98	0.945	3.88	0.919	13.137	0.000
YA	4.02	0.918	4.02	0.865	−0.449	0.654
JL	4.05	0.904	4.07	0.848	−3.324	0.001
FS	4.08	0.905	4.16	0.838	−11.384	0.000
WJ	4.01	0.933	4.09	0.868	−10.784	0.000
KM	3.86	0.996	3.84	0.946	2.541	0.011
QY	3.85	1.002	3.84	0.955	1.264	0.206
GK	3.90	0.998	3.92	0.930	−2.267	0.023
XY	3.90	0.988	3.93	0.921	−3.708	0.000
YY	3.77	1.065	3.70	1.032	8.311	0.000

注:检验水准为 0.05。

有效问卷中,男生与女生的个案数分别为 29 110 和 36 453。除 YA、QY 两个问题外,其他问题的显著性水平都小于 0.05,表示性别对这些细分指标有影响。劳动健康方面,男生更经常锻炼身体,注重养成良好的作息习惯;女生在劳动过程中,会更加重视劳动健康问题,注重劳动保护。劳动文化方面,男生在阅读有关劳动知识和劳模人物书籍、观看时代楷模等相关视频方面略好于女生,但平均分相差不多,女生更加认同"培养良好的劳动文化意识,既要注重劳动类课程学习,更要注重反思提升"及"经常参加劳动教育基地及相关活动,有助于提升劳动文化水平"。劳动精神方面,男生利用课余时间开展劳模、工匠、科学家和普通劳动者采访或调查活动较多一些,而女生在"关注'五一'劳动节表彰大会中的劳动模范、大国工匠及其劳模精神、劳动精神、工匠精神""通过观摩与学习劳动模范、大国工匠、成功校友等先进事迹,深受其劳动精神的鼓舞"这两个问题表现更好。因此,性别对劳动素质的影响,主要体现在:男生更善于实践,比如坚持锻炼身体、参加劳动教育基地及相关活动,开展劳模、工匠等劳动者的采访或调查活动;女生则更善于学习和思考。

2. 基于年级的大学生劳动素质水平

运用描述统计和单因素方差分析方法分析不同年级大学生劳动素质状况，结果如表 8 所示。

表 8 高校大学生所在年级与劳动素质的关系

变量	大一(1)		大二(2)		大三(3)		大四(4)		F	p
	均值	标准差	均值	标准差	均值	标准差	均值	标准差		
DL	3.98	0.932	3.92	0.927	3.90	0.935	3.83	0.934	52.458	0.000
YA	4.10	0.883	4.00	0.886	3.99	0.890	3.94	0.894	78.963	0.000
JL	4.15	0.865	4.04	0.871	4.02	0.875	3.98	0.882	96.778	0.000
FS	4.23	0.852	4.09	0.872	4.08	0.872	4.03	0.874	138.919	0.000
WJ	4.17	0.883	4.03	0.897	4.01	0.902	3.95	0.908	150.653	0.000
KM	3.91	0.973	3.85	0.957	3.82	0.967	3.73	0.988	64.414	0.000
QY	3.93	0.966	3.85	0.965	3.81	0.984	3.70	1.006	99.446	0.000
GK	3.98	0.964	3.91	0.952	3.89	0.960	3.79	0.974	68.427	0.000
XY	4.00	0.948	3.91	0.940	3.88	0.958	3.61	1.061	93.119	0.000
YY	3.76	1.068	3.75	1.027	3.72	1.045	3.83	0.934	39.106	0.000

注：检验水准为 0.05。

有效问卷中，大一 17 973 份，大二 24 399 份，大三 16 430 份，大四 416 份。根据分析结果，这 10 个问题的显著性水平都小于 0.05，说明大学阶段不同年级大学生劳动素质水平存在差异。经比较可知，所调查的与劳动素质有关的 10 个问题平均分值均呈现出大一学生＞大二学生＞大三学生＞大四学生的情况，说明无论是在劳动健康、劳动文化方面，还是在劳动精神方面，大学生的劳动素质水平有逐年递降的趋势。各问题得分方面，DL、KM、QY、GK 和 YY 低于 4.00 分，尤其是 YY 分值最低，可见，大学生在开展劳模、工匠、科学家和普通劳动者采访或调查活动方面比较薄弱。

3. 基于政治面貌的大学生劳动素质水平

运用描述统计和单因素方差分析方法了解政治面貌与劳动素质水平的相关关系，结果如表 9 所示。

表 9 高校大学生政治面貌与劳动素质的关系

变量	群众(1)		团员(2)		党员(3)		其他(4)		F	p
	均值	标准差	均值	标准差	均值	标准差	均值	标准差		
DL	3.92	0.953	3.92	0.924	4.03	0.923	3.90	0.977	12.577	0.000
YA	4.00	0.910	4.02	0.880	4.12	0.891	3.98	0.954	14.093	0.000

续表

变量	群众(1)		团员(2)		党员(3)		其他(4)		F	p
	均值	标准差	均值	标准差	均值	标准差	均值	标准差		
JL	4.04	0.897	4.06	0.863	4.13	0.883	4.00	0.978	9.972	0.000
FS	4.10	0.899	4.13	0.858	4.20	0.858	4.07	0.969	13.611	0.000
WJ	4.04	0.922	4.06	0.889	4.12	0.902	4.03	0.950	7.390	0.000
KM	3.84	0.982	3.84	0.962	3.92	0.987	3.83	1.045	4.858	0.002
QY	3.85	0.990	3.84	0.970	3.92	0.996	3.87	1.025	6.210	0.000
GK	3.90	0.984	3.91	0.952	4.04	0.951	3.92	0.994	17.296	0.000
XY	3.90	0.972	3.91	0.944	4.02	0.944	3.91	0.978	12.962	0.000
YY	3.75	1.048	3.72	1.046	3.84	1.055	3.74	1.094	12.347	0.000

注:检验水准为0.05。

有效问卷中,群众16 248份,共青团员46 216份,党员2 683份,其他416份。根据表9,这10个问题的显著性水平都小于0.05,表明政治面貌对这些细分指标有影响。经比较可知,不同的政治面貌表现出来的劳动素质水平存在差异。从分值上看,所有选项中,党员学生都大于群众、共青团员和其他学生;共青团员学生在部分选项中分值大于群众学生,但差距不明显。因此,政治面貌方面,党员学生的劳动素质更加优秀。单从党员学生的分值来看,KM、QY和YY低于4.00分,尤其是YY分值最低,党员学生在劳动文化、劳动精神方面仍有提升空间。

4. 基于户籍类型的大学生劳动素质水平

运用独立样本t检验方法分析大学生户籍类型与劳动素质的相关关系,结果如表10所示。

表10　高校大学生户籍类型与劳动素质的关系

变量	农村		城镇		t	p
	均值	标准差	均值	标准差		
DL	3.91	0.925	3.95	0.944	−6.326	0.000
YA	4.00	0.883	4.05	0.899	−6.083	0.000
JL	4.05	0.867	4.08	0.885	−5.089	0.000
FS	4.12	0.862	4.13	0.882	−2.245	0.025
WJ	4.06	0.887	4.05	0.919	0.658	0.510
KM	3.83	0.960	3.87	0.983	−4.266	0.000
QY	3.84	0.967	3.87	0.993	−3.677	0.000
GK	3.90	0.955	3.94	0.972	−5.210	0.000

续表

变量	农村		城镇		t	p
	均值	标准差	均值	标准差		
XY	3.90	0.942	3.94	0.968	−4.458	0.000
YY	3.71	1.039	3.77	1.061	−6.142	0.000

注：检验水准为 0.05。

有效问卷中，农村户籍 42 284 份，城镇户籍 23 279 份。根据表 10，除 WJ 问题外，其他问题的显著性水平都小于 0.05，表明大学生户籍类型对这些细分指标有影响。通过均值可以发现，除“阅读有关劳动知识和劳模人物书籍、观看时代楷模等相关视频”外，城镇户籍学生在其他 9 个分项指标上的均值均大于农村户籍学生。

5. 基于是否独生子女的大学生劳动素质水平

运用独立样本 t 检验方法分析大学生是否独生子女与劳动素质的相关关系，结果如表 11 所示。

表 11　高校大学生是否独生子女与劳动素质的关系

变量	独生子女		非独生子女		t	p
	均值	标准差	均值	标准差		
DL	3.97	0.948	3.91	0.925	7.701	0.000
YA	4.05	0.908	4.01	0.881	4.712	0.000
JL	4.08	0.890	4.05	0.867	4.084	0.000
FS	4.12	0.893	4.12	0.860	−0.281	0.779
WJ	4.04	0.928	4.06	0.887	−2.434	0.015
KM	3.88	0.991	3.83	0.959	5.256	0.000
QY	3.88	0.995	3.83	0.969	6.034	0.000
GK	3.94	0.983	3.90	0.952	5.459	0.000
XY	3.94	0.974	3.90	0.942	3.953	0.000
YY	3.79	1.062	3.71	1.041	8.878	0.000

注：检验水准为 0.05。

有效问卷中，独生子女 18 304 份，非独生子女 47 259 份。根据表 11，除 FS 问题外，其他问题的显著性水平都小于 0.05，表示是否独生子女对这些细分指标有影响，有 9 个细分指标的认同度独生子女大学生均优于非独生子女大学生。通过均值比较可以发现，除“认为培养良好的劳动文化意识，既要注重劳动类课程学习，更要注重反思提升”外，独生子女大学生其他 9 个细分指标的均值均大于非独生子女大学生。

6. 基于学校办学性质的大学生劳动素质水平

运用独立样本 t 检验方法分析学校办学性质与大学生劳动素质的相关关系,结果如表 12 所示。

表 12　学校办学性质与劳动素质的关系

变量	公立		民办		t	p
	均值	标准差	均值	标准差		
DL	3.93	0.931	3.87	0.943	4.831	0.000
YA	4.03	0.886	3.94	0.907	7.243	0.000
JL	4.07	0.870	3.97	0.897	8.656	0.000
FS	4.13	0.866	4.01	0.894	10.875	0.000
WJ	4.07	0.895	3.95	0.925	9.295	0.000
KM	3.85	0.967	3.77	0.977	6.572	0.000
QY	3.85	0.976	3.77	0.975	6.216	0.000
GK	3.92	0.960	3.83	0.965	6.580	0.000
XY	3.92	0.951	3.83	0.955	7.062	0.000
YY	3.73	1.050	3.70	1.025	2.211	0.027

注:检验水准为 0.05。

有效问卷中,公立学校 59 297 份,民办学校 6 266 份。根据表 12,这 10 个问题的显著性水平都小于 0.05,表示学校办学性质对这些细分指标有影响。通过表中数据可以看出,公立学校大学生的劳动素质水平 10 项细分指标得分均高于民办学校大学生。

二、大学生劳动素质状况存在的问题

1. 各省份大学生劳动素质水平差异较大

将劳动素质指标中三个方面的 10 个细分指标按同等权重求平均后,得到各省份大学生劳动素质水平排名,如表 13 所示。从统计数据来看,华北地区(北京、天津、山西、河北、内蒙古)和西北地区(陕西、甘肃、青海、宁夏、新疆)表现出色,除青海和宁夏低于平均分外,其他省份均高于平均分。华北地区表现更为突出,内蒙古排名第 1,天津、陕西、北京分别名列第 3、第 5、第 7。西南地区(四川、贵州、云南、重庆、西藏)和华南地区(广东、广西、海南)平均分较低,除广西之外,均低于平均分。其中西南五省份均排名 22 名之后(重庆排名最高为第 23 名)。

表 13　各省份大学生劳动素质平均分排名

省份	平均分	个案数	排名	省份	平均分	个案数	排名
内蒙古	4.2684	789	1	福建	3.9058	1 120	17
山东	4.2056	1 664	2	河南	3.9042	1 065	18
天津	4.1713	174	3	江西	3.8995	27 512	19
新疆	4.1536	4 158	4	安徽	3.8858	7 594	20
山西	4.1368	741	5	宁夏	3.8837	514	21
广西	4.0968	317	6	上海	3.8774	857	22
北京	4.0764	840	7	重庆	3.8769	1 682	23
陕西	4.0304	1 409	8	四川	3.8738	619	24
浙江	4.0253	842	9	海南	3.8492	240	25
吉林	4.0158	1 330	10	湖北	3.8378	429	26
甘肃	3.9997	1 522	11	西藏	3.7863	366	27
河北	3.9912	513	12	湖南	3.7338	71	28
黑龙江	3.9806	4 227	13	云南	3.7309	110	29
辽宁	3.9690	1 787	14	广东	3.7272	595	30
江苏	3.9249	1 410	15	贵州	3.6279	753	31
青海	3.9227	313	16	全部	3.9431	65 563	—

2. 不同群体间大学生劳动素质水平差异较大

通过前面对不同群体因素与大学生劳动素质水平的相关关系分析可知，不同群体间大学生劳动素质水平差异很大。

(1)性别差异。尽管男生(均分 3.9413)和女生(均分 3.9445)在平均分上差异不大，但具体表现不同，男生更善于实践，比如坚持锻炼身体、参加劳动教育基地及相关活动，开展劳模、工匠等劳动者的采访或调查活动；而女生则更善于学习和思考。男生在劳动健康和劳动精神方面表现更好，女生在劳动文化方面表现更好。

(2)年级差异。大学生年级越高，劳动素质水平反而越低，大一、大二、大三和大四学生的平均分分别为 4.0213 分、3.9367 分、3.9115 分和 3.8348 分。调查结果有悖于正常认知，说明经过大学期间教育和学习，大学生劳动素质水平不升反降，这个问题值得我们反思和警惕。

(3)政治面貌差异。党员学生的劳动素质水平最好，共青团员比群众学生略好，但差别不大(群众、共青团员、党员和其他均分分别为 3.9322 分、3.9418 分、4.0341 分和 3.9248 分)。可见党员大学生的思想觉悟、学习成绩、社会活动能力、劳动能力都是整个大学生群体中的突出者，在同学中起到表率和示范作用，他们的优异在劳动素质水平上也是如此。

(4)户籍类型差异。城镇户籍的大学生在劳动健康、劳动文化、劳动精神三个方面表现均优于农村户籍大学生(农村户籍和城镇户籍学生均值分别为3.9313分和3.9645分)。通常认为农村户籍的学生,在中小学时拥有着更多的劳动机会,具备更好地开展劳动教育的条件,劳动素质水平应该更高。而调查的结果却并非如此。对此,庞贞艾(2021)通过调查,从社会环境、学校教育、家庭教育和学生自身四个角度分析了原因。

此外,学生是否为独生子女和学校的办学性质对大学生劳动素质水平也有影响,独生子女学生好于非独生子女学生,公立学校学生好于民办学校学生。

3. 大学生劳动素质水平仍有提升空间

将劳动素质指标中三个方面的10个细分指标按同等权重求平均后,得到大学生劳动素质水平得分为3.9431分(5分为满分),百分制后接近79分,说明大学生劳动素质水平仍有上升空间。从表4、表5可以看出,劳动健康、劳动文化、劳动精神三个指标中,劳动精神的均值最低为3.85,主要原因是第10项问题“经常利用课余时间开展劳模、工匠、科学家和普通劳动者采访或调查活动”得分较低。另外,“经常阅读有关劳动知识和劳模人物书籍,观看时代楷模等相关视频”及“积极参加学校组织的有关劳动教育、劳动法律之类前沿学术讲座”两项得分也较低。

三、提升大学生劳动素质水平的基本对策

1. 注重区域劳动教育的交流与合作

党的二十大报告明确提出“加快义务教育优质均衡发展和城乡一体化,优化区域教育资源配置”。调查发现,城镇户籍大学生在劳动健康、劳动文化、劳动精神三个指标方面表现均优于农村户籍大学生,反映城乡劳动教育存在资源配置不均衡、教育水平不平衡问题。可以探索城市学校与乡村学校结成劳动教育共同体,通过以强带弱、共同发展的模式,推进城乡学校劳动教育资源共享,促进城乡学校的均衡发展,实现区域劳动教育高质量发展(杨敏佳,2023)。一是组建教研共同体。在市或县的范围内构建一个课题集群,以集群化引领劳动教育的整体发展(夏劲云等,2022)。集政府、学校、实践基地、企业等多方力量,集中优势解决区域劳动资源不均衡、区域师资队伍不健全、劳动教育单打独斗等难题。二是搭建交流平台,交流互动。可以借助网络平台建立劳动教育线上交流群,打破城乡校园、学科教研组界限,各校定期交流劳动教育开展的情况,针对遇到的困难和疑惑,由专家或有经验的教师提供多种解决问题的方案,实现高效的资源共享、优势互补。

2. 将生命安全与健康教育融入劳动教育

2021年10月26日,教育部印发《生命安全与健康教育进中小学课程教材指南》,力求做到生命安全与健康教育进教材、进课堂、进学生头脑,有效增强学生“生

命至上、健康第一”意识、提高心理社会能力、养成健康行为，为学生健康成长、终身发展和全民健康素养的提升奠定坚实基础。劳动安全与健康是劳动教育的重要内容之一，要将劳动安全与健康内容编入各阶段劳动教育教材，在劳动教育实践活动中同时进行安全与健康教育，能有效提升劳动健康素质水平。

3. 着重劳动文化的建设和劳动精神的培养

2020 年 11 月 24 日，习近平总书记在全国劳动模范和先进工作者表彰大会上的讲话中指出，在长期实践中，我们培育形成了爱岗敬业、争创一流、艰苦奋斗、勇于创新、淡泊名利、甘于奉献的劳模精神，崇尚劳动、热爱劳动、辛勤劳动、诚实劳动的劳动精神，执着专注、精益求精、一丝不苟、追求卓越的工匠精神。一是要大力开展劳动文化建设。学校是建立和传承劳动文化的重要阵地，高校要走在学习、宣传、传承劳动文化的前列，结合植树节、学雷锋纪念日、“五一”劳动节、农民丰收节、志愿者日等，开展丰富多彩的劳动主题教育，培育崇尚劳动的校风、教风和学风；推进“劳动模范、大国工匠进校园”等活动，发挥劳动模范、大国工匠在新时代高校劳动教育中的独特作用。二是要注重劳动精神的培养。高校通过广泛开展劳动教育实践活动，弘扬劳动精神、培养劳动情怀，要积极协调新闻媒体大力传播劳动光荣、创造伟大的思想，大力宣传劳动教育先进学校和先进个人，让“劳动最光荣、劳动最崇高、劳动最伟大、劳动最美丽”的“四最”劳动价值观深入人心。

参考文献

庞贞艾，2021. 城市与农村小学高段学生劳动素养比较研究[D]. 重庆：重庆师范大学.

任苗苗，2021. 新时代大学生劳动精神培育路径研究[D]. 西安：西安理工大学.

夏劲云，马亮，2022. 城乡一体化视角下中小学劳动教育模式探索[J]. 安徽教育科研(17)：6-9.

杨敏佳，2023. 区域教共体下小学劳动教育的路径创生[J]. 教学与管理(20)：24-26.

高校大学生劳动认知状况调查

胡广霞[①]

摘要:大学生的劳动认知主要体现在劳动参与过程中劳动权益、劳动习惯、劳动风险的意识和行为。调查显示,劳动认知指数在全国大学生劳动素养指标里排第5位。大学生的性别、年级、政治面貌、户籍类型、是否独生子女、学校办学性质和办学层次等显著影响着大学生的劳动认知水平。针对高校大学生存在着劳动认知较薄弱、地区劳动认知不平衡、不同群体间劳动认知差异大的问题,给出了治理策略和建议。

关键词:劳动认知指数　劳动风险　区域特征　治理策略

劳动认知是指劳动者在劳动过程中对劳动权益、劳动习惯、劳动风险的意识和行为以及对劳动本质的认识(黄加敏,2021),主要指向劳动权益、劳动习惯、劳动风险的意识和行为。本报告主要通过对全国样本高校大学生的劳动认知状况进行调查,统计分析影响大学生劳动认知的相关因素,梳理大学生劳动认知存在的问题,给出提升大学生劳动认知的对策与建议。

一、大学生劳动认知的基本状况

(一)大学生劳动认知调查指标

本次调查包括三个核心指标,分别为劳动习惯、劳动权益和劳动风险,如表1所示。劳动习惯主要调查日常生活中的劳动习惯养成、是否主动参与劳动活动、是否会观察劳动现场安全注意事项;劳动权益主要调查学习与劳动相关的规章制度或法律的主动性、对从事本专业及相关工作中涉及的各项劳动权益的了解程度、遇到相关劳动权益损害的问题是否知道解决程序、是否主动帮助遇到劳动权益问题的人;劳动风险主要调查对校园安全隐患和风险防控措施的关注程度、遇到突发事件时的逃生与应急避险能力、对劳动过程中紧急情况的应急知识与技能的掌握程

① 胡广霞,女,硕士,中国劳动关系学院安全工程学院劳动安全系教师,主要从事安全工程、劳动教育研究。

度。调查选项分为非常认同(5 分)、认同(4 分)、不确定(3 分)、不认同(2 分)和非常不认同(1 分)五个等级。

表 1 高校大学生劳动认知调查指标

<table>
<tr><th>维度</th><th>核心指标</th><th>变量</th><th>调查问题</th></tr>
<tr><td rowspan="10">劳动认知</td><td rowspan="3">劳动习惯</td><td>TD</td><td>在日常生活劳动中，您十分注重劳动习惯养成，一般不会花钱购买服务代替自己的劳动吗?</td></tr>
<tr><td>ZB</td><td>您不赞成参与劳动活动时只听从安排，按长辈、老师或组织者要求去做，但不会主动参与劳动活动吗?</td></tr>
<tr><td>AQ</td><td>您参加劳动时首先观察劳动现场安全注意事项，然后才会开始劳动吗?</td></tr>
<tr><td rowspan="4">劳动权益</td><td>XH</td><td>您会主动学习与劳动相关的规章制度或法律，自觉增强法律维权意识吗?</td></tr>
<tr><td>LR</td><td>您对从事本专业及相关工作中涉及的各项劳动权益保护非常了解吗?</td></tr>
<tr><td>SJ</td><td>如果您在劳动实践中出现了相关劳动权益损害的问题，您知道解决程序吗?</td></tr>
<tr><td>BF</td><td>您在同学或其他人遇到劳动权益保障问题时，主动帮扶解决吗?</td></tr>
<tr><td rowspan="3">劳动风险</td><td>FK</td><td>在校园生活劳动过程中，您十分关注校园安全隐患和风险防控措施吗?</td></tr>
<tr><td>BC</td><td>在校内外劳动实践中，当劳动场所发生突发事件时，沉着冷静，注重逃生与应急避险方法吗?</td></tr>
<tr><td>JS</td><td>在接受劳动教育学习中，您已经掌握了劳动过程中紧急情况的应急知识与技能吗?</td></tr>
</table>

(二)大学生劳动认知指数分析

1. 大学生劳动认知分项指标指数

从总报告可知，劳动认知指数在大学生劳动素养的分项指数中居于第 5 位，而在劳动认知三个分项指数中，劳动风险排名第 1(表 2)。

表 2 大学生劳动认知分项指标指数

劳动认知分项指标	指数	排名
劳动习惯	0.6728	3
劳动权益	0.6976	2
劳动风险	0.7364	1

2. 大学生劳动认知指数省域排行

与大学生劳动素养指数估算原理相同，对每一个省份样本进行计算，得出分省大学生劳动认知这一分项指标指数(表 3)，对分省大学生劳动认知指数按从高到低排名，排名前 10 位的是:内蒙古、山东、新疆、浙江、天津、北京、广西、山西、黑龙江和河北。

表 3　大学生劳动认知分项指标指数省域排名

省份*	劳动认知指数	省份	劳动认知指数
内蒙古	0.5654	—	0.5383
山东	0.5581	—	0.5364
新疆	0.5554	—	0.5347
浙江	0.5542	—	0.5319
天津	0.5535	—	0.5293
北京	0.5524	—	0.5286
广西	0.5476	—	0.5284
山西	0.5474	—	0.5272
黑龙江	0.5473	—	0.5264
河北	0.5468	—	0.5249
—	0.5454	—	0.5248
—	0.5440	—	0.5239
—	0.5429	—	0.5198
—	0.5421	—	0.5148
—	0.5407	—	0.5080
—	0.5401	—	—

* 此次呈现原始计算数据,根据需要只显示前 10 名省份。

(三)大学生劳动认知描述统计分析

1. 大学生劳动认知的描述性统计

运用 SPSS 24.0 软件对大学生劳动认知的三个分项指标进行描述性统计,结果如表 4 和表 5 所示。大学生对劳动认知不同方面的认同程度存在差异。指标均值越高表示越认同,三个指标的均值都超过 3.0 接近 4.0,表明大学生对劳动认知的三个指标的认同程度较高。其中大学生对劳动风险的认同程度最高,劳动权益次之,劳动习惯认同程度最低。劳动习惯指标中不花钱购买服务代替自己的劳动的认同程度最高,观察劳动现场安全注意事项次之,主动参与劳动活动的习惯认同程度最低,说明需要加强对大学生劳动习惯的培养。劳动权益指标中主动学习与劳动相关的规章制度或法律的认同程度最高,主动帮扶解决他人遇到的劳动权益保障问题、了解本专业及相关工作中涉及的各项劳动权益次之,了解相关劳动权益损害问题的解决程序认同程度最低,说明需要加强对大学生法律意识与维权能力的培养。劳动风险维度中关注校园安全隐患和风险防控措施的认同程度最高,具备应对劳动场所发生突发事件的能力次之，掌握劳动过程中紧急情况的应急知识与技能的认同程度最低，说明需要加强对大学生应急能力的培养。

表 4 大学生劳动认知的总体状况

劳动认知分项指标	平均分		排序与认同等级	
	均值	标准差	排序	认同等级（根据均值评价）
劳动习惯	3.83	1.011	3	认同
劳动权益	3.85	0.967	2	认同
劳动风险	3.94	0.917	1	认同

表 5 大学生劳动认知三个分项指标的描述性分析

变量	个案数	最小值	最大值	平均值	标准差	方差
TD	65 563	5.00	1.00	4.01	0.922	0.851
ZB	65 563	5.00	1.00	3.53	1.115	1.243
AQ	65 563	5.00	1.00	3.95	0.914	0.836
XH	65 563	5.00	1.00	4.00	0.920	0.847
LR	65 563	5.00	1.00	3.77	0.986	0.973
SJ	65 563	5.00	1.00	3.74	1.005	1.010
BF	65 563	5.00	1.00	3.90	0.929	0.864
FK	65 563	5.00	1.00	3.99	0.909	0.827
BC	65 563	5.00	1.00	3.98	0.904	0.818
JS	65 563	5.00	1.00	3.86	0.931	0.867

2. 各省份大学生劳动认知的描述性统计分析

通过对不同省份大学生劳动认知的描述性统计，可以直观地了解每个省份大学生劳动认知状况。如表 6 和图 1 所示，不同省份大学生的劳动认知存在差异，指标均值越高表示认知水平越高。数据显示，内蒙古、山东、天津、北京、新疆五个省份劳动习惯的认同程度排在前列，西藏、云南、广东、湖南、贵州五个省份劳动习惯的认同程度排名靠后。内蒙古、山东、新疆、天津、北京五个省份劳动权益的认同程度排在前列，西藏、广东、湖南、贵州、云南五个省份劳动权益的认同程度排名靠后。内蒙古、山东、天津、山西、新疆五个省份劳动风险的认同程度排在前列，广东、西藏、湖南、云南、贵州五个省份劳动风险的认同程度排名靠后。综合劳动习惯、劳动权益、劳动风险三个指标来看，内蒙古、山东、天津三个省份认同程度最高，湖南、云南、贵州三个省份认同程度最低。

表 6　各省份大学生劳动认知指标均值

省份	劳动习惯	劳动权益	劳动风险	省份	劳动习惯	劳动权益	劳动风险
北京	4.00	4.06	4.13	湖北	3.80	3.73	3.89
天津	4.02	4.09	4.16	湖南	3.62	3.65	3.76
河北	3.92	3.94	4.00	广东	3.64	3.68	3.79
山西	3.94	4.05	4.14	广西	3.93	4.00	4.08
内蒙古	4.17	4.24	4.28	海南	3.73	3.72	3.83
辽宁	3.87	3.91	3.98	重庆	3.73	3.70	3.87
吉林	3.86	3.94	4.03	四川	3.73	3.73	3.84
黑龙江	3.91	3.95	3.99	贵州	3.58	3.60	3.61
上海	3.80	3.82	3.95	云南	3.65	3.53	3.70
江苏	3.80	3.88	3.93	西藏	3.70	3.68	3.78
浙江	3.91	4.02	4.03	陕西	3.86	3.92	4.07
安徽	3.77	3.79	3.89	甘肃	3.90	3.92	3.98
福建	3.84	3.80	3.95	青海	3.84	3.87	3.93
江西	3.79	3.78	3.89	宁夏	3.79	3.76	3.85
山东	4.09	4.15	4.22	新疆	3.95	4.10	4.14
河南	3.84	3.83	3.90	—	—	—	—

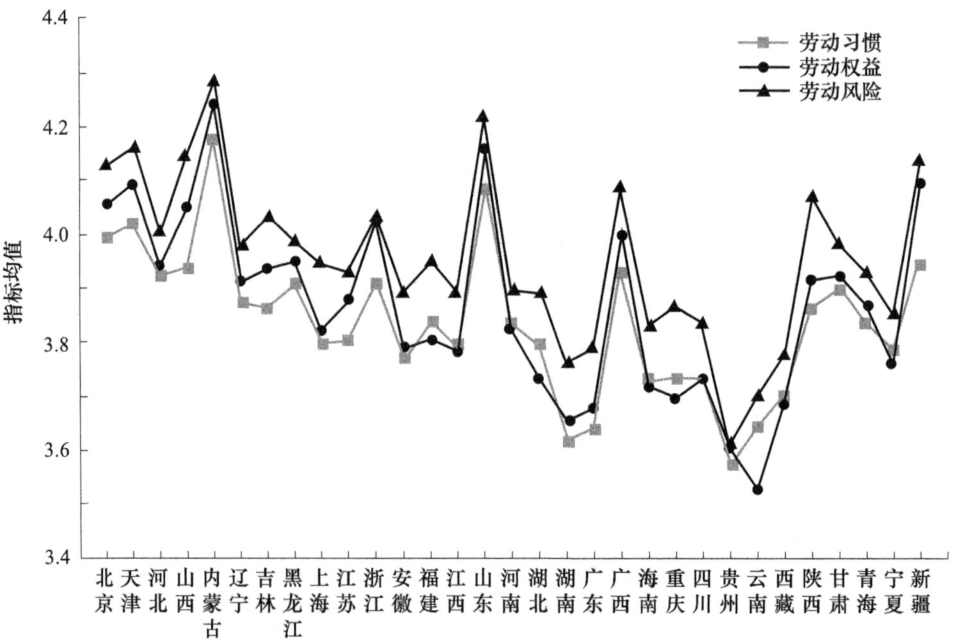

图 1　各省份大学生劳动认知指标均值

(四)大学生劳动认知状况对比

1. 基于性别的大学生劳动认知状况

在大学生劳动认知状况评价的过程中,不同性别对劳动认知的评价存在比较明显的差异,这与性别差异密切相关,因为性别不同,人们对劳动认知不同,主观评价也存在差异。运用独立样本 t 检验方法了解不同性别劳动认知状况的差异,结果如表 7 所示。

表 7 大学生性别与劳动认知状况的关系

变量	男性		女性		t	p
	均值	标准差	均值	标准差		
TD	4.01	0.943	4.01	0.906	−0.451	0.652
ZB	3.65	1.094	3.43	1.121	25.868	0.000
AQ	3.96	0.934	3.93	0.898	3.873	0.000
XH	3.99	0.947	4.01	0.898	−2.599	0.009
LR	3.83	0.998	3.72	0.974	14.173	0.000
SJ	3.81	1.013	3.69	0.995	14.991	0.000
BF	3.91	0.953	3.88	0.910	4.796	0.000
FK	3.99	0.938	4.00	0.885	−1.224	0.221
BC	3.99	0.924	3.98	0.888	1.931	0.053
JS	3.89	0.953	3.83	0.912	7.989	0.000

注:检验水准为 0.05。

根据表 7,除 TD、FK、BC 三个问题外,不同性别其他问题的差异显著性水平都小于 0.05,表示性别对这些细分指标有影响。不花钱购买服务代替自己的劳动、关注校园安全隐患和风险防控措施、具备应对劳动场所发生突发事件的能力这三个分项指标不受性别因素影响。主动参与劳动活动的习惯、观察劳动现场安全注意事项、主动学习与劳动相关的规章制度或法律、了解本专业及相关工作中涉及的各项劳动权益、了解相关劳动权益损害问题的解决程序、主动帮扶解决他人遇到的劳动权益保障问题、掌握了劳动过程中紧急情况的应急知识与技能这七个变量检验的 t 统计量均达到显著水平,表示不同性别的大学生在这七个细分指标上存在显著差异。因此,男生在主动参与劳动活动的习惯、观察劳动现场安全注意事项、了解本专业及相关工作中涉及的各项劳动权益、了解相关劳动权益损害问题的解决程序、主动帮扶解决他人遇到的劳动权益保障问题、掌握劳动过程中紧急情况的应急知识与技能这六个细分指标上的认同度均优于女生。女生在主动学习与劳动相关的规章制度或法律这个指标上的认同均优于男生。女生自身的性别特质表现得比较明显,比较善于学习。

2. 基于年级的大学生劳动认知状况

在大学生劳动认知状况评价的过程中,大学生所在年级对劳动认知的评价存在比较明显的差异,这与学校对劳动教育的重视程度和教学质量密切相关,学生对劳动认知不同,主观评价也存在差异。运用描述统计和单因素方差分析方法了解不同年级劳动认知状况的差异,结果如表 8 所示。

表 8　高校大学生所在年级与劳动认知状况的关系

变量	大一(1)		大二(2)		大三(3)		大四(4)		F	p
	均值	标准差	均值	标准差	均值	标准差	均值	标准差		
TD	4.09	0.924	4.01	0.915	3.98	0.927	3.92	0.919	72.668	0.000
ZB	3.45	1.173	3.58	1.096	3.56	1.095	3.50	1.055	51.085	0.000
AQ	4.01	0.925	3.94	0.907	3.92	0.913	3.87	0.906	48.621	0.000
XH	4.09	0.919	3.99	0.916	3.96	0.920	3.90	0.920	95.232	0.000
LR	3.77	1.015	3.79	0.971	3.77	0.977	3.68	0.983	20.244	0.000
SJ	3.74	1.038	3.76	0.988	3.74	0.992	3.67	1.002	15.601	0.000
BF	3.96	0.928	3.90	0.922	3.87	0.933	3.78	0.939	63.454	0.000
FK	4.07	0.910	3.97	0.910	3.97	0.902	3.90	0.908	71.701	0.000
BC	4.07	0.905	3.97	0.899	3.95	0.903	3.88	0.905	88.735	0.000
JS	3.88	0.952	3.87	0.920	3.86	0.922	3.76	0.933	30.624	0.000

注:检验水准为 0.05。

根据表 8,这 10 个问题的显著性水平 $p<0.05$,表明不同年级对这些细分指标有影响。不花钱购买服务代替自己的劳动、主动参与劳动活动的习惯、观察劳动现场安全注意事项、主动学习与劳动相关的规章制度或法律、了解本专业及相关工作中涉及的各项劳动权益、了解相关劳动权益损害问题的解决程序、主动帮扶解决他人遇到的劳动权益保障问题、关注校园安全隐患和风险防控措施、具备应对劳动场所发生突发事件的能力、掌握劳动过程中紧急情况的应急知识与技能这 10 个变量的 t 统计量均达到显著水平,表示不同年级大学生在这 10 个细分指标上存在显著不同。因此,根据细分指标均值,在不花钱购买服务代替自己的劳动这个细分指标上,认同顺序是大一学生＞大二学生＞大三学生＞大四学生;在主动参与劳动活动的习惯这个细分指标上,认同顺序是大二学生＞大三学生＞大四学生＞大一学生;在观察劳动现场安全注意事项、主动学习与劳动相关的规章制度或法律、主动帮扶解决他人遇到的劳动权益保障问题、关注校园安全隐患和风险防控措施、具备应对劳动场所发生突发事件的能力这 5 个细分指标上,认同顺序是大一学生＞大二学生＝大三学生＞大四学生;在了解本专业及相关工作中涉及的各项劳动权益、了解

相关劳动权益损害问题的解决程序这2个细分指标上，大一学生、大二学生、大三学生不存在差异但认同度都高于大四学生；在掌握劳动过程中紧急情况的应急知识与技能这个细分指标上，大一学生、大二学生、大三学生认同度都高于大四学生。

3. 基于不同政治面貌的大学生劳动认知状况

在大学生劳动认知状况评价的过程中，大学生不同政治面貌对劳动认知的评价存在比较明显的差异，这与大学生政治素养密切相关，因为政治素养不同，人们对劳动认知不同，主观评价也具有差异。政治面貌差异运用描述统计和单因素方差分析方法了解不同政治面貌大学生劳动认知状况的差异，结果如表9所示。

表9　高校大学生政治面貌与劳动认知状况的关系

变量	群众(1)		共青团员(2)		党员(3)		其他(4)		F	p
	均值	标准差	均值	标准差	均值	标准差	均值	标准差		
TD	4.00	0.946	4.01	0.913	4.07	0.924	3.99	0.988	4.088	0.007
ZB	3.58	1.104	3.51	1.114	3.49	1.170	3.55	1.156	14.162	0.000
AQ	3.94	0.930	3.94	0.908	4.03	0.919	3.95	0.977	7.151	0.000
XH	4.00	0.940	4.00	0.912	4.07	0.940	3.97	0.964	4.804	0.002
LR	3.78	0.993	3.76	0.983	3.82	1.002	3.76	1.056	5.212	0.001
SJ	3.76	1.011	3.73	1.001	3.80	1.019	3.77	1.041	6.535	0.000
BF	3.90	0.943	3.89	0.922	3.95	0.954	3.87	1.007	3.858	0.009
FK	3.98	0.933	3.99	0.899	4.07	0.913	3.93	1.002	7.832	0.000
BC	3.97	0.927	3.98	0.895	4.05	0.912	3.95	0.972	5.538	0.001
JS	3.86	0.949	3.85	0.923	3.93	0.959	3.87	0.977	6.452	0.000

注：检验水准为0.05。

根据表9，这10个问题的显著性水平$p<0.05$，表示政治面貌对这些分项指标有影响。这10个变量的t统计量均达到显著水平，表示不同政治面貌的大学生在这10个细分指标上存在显著差异。根据细分指标均值，总体上党员学生在这10个细分指标中表现最好。

4. 基于办学层次的大学生劳动认知状况

在大学生劳动认知状况的评价过程中，高校办学层次对劳动认知的评价具有比较明显的影响，这与学生的学校和家庭劳动教育环境密切相关。因为学校的办学理念和条件、家庭物质条件、家庭结构、家长的教育观念和教养方式等都会直接影响孩子的劳动认知，因此主观评价也存在差异。运用独立样本t检验方法了解不同办学层次高校大学生劳动认知状况的差异，结果如表10所示。

表 10　高校办学层次与劳动认知状况的关系

变量	双一流类高校		非双一流类高校		t	p
	均值	标准差	均值	标准差		
TD	3.97	0.933	4.02	0.920	−5.024	0.000
ZB	3.49	1.097	3.54	1.118	−3.575	0.000
AQ	3.92	0.915	3.95	0.914	−3.554	0.000
XH	3.97	0.930	4.01	0.918	−4.405	0.000
LR	3.71	1.000	3.78	0.983	−6.915	0.000
SJ	3.68	1.021	3.75	1.001	−6.520	0.000
BF	3.84	0.944	3.91	0.926	−6.326	0.000
FK	3.96	0.914	4.00	0.908	−4.125	0.000
BC	3.96	0.896	3.99	0.906	−3.210	0.001
JS	3.80	0.939	3.87	0.929	−6.381	0.000

注:检验水准为 0.05。

根据表 10,这 10 个问题的显著性水平 $p<0.05$,表示学校办学层次对这些细分指标有影响。这 10 个变量 t 统计量均达到显著水平,表示不同办学层次高校的大学生在这 10 个细分指标存在显著不同。根据细分指标均值,非双一流类高校大学生在 10 个细分指标上的认同度均优于双一流类高校大学生。

5. 基于户籍类型的大学生劳动认知状况

在大学生劳动认知状况评价的过程中,不同户籍类型大学生对劳动认知的评价存在比较明显的差异,这与生活环境密切相关,因为生活环境不同,人们对劳动认知不同,主观评价也存在差异。运用独立样本 t 检验了解不同户籍类型大学生劳动认知状况的差异,结果如表 11 所示。

表 11　高校大学生户籍类型与劳动认知状况的关系

变量	农村		城镇		t	p
	均值	标准差	均值	标准差		
TD	4.02	0.911	4.00	0.943	1.903	0.057
ZB	3.50	1.115	3.58	1.112	−8.972	0.000
AQ	3.93	0.910	3.98	0.921	−6.994	0.000
XH	3.99	0.917	4.03	0.926	−6.256	0.000
LR	3.74	0.983	3.82	0.990	−9.978	0.000
SJ	3.71	1.003	3.80	1.007	−10.351	0.000
BF	3.88	0.922	3.93	0.941	−7.441	0.000
FK	3.97	0.905	4.03	0.915	−8.343	0.000
BC	3.96	0.900	4.02	0.910	−7.986	0.000
JS	3.83	0.926	3.90	0.938	−8.861	0.000

注:检验水准为 0.05。

根据表 11,除 TD 问题外,其他问题的显著性水平都小于 0.05,表示户籍类型对这些分项指标有影响。主动参与劳动活动的习惯、观察劳动现场安全注意事项、主动学习与劳动相关的规章制度或法律、了解本专业及相关工作中涉及的各项劳动权益、了解相关劳动权益损害问题的解决程序、主动帮扶解决他人遇到的劳动权益保障问题、关注校园安全隐患和风险防控措施、具备应对劳动场所发生突发事件的能力、掌握劳动过程中紧急情况的应急知识与技能这 9 个变量的 t 统计量均达到显著水平,表明不同户籍类型大学生在这 9 个细分指标上存在显著的不同。因此,根据细分指标均值,城镇户籍大学生在除不花钱购买服务代替自己的劳动这个指标外的其余 9 个细分指标上,认同度均优于农村户籍。

6. 基于是否独生子女大学生劳动认知状况

在大学生劳动认知状况评价的过程中,是否为独生子女对劳动认知的评价存在比较明显的差异,这与生活条件密切相关,因为生活条件不同,人们对劳动的认知不同,主观评价也存在差异。运用独立样本 t 检验方法了解独生子女与非独生子女大学生劳动认知状况的差异,结果如表 12 所示。

表 12 高校大学生是否为独生子女与劳动认知状况的关系

变量	独生子女		非独生子女		t	p
	均值	标准差	均值	标准差		
TD	4.01	0.946	4.01	0.913	−0.268	0.789
ZB	3.63	1.104	3.49	1.116	14.576	0.000
AQ	3.99	0.929	3.93	0.908	7.723	0.000
XH	4.03	0.941	3.99	0.912	4.721	0.000
LR	3.84	0.994	3.74	0.982	12.255	0.000
SJ	3.83	1.007	3.71	1.002	13.796	0.000
BF	3.95	0.945	3.88	0.923	8.956	0.000
FK	4.04	0.922	3.98	0.904	7.826	0.000
BC	4.02	0.915	3.97	0.900	6.051	0.000
JS	3.92	0.941	3.83	0.926	10.911	0.000

注:检验水准为 0.05。

根据表 12,除 TD 问题外,其他问题的显著性水平 $p<0.05$,表明是否为独生子女对这些细分指标有影响。主动参与劳动活动的习惯、观察劳动现场安全注意事项、主动学习与劳动相关的规章制度或法律、了解本专业及相关工作中涉及的各项劳动权益、了解相关劳动权益损害问题的解决程序、主动帮扶解决他人遇到的劳动权益保障问题、关注校园安全隐患和风险防控措施、具备应对劳动场所发生突发事件的能力、掌握劳动过程中紧急情况的应急知识与技能这 9 个变量的 t 统计量

均达到显著水平,表明独生子女与非独生子女大学生在这 9 个细分指标上存在显著的不同。因此,根据细分指标均值,独生子女大学生在除不花钱购买服务代替自己的劳动这个指标外的其余 9 个细分指标上,认同度均优于非独生子女大学生。

7. 基于办学性质的大学生劳动认知状况

在大学生劳动认知状况评价的过程中,学校办学性质对劳动认知的评价存在比较明显的差异,这与学校办学条件和办学理念密切相关,因为学校办学条件和办学理念不同,人们对劳动认知不同,主观评价也存在差异。运用独立样本 t 检验方法了解不同办学性质高校大学生劳动认知状况的差异,结果如表 13 所示。

表 13 学校办学性质与大学生劳动认知状况的关系

变量	公立		民办		t	p
	均值	标准差	均值	标准差		
TD	4.02	0.921	3.94	0.932	6.668	0.000
ZB	3.53	1.116	3.49	1.099	2.643	0.008
AQ	3.96	0.911	3.84	0.938	9.079	0.000
XH	4.01	0.916	3.90	0.952	8.659	0.000
LR	3.77	0.987	3.72	0.985	3.898	0.000
SJ	3.75	1.006	3.70	0.995	3.705	0.000
BF	3.90	0.929	3.83	0.934	5.871	0.000
FK	4.00	0.908	3.93	0.921	6.040	0.000
BC	3.99	0.903	3.92	0.916	6.154	0.000
JS	3.86	0.930	3.79	0.941	5.707	0.000

注:检验水准为 0.05。

根据表 13,这 10 个问题的显著性水平 $p<0.05$,表明学校办学性质对这些分项指标有影响。这 10 个变量的 t 统计量均达到显著水平,表示不同办学性质高校的大学生在这 10 个细分指标上存在显著差异。因此,根据细分指标均值,公立学校大学生在 10 个细分指标上的认同度均优于民办学校大学生。

二、大学生劳动认知存在的问题

(一)大学生劳动认知水平不高

1. 劳动习惯缺乏养成

《意见》和《纲要》从劳动教育的目标、内容、评价、规划和实施等方面,对推进新时代劳动教育提出了全面的指导和更高的要求。《意见》强调:“具备满足生存发展需要的基本劳动能力，形成良好劳动习惯。”劳动习惯，是在后天培养、训练、教育以及环境等多因素共同作用下形成的意识和行为方式。劳动教育不仅需要培养学生认识劳动的价值、参与劳动的体验，更要注重劳动习惯的养成，使其能够自觉自主地参加劳动。调查发现，部分大学生尚未形成积极主动参加劳动的良好习惯，而且受“佛系”“宅”等社会文化的影响，主动劳动意识不强。

2. 法律与维权意识薄弱

大学生把大部分时间用在了专业课的学习上，不注重法律课程内容的学习造成法律知识匮乏以及高校法律课程开设不足、法律维权实践少等原因使大学生的法律意识比较薄弱。部分大学生在遇到权利受侵害的情况时，没有积极地使用法律手段来处理遇到的困难，有时会不知所措，不知道应该采取哪些措施、怎样向相关部门求助，有的大学生尽管知道该怎么求助于相关部门，但对很多部门不了解、不信任，认为找他们也是徒劳的，并不能维护他们的合法权利。这就使得部分大学生在自身权益受到损害时多数选择不了了之，失去了自己本来可以享受的权利，以至于被侵权现象时有发生。

3. 大学生应急能力欠缺

调查发现，当前大学生应急管理素养依然不高，缺乏主动学习应急管理知识的意愿和能力，公共危机意识薄弱，侥幸心理较为严重，应急技能严重匮乏。劳动教育中应加强对大学生的劳动安全教育，防止劳动过程中发生事故。

（二）大学生劳动认知省域分布不均衡

根据表3各省份大学生劳动认知分项指标指数，可以统计得出各地区的大学生劳动认知指数，如表14所示。根据表14可知，在大学生劳动认知上，体现了较为明显的地区间差异，从高到低依次为华北、东北、西北、华东、华南、华中、西南。其中华北地区的内蒙古劳动认知排名第1。

表14　地区大学生劳动认知指数统计和排名

排名	地区	劳动认知指数均值
1	华北	0.5531
2	东北	0.5445
3	西北	0.5422
4	华东	0.5398
5	华南	0.5330
6	华中	0.5273
7	西南	0.5222

(三)大学生群体间劳动认知差异大

从性别对比来看,大学生劳动认知的差异主要表现在女生只有在主动学习与劳动相关的规章制度或法律这个指标上的表现优于男生,总体上男生在劳动习惯、劳动权益、劳动风险三个指标方面表现都要比女生好。

从不同年级对比来看,大学生劳动认知的差异主要表现在大一学生在劳动习惯、劳动权益、劳动风险三个指标方面总体上表现优于其他年级的大学生,这也说明高校急需加强大学生劳动教育,培养学生全面发展。

从不同政治面貌对比来看,大学生劳动认知的差异主要表现在党员大学生在劳动习惯、劳动权益、劳动风险三个指标方面表现均优于非党员大学生。因为党员大学生的思想觉悟、学习成绩、社会活动能力、劳动能力方面表现突出,在同学中起到表率和示范作用。

从办学层次对比来看,大学生劳动认知的差异主要表现在非双一流类高校大学生在劳动习惯、劳动权益、劳动风险三个指标方面表现均优于双一流类高校大学生。学生的劳动认知受社会、家庭、学校等各方面因素的影响,初、高中阶段在传统教育观念和升学竞争的现实压力下,学习成绩好的学生为了能考上重点大学,非常勤奋,几乎把所有的精力和时间都用在学习上,学校、多数家庭也只注重学生的学习成绩,忽视了学生劳动教育和劳动习惯的养成。

从不同户籍对比来看,大学生劳动认知的差异主要表现在城镇户籍大学生在劳动习惯、劳动权益、劳动风险三个指标方面表现均优于农村户籍大学生。因为新时代劳动教育不止“劳动”这么简单,不能将劳动教育简单等同于“学工学农”,劳动教育有丰富的内涵,包括劳动观念、劳动态度、劳动习惯、劳动情感、劳动知识、劳动技能、劳动思维等多个方面。劳动教育是国民教育体系的重要内容,是学生成长的必要途径,具有树德、增智、强体、育美的综合育人价值。但因城乡教育资源配置不均衡,城镇户籍的大学生在教育资源上明显优于农村户籍的大学生,城镇户籍的大学生可以获得更好的劳动教育。

从是否独生子女对比来看,大学生劳动认知的差异主要表现在独生子女大学生在劳动习惯、劳动权益、劳动风险三个指标方面表现总体上优于非独生子女大学生。独生子女大学生对劳动的认识总体上是积极的,多数独生子女大学生在劳动中感受到劳动的价值与快乐,认为可以在劳动中培养自己的能力,增进与父母的感情,展示自己的本事,但是独生子女大学生的劳动主动性和部分劳动能力还是较弱。

从不同办学性质对比来看,大学生劳动认知的差异主要表现在公立学校大学生在劳动习惯、劳动权益、劳动风险三个指标方面表现均优于民办学校大学生。高校作为大学生接受教育、内化观念的主阵地,对大学生劳动认知产生关键影响。各大高校在劳动教育方面积极探索，努力拓展校内外劳动教育实践资源，而公立学校在促进劳动教育创新发展方面更具有优势。

三、提升大学生劳动认知水平的对策与建议

1. 强化学校教育主渠道作用，完善劳动教育实施体系

调查显示，大学生日常生活中的劳动习惯养成和主动参与劳动活动方面较为欠缺。为了构建德智体美劳全面培养的教育体系，加强新时代大中小学劳动教育，2020 年 3 月，《意见》明确提出全面构建体现时代特征的劳动教育体系，将劳动教育纳入中小学国家课程方案和职业院校、普通高等学校人才培养方案，形成具有综合性、实践性、开放性、针对性的劳动教育课程体系。

高校是开展大学生劳动教育的主战场，要在劳动思想教育、劳动技能培育和劳动实践锻炼等方面发挥主导作用，引导学生树立正确的劳动价值观和劳动态度。学校应在完善劳动教育制度体系上下功夫，将劳动教育纳入学校人才培养方案，制定劳动教育必修课教学大纲、教学计划等教学管理文件，制定劳动教育融入其他课程建设方案，分专业编写学校实习实训指导手册，结合不同专业特点推进劳动实践类课程建设，构建促进大学生劳动价值观、劳动知识、劳动能力、劳动素质、劳动认知等全面提升的劳育课程体系（刘洪银 等，2023）。同时要增强教师队伍“育劳”意识和“育劳”能力，建设专兼职结合的劳动实践指导教师队伍。

2. 协同“家校社”资源平台，夯实劳动认知实践基础

学校、家庭和社会是培养未来人才不可或缺的基础，健全学校、家庭、社会育人机制是实现全民素质提升的必要途径。只有加强各方协作，共同努力，才能真正实现全面育人，培养更多德才兼备的社会主义接班人。2023 年 1 月，教育部等十三部门联合印发《关于健全学校家庭社会协同育人机制的意见》，明确了学校、家庭、社会在协同育人中的各自职责定位及相互协调机制。一是学校充分发挥协同育人主导作用，学校要全面掌握并与家长及时沟通学生在校期间的思想情绪、学业状况、行为表现和身心发展等情况；要加强家庭教育指导，把做好家庭教育指导服务作为重要职责，每学期至少组织两次家庭教育指导活动；要用好社会育人资源，建立相对稳定的社会实践教育基地和资源目录清单，联合开发社会实践课程。二是家长切实履行家庭教育主体责任，家长要强化家庭是第一个课堂、家长是第一任老师的责任意识，注重家庭建设，为子女健康成长创造良好的家庭环境；要积极参加学校组织的家庭教育指导和家校互动活动，充分理解学校正常教育教学工作；要利用闲暇时间带领或支持子女体验社会，帮助子女更好亲近自然、开阔眼界、增长见识、提高素质。三是社会有效支持服务全面育人，要将家庭教育指导作为城乡社区公共服务重要内容，积极构建普惠性家庭教育公共服务体系；各类教育基地和活动

场馆要面向中小学生及学龄前儿童免费或优惠开放，鼓励、支持社会有关方面提供寓教于乐的优秀儿童文化精品；要健全网络综合治理体系，着力打造有利于青少年健康成长的清朗社会文化及良好网络生态。

3. 变革劳动教育模式，提升劳动教育效果

教育部印发《大中小学劳动教育指导纲要(试行)》，针对劳动教育是什么、教什么、怎么教等问题，加强专业指导。当前实施劳动教育的重点是在系统的文化知识学习之外，有目的、有计划地组织学生参加日常生活劳动、生产劳动和服务劳动，让学生动手实践、出力流汗，接受锻炼、磨炼意志，培养学生正确劳动价值观和良好劳动品质。

丰富教学模式的多样性、增强教学内容的实用性有助于取得良好的劳动教育效果。高校应当积极探索多元化的教学方法，合理利用好互联网平台做好劳动教育工作(张拥军 等，2020)。学校可以开展“劳动实践日”“劳动教育周”及“劳动教育月”系列活动，或利用校园媒体如学校官方微博、微信公众号等平台宣传劳动教育。通过“发现身边最美劳动者”短视频征集等活动，宣传身边人参加劳动的真实案例，营造浓厚的崇尚劳动的校园文化。将新时代劳动价值观融入师生演讲比赛、合唱比赛等校园文化活动，使“劳动最光荣、劳动最崇高、劳动最伟大、劳动最美丽”理念深入人心(王翊君，2021)。依托社会实践推动劳动教育不断创新内容与方式。利用双休日、寒暑假深入学校或者家庭所在城乡社区、福利院和公共场所等，积极参加志愿服务、公益劳动和社区治理等社会服务劳动。

4. 丰富劳动教育内容，补上安全教育短板

2021 年 11 月，教育部印发《全国教育系统开展法治宣传教育的第八个五年规划(2021—2025 年)》，主要任务之一是切实增强普法的针对性和实效性，着力推动教育系统法治宣传教育高质量发展。推进青少年法治教育规范化和常态化，提升法治课教师专业教学能力，推动大中小学法治课程开齐开足开好；结合安全、禁毒、国防、防灾减灾救灾以及防范学生欺凌、网络诈骗、人身侵害和人口拐卖等内容开展日常宣传教育，将法治教育纳入中小学课后服务范围。调查显示，大学生法律与维权意识较为薄弱。

随着中国特色社会主义法治道路的不断完善和发展，依法治国理念逐步推进，新时代的法治社会也要求每一个人知法、守法并且在必要的时候有能力运用法律武器来维护自身合法权益(徐立尧，2022)。高校应将与劳动风险相关的法律课程和安全课程纳入劳动教育课程设置中，如《中华人民共和国劳动法》《中华人民共和国安全生产法》等，使大学生能够掌握基本的法律常识，清楚劳动合同必备条款、试用期约定条件、劳动争议调解处理方式等内容，从而逐步提高大学生的法律意识和安全意识。

大学生劳动法治教育应当围绕劳动关系的产生与变更、劳动合同的订立与解

除、劳动者的工作时间与休息时间制度、劳动者工资制度、劳动者特殊保护制度、社会保险制度与劳动争议处理程序等方面内容重点展开，注重培养大学生的权利意识、责任意识与证据意识。搭建与律师事务机构的合作平台，针对大三实习生和大四毕业生开展有关劳动维权的专题讲座和座谈会，现场答疑解惑，提高大学生对劳动责权问题的感知能力与处理劳动纠纷的法律意识。还可以通过学校新媒体宣传法律知识，通过社团等组织开展有关劳动法律宣传的活动日、辩论赛和竞赛活动，寓学于乐，引导学生在潜移默化中不断用法律知识武装头脑，培养处理劳动纠纷的理性思维，提高问题防范能力。

大学生安全教育必须增强实用性、操作性，必须贴近大学生生活、学习实际，才能使宣传教育更有针对性，更有吸引力（纪晶华 等，2020）。可以举办安全知识竞赛，利用网络播放教育视频，请专家现场演示安全急救知识，还可以定期举办各类突发事件应急演练，真正让学生参与其中，不断提高安全意识，掌握安全技能。

参考文献

黄加敏，2021. 高职院校学生劳动素养评价指标构建探析[J]. 科技风(15)：162-163.

纪晶华，王晨，2020. 大学生应急能力研究与培养[J]. 科技资讯，18(23)：220-221，224.

刘洪银，边立云，2023. 新时代高校劳动育人效果评价、影响因素及提升理路——基于天津市 19 所高校的调查分析[J]. 中国劳动关系学院学报，37(1)：115-124.

王翊君，2021. 大学生法律意识现状及培养途径[J]. 大学教育(12)：143-145，155.

徐立尧，2022. 高校大学生法律意识培养对策——评《中国传统法律文化与大学生法律意识的培养》[J]. 中国教育学刊(7)：137.

张拥军，李剑，徐润成，2020. 新时代大学生劳动教育现状及认知影响因素研究——基于湖北省部分高校大学生的实证分析[J]. 思想教育研究(6)：151-155.

第三部分

专题报告

北京L高校大学生家务劳动状况调查

刘　燕[①]

摘要： 家务劳动状况是反映大学生在家庭场域下劳动教育状况的重要指标。本报告以北京L高校为例，对大学生家务劳动状况进行系统调查。调查结果发现，大学生具有基本的家务劳动意识，但在家务劳动实践、劳动观念和劳动能力方面存在不足和需要改进之处。最后，针对大学生参与家务劳动的现实状况，从宏观和微观两个维度提出了改善对策。

关键词： 大学生　家务劳动　现状调查　改善对策

家务劳动作为最基础、最基本的劳动形式对于强化劳动意识、形成劳动观念和锻炼劳动能力具有重要作用。习近平总书记在2018年全国教育大会上指出，要在学生中弘扬劳动精神，教育引导学生崇尚劳动、尊重劳动，懂得劳动最光荣、劳动最崇高、劳动最伟大、劳动最美丽的道理，长大后能够辛勤劳动、诚实劳动、创造性劳动。2020年7月，《大中小学劳动教育指导纲要（试行）》指出："巩固良好日常生活劳动习惯，自觉做好宿舍卫生保洁，独立处理个人生活事务，积极参加勤工助学活动，提高劳动自立自强能力。"然而，随着时代的快速发展和劳动教育的"断层化"加深，家务劳动似乎逐渐"远离"大学生生活。因此，开展大学生家务劳动状况调查，客观分析大学生家务劳动状况具有重要现实意义。

一、家务劳动研究情况

家务劳动（也称家务活）目前并无统一的明确的定义，在传统观念中家务劳动大多指家庭成员在日常生活中所做的无报酬、无回报劳动。White等（1981）将儿童家务劳动参与的类型分为两类，一类是自我服务（Self-Care），一类是家庭服务（Family-Care）。而伍伟萍（2011）认为家务劳动是指不能够直接产生经济效益的、为满足家庭成员的生活需要所从事的劳动。在本研究中，家务劳动是指个体在家庭场域中为了维持家庭生活正常进行而做的一种劳动（李晓凤，2021）。

---

① 刘燕，女，硕士，中国劳动关系学院安全工程学院教务秘书，主要从事教学管理、劳动教育研究。

(一)国内研究现状与文献综述

中国学者多关注中小学生家务劳动的现状。刘宏森(2017)提出拓宽青少年的家务劳动的举措;周钰琳等(2019)研究认为大学生比较认可家务劳动具有价值,但程度不高;周圣燕(2020)研究了农村小学生家庭劳动习惯问题;方晨晨等(2021)认为适当的家务劳动可以提高初中生的学习成绩和认知水平,且显著提高学生的责任心等非认知水平;陈敏霞(2022)认为应通过加强师生合作、学生小组合作、家校合作的方式,帮助学生提高家务劳动的主动性和劳动能力。此外,黄栩(2022)认为教师教学中必须充分尊重学生实际需求,以多样活动、多元评价方式为学生劳动注入持久动力,才能促使学生发现劳动乐趣、提升劳动品质。

(二)国外研究现状与文献综述

国外学者更多关注家务劳动的教育价值。Morinaga-Okada 等(1988)调查发现,更多的女大学生比男大学生喜欢平均分配有偿工作。Rogoff(2003)开展的跨文化比较研究显示,参与家务劳动的儿童比不参加家务劳动的儿童展现出更多的亲社会行为。Aplin 等(2016)研究发现从事家务劳动可以促进儿童发展,培养儿童责任感、独立性、合作精神等,帮助儿童形成更高的成就动机。Tepper 等(2022)通过调查发现,家务劳动有可能提高儿童的执行力。

综上所述,国内外对于家务劳动的研究偏向于中小学生参与家务劳动的教育价值和方式、方法,但对于大学生家务劳动状况的调查研究鲜见报道。本报告结合家务劳动的内涵,将家务劳动分为自我服务型、家庭服务型、交往服务型、家庭安全型和人员卫生型劳动 5 种,通过发放调查问卷与访谈的方式调查大学生参与家务劳动的状况。

二、调查对象与样本选择

(一)调查对象和样本情况

本调查以北京 L 高校 4 个年级在校生为调查对象,被调查者具体情况见表 1,系统考察大学生家务劳动状况。

表 1　被调查者具体情况

项目	分类	人数	百分比/%
性别	男	177	52.84
	女	158	47.16

续表

项目	分类	人数	百分比/%
政治面貌	群众	46	13.73
	共青团员	261	77.91
	中共党员	28	8.36
学生劳动委员	是	200	59.70
	否	135	40.30
户籍类型	农村	152	45.37
	城镇	183	54.63
年级	大一	52	15.52
	大二	94	28.06
	大三	125	37.31
	大四及其他	64	19.11

(二)问卷发放与调查过程

调查问卷在2022年7月22日至8月17日投放北京L高校，共收到问卷341份，其中有效问卷335份，问卷有效率为98.24%，样本男女比例为1∶1，符合问卷调查要求，并进行了个人访谈。

本研究对调查问卷的信度分析主要应用的是克隆巴赫信度系数(Cronbach's alpha)，该系数愈高，即工具的信度愈高，如表2所示，本调查问卷为0.976，表明问卷信度很好。本研究对调查问卷的效度分析主要应用的是KMO和Bartlett(巴特利特)球形检验，以说明问卷的内在结构是否有效，如表3所示，本问卷的KMO值为0.971，根据Kaiser对KMO取值范围标准的确定，认定KMO的值在0.9～1.0表示问卷的结构效度良好。

表2 调查问卷的可靠性分析

克隆巴赫信度系数	基于标准化项的克隆巴赫信度系数	项数
0.976	0.975	55

表3 调查问卷的结构效度分析

KMO取样适切性量数	Bartlett球形检验		
	近似卡方	自由度	显著性
0.971	12 486.456	1 485	0.000

三、调查数据统计与结果分析

(一)大学生家务劳动总体状况分析

本次调查包括五个维度,分别为自我服务型劳动、家庭服务型劳动、交往服务型劳动、家庭安全型劳动和人员卫生型劳动,如表 4 所示。调查选项分为非常认同(5 分)、认同(4 分)、不确定(3 分)、不认同(2 分)和非常不认同(1 分)5 个等级。

表 4　被调查者家务劳动调查指标

维度	核心指标	变量	调查问题
自我服务型劳动	自我管理	JN	您作息时间有规律
		KC	您具备良好的心理调节能力
		HD	您喜欢在做事前有合理的规划
		WY	您具有较强的生活自理能力
	自我教育	ZU	您有良好的人际交往意识
		SP	您比较注重专业知识学习
		KY	您坚持阅读一定的课外名著
	自我发展	DY	您对考研就业有长期的规划
		GR	您认为体力劳动可以增强体质、磨砺意志
		SH	您认为劳动精神、工匠精神有助于自身的发展
家庭服务型劳动	基础型劳动	QT	您会主动做扫地、清洁类家务
		ZJ	您能做简单的饭菜,归纳衣物
		XK	您支持大学生做基本家务
		GY	您能帮助家人搬物品或买菜
	独特型劳动	JC	您经常做组装家用物品,发明家庭好用物的家务
		JW	您认为做家务有利于培养自己动手操作的能力
		JF	您认为做家务可以激发自己的创新潜力
	情感型劳动	LF	您可以经常陪家人做手工
		DG	您可以经常陪长辈聊天或晒太阳
		ZQ	您认为做家务可以增进家人感情
		AS	您认为做家务可以促进家庭和谐

续表

维度	核心指标	变量	调查问题
交往服务型劳动	服务长辈	TB	您能做到每次和长辈说话不急躁、不催促
		ZD	放假在家时，您经常看望长辈
		CC	您可以做到每逢节假日的时候给长辈发消息问候
	服务晚辈	BZ	您可以给晚辈(包括弟弟妹妹)树立良好的做家务榜样
		YS	您能做到在晚辈(包括弟弟妹妹)学习时不玩手机
		CS	您可以以身作则地教给晚辈(包括弟弟妹妹)良好的生活习惯
	待客做客	DD	您能做到热情大方地相迎客人来访
		TL	到别人家做客，您可以时刻保持良好的举止谈吐
		KZ	您能做到父母不在家来客人时热情接待，不会冷场
家庭安全型劳动	人身安全	ZX	在做家务时，注意自己和家人的人身安全
		LJ	您可以正确地使用家用电器，不触电
		CX	您掌握一定的火灾逃生技能
	设备安全	FC	对于老旧的电路，您可以及时告知家人更换
		HF	不做家务时，您可以确保家用电器的电源关闭
		ZW	自己做饭或协助家人做饭时，注意燃气或煤气安全
	环境安全	YB	您会主动辨识和区分网络诈骗
		ZH	您有很强的安全防范意识以防止家庭隐私、信息泄露
		NH	您主动或提醒家人不要高空抛物或垃圾分类
人员卫生型劳动	生活环境	WH	您主动定期更换床单、被套
		SE	你主动定期组织家庭大扫除
		RW	您支持健康的生活作息，不熬夜
	饮食卫生	BK	您主动做到饭前便后勤洗手
		BL	您可以做到生、熟食物分开放置
		BM	您经常清理冰箱卫生
		BN	您倡导家庭就餐时用公筷、公勺

1. 基于性别的大学生家务劳动状况比较

根据对大学生家务劳动情况的调查，性别对家务劳动情况有一定影响，因为性别不同，大学生的一部分家务劳动状况不同，一些家务劳动内容存在差异，但大部分家务劳动情况不受性别影响。运用独立样本 t 检验了解不同性别间家务劳动状况的差异，结果如表 5 所示。

表 5 大学生性别与部分家务劳动的关系

变量	男(1)		女(2)		t	p
	平均值	标准差	平均值	标准差		
SH	3.616	1.220	3.861	0.987	−2.005	0.046
GY	3.751	1.095	4.019	0.920	−2.405	0.017
XK	3.780	1.129	4.019	0.825	−2.192	0.029
GY	3.751	1.095	4.019	0.920	−2.405	0.017
JF	3.605	1.188	3.854	0.923	−2.132	0.034
LF	3.508	1.207	3.804	0.947	−2.471	0.014
DD	3.757	1.114	3.981	0.825	−2.070	0.039
ZX	3.638	1.110	4.006	0.906	−3.298	0.001
LJ	3.718	1.158	3.943	0.89	−1.981	0.048
FC	3.661	1.215	3.949	0.894	−2.449	0.015
ZW	3.706	1.179	4.006	0.934	−2.561	0.011
NH	3.718	1.113	3.937	0.865	−1.996	0.047
WH	3.678	1.184	4.025	0.790	−3.120	0.002
BK	3.627	1.214	4.032	0.960	−3.355	0.001
BL	3.655	1.077	3.962	0.881	−2.833	0.005

根据表 5,这 15 个问题的显著性水平均小于 0.05,在 SH 自我发展、GY 基础型劳动、XK 基础型劳动、GY 基础型劳动、JF 独特型劳动、LF 情感型劳动、DD 待客做客、ZX 人身安全、LJ 人身安全、FC 设备安全、ZW 设备安全、NH 环境安全、WH 生活环境、BK 饮食卫生、BL 饮食卫生变量的 t 统计量均达到显著水平,表示不同性别的大学生在这 15 个分项指标上存在显著不同。指标值最大为 5 分,表示非常认同;最小为 1 分,表示非常不认同。女生在这些分项指标上的认同均优于男生。自我教育、服务长辈、服务晚辈分项指标的性别差异不大。

2. 基于年级的大学生家务劳动状况比较

大学生家务劳动调查情况显示,大学生所在年级对部分家务劳动具有比较明显的影响,这与学校劳动教育的教学情况与质量密切相关,不同年级家务劳动情况不同,主观评价也存在差异。运用描述统计和单因素方差分析方法了解所在年级与家务劳动状况的差异,结果如表 6 所示。

表 6　高校大学生所在年级与部分家务劳动的关系

变量	大一(1)		大二(2)		大三(3)		大四(4)		其他(5)		F	p
	平均值	标准差	平均值	标准差	平均值	标准差	平均值	标准差	平均值	标准差		
JN	3.288	1.391	3.543	1.084	3.792	1.018	3.977	1.000	3.450	0.999	3.294	0.011
KC	3.250	1.370	3.521	1.198	3.696	0.952	3.818	1.018	4.050	0.686	2.959	0.020
HD	3.327	1.382	3.606	0.953	3.680	0.938	3.909	0.910	3.900	0.641	2.447	0.046
SH	3.750	1.266	3.394	1.184	3.880	1.067	3.818	1.018	4.150	0.489	3.554	0.007
JW	3.577	1.377	3.649	1.085	3.856	0.939	4.091	0.910	4.250	0.550	2.975	0.020
JF	3.385	1.471	3.66	1.022	3.800	0.925	3.795	1.112	4.250	0.639	2.834	0.025
TB	3.250	1.454	3.564	1.113	3.736	1.017	3.864	1.069	3.800	0.834	2.454	0.046
ZD	3.308	1.380	3.734	1.039	3.880	0.947	3.818	0.995	4.000	0.725	3.144	0.015
LJ	3.481	1.306	3.691	1.098	4.024	0.884	3.795	1.047	4.150	0.587	3.524	0.008
HF	3.385	1.497	3.734	1.099	3.872	0.833	3.727	1.169	4.200	0.696	2.792	0.026
NH	3.519	1.336	3.777	0.929	3.848	0.984	3.977	0.821	4.300	0.657	2.680	0.032

根据表 6，这 11 个问题的显著性水平均小于 0.05，在 JN 自我管理、KC 自我管理、HD 自我管理、SH 自我发展、JW 独特型劳动、JF 独特型劳动、TB 服务长辈、ZD 服务长辈、LJ 人身安全、HF 设备安全、NH 环境安全的变量检验均达到显著水平，表明不同年级的大学生在这些分项指标上存在显著的不同。在存在显著差异的指标中，大多数随着学生年级的升高，家务劳动认知与实践有所提高，在情感型劳动、服务晚辈、生活环境分项指标的年级差异不大。

3. 基于家庭年收入的大学生家务劳动状况比较

大学生家务劳动调查情况显示，大学生家庭年收入对学生家务劳动不存在比较明显的差异，五个维度的大学生家务劳动现状调查结果的显著性水于均大于 0.05（表 7），且根据调查数据分析，家庭收入越高，相对来说，大学生进行家务劳动的意识和实践相对越强。

表 7　高校大学生家庭年收入与家务劳动的关系

变量	<6 万元		6 万～12 万元		12 万～18 万元		≥18 万元		F	p
	平均值	标准差	平均值	标准差	平均值	标准差	平均值	标准差		
JN	3.583	1.174	3.643	1.066	3.792	1.044	3.593	1.366	0.413	0.744
KC	3.607	1.120	3.573	1.046	3.830	1.139	3.481	1.369	0.881	0.451
HD	3.536	1.058	3.696	0.940	3.698	1.085	3.593	1.217	0.537	0.657
WY	3.643	1.137	3.731	0.987	3.830	1.156	4.074	1.207	1.219	0.303
ZU	3.536	1.135	3.760	0.911	3.943	0.949	3.815	1.178	1.972	0.118

续表

变量	<6 万元		6 万～12 万元		12 万～18 万元		≥18 万元		*F*	*p*
	平均值	标准差	平均值	标准差	平均值	标准差	平均值	标准差		
SP	3.798	1.039	3.754	0.981	3.698	1.011	3.741	1.289	0.104	0.958
KY	3.726	1.034	3.667	0.976	3.868	0.921	3.222	1.396	2.471	0.062
DY	3.643	1.105	3.684	1.049	3.849	0.988	3.444	1.219	0.915	0.434
GR	3.738	1.066	3.754	1.039	3.811	1.093	3.778	1.155	0.057	0.982
SH	3.774	1.165	3.708	1.078	3.623	1.180	3.963	1.160	0.614	0.606
QT	3.786	1.054	3.789	0.953	3.962	0.940	3.778	1.086	0.468	0.705
ZJ	3.714	1.115	3.737	1.021	3.868	0.981	3.963	1.055	0.603	0.614
XK	3.821	1.077	3.906	0.935	3.925	0.997	3.963	1.224	0.212	0.888
GY	3.869	1.095	3.848	0.958	3.849	1.063	4.148	1.134	0.69	0.559
JC	3.643	1.083	3.69	1.002	3.698	1.03	3.667	1.271	0.046	0.987
JW	3.690	1.172	3.789	0.953	3.943	1.099	4.037	1.160	1.087	0.355
JF	3.595	1.173	3.702	1.028	3.906	0.946	3.889	1.281	1.140	0.333
LF	3.417	1.234	3.725	0.964	3.774	1.154	3.63	1.305	1.762	0.154
DG	3.595	1.121	3.784	0.942	3.906	1.043	3.704	1.203	1.120	0.341
ZQ	3.726	1.010	3.795	1.000	3.962	0.854	3.889	1.121	0.686	0.561
AS	3.679	1.163	3.854	1.010	3.755	1.125	3.852	1.167	0.543	0.653
TB	3.500	1.197	3.632	1.100	3.736	1.129	3.852	1.099	0.872	0.456
ZD	3.679	1.153	3.743	1.054	3.811	0.900	3.889	1.121	0.342	0.795
CC	3.774	1.045	3.725	1.006	3.792	1.007	3.778	1.086	0.085	0.968
BZ	3.655	1.047	3.708	0.998	3.792	1.116	3.741	1.163	0.197	0.898
YS	3.536	1.135	3.684	1.135	3.943	1.045	3.630	1.115	1.461	0.225
CS	3.524	1.103	3.649	1.060	3.83	0.935	3.889	1.121	1.347	0.259
DD	3.702	1.106	3.895	0.921	3.962	1.037	3.963	0.98	1.058	0.367
TL	3.738	1.031	3.795	1.017	3.792	1.150	3.963	1.091	0.314	0.816
KZ	3.571	1.144	3.766	0.978	3.698	1.049	3.741	1.196	0.656	0.58
ZX	3.774	1.034	3.807	1.025	3.849	1.063	3.889	1.086	0.111	0.954
LJ	3.667	1.034	3.906	1.030	3.774	1.086	3.889	1.086	1.066	0.364
CX	3.810	1.092	3.819	1.016	3.981	1.083	3.741	1.196	0.436	0.728
FC	3.762	1.025	3.743	1.113	3.887	1.138	4.074	0.958	0.881	0.451

续表

变量	<6 万元		6 万～12 万元		12 万～18 万元		≥18 万元		F	p
	平均值	标准差	平均值	标准差	平均值	标准差	平均值	标准差		
HF	3.631	1.180	3.801	1.038	3.830	1.069	3.741	1.130	0.552	0.647
ZW	3.702	1.149	3.936	1.018	3.679	1.123	4.074	1.107	1.723	0.162
YB	3.738	1.099	3.877	0.983	4.019	0.951	4.000	1.109	0.993	0.396
ZH	3.798	1.084	3.766	0.984	3.717	1.045	3.778	1.121	0.067	0.977
NH	3.690	1.108	3.842	0.897	3.887	1.086	3.963	1.192	0.747	0.525
WH	3.702	1.084	3.901	0.956	3.849	1.081	3.889	1.219	0.716	0.543
SE	3.631	1.190	3.737	1.032	3.717	0.907	3.704	1.171	0.188	0.905
RW	3.774	1.079	3.737	1.060	3.660	1.176	4.037	1.192	0.752	0.522
BK	3.738	1.152	3.772	1.133	3.962	1.055	4.074	1.035	1.005	0.391
BL	3.750	1.005	3.807	1.014	3.736	0.984	4.037	0.940	0.650	0.583
BM	3.798	1.003	3.696	1.024	3.642	1.194	3.704	1.171	0.275	0.844
BN	3.738	1.019	3.737	1.044	3.906	1.024	3.963	1.160	0.674	0.568

4. 基于家庭成员数的大学生家务劳动状况比较

根据大学生家务劳动调查情况显示，大学生家庭成员数对大学生家务劳动情况具有比较明显的影响，这与家庭成员对家务劳动的分工和家庭教育密切相关，不同家庭成员数的大学生家务劳动情况不同，主观评价和具体实践存在明显差异。运用描述统计和单因素方差分析方法了解家庭成员数与家务劳动状况的差异，结果如表 8 所示。

表 8　高校大学生家庭成员数与部分家务劳动的关系

变量	三人及以下(1)		四人(2)		五人及以上(3)		F	p
	平均值	标准差	平均值	标准差	平均值	标准差		
JN	3.383	1.271	3.757	0.995	3.562	1.366	3.501	0.031
HD	3.370	1.269	3.770	0.865	3.500	1.136	5.098	0.007
WY	3.481	1.314	3.833	0.953	3.875	1.100	3.474	0.032
GR	3.494	1.295	3.901	0.927	3.469	1.107	5.897	0.003
XK	3.728	1.129	3.995	0.880	3.594	1.341	3.733	0.025
GY	3.543	1.255	4.014	0.874	3.781	1.157	6.637	0.001
TL	3.481	1.286	3.914	0.906	3.750	1.136	5.254	0.006
KZ	3.432	1.264	3.775	0.924	3.906	1.174	3.885	0.021
ZX	3.556	1.235	3.946	0.896	3.531	1.218	5.688	0.004

续表

变量	三人及以下(1)		四人(2)		五人及以上(3)		F	p
	平均值	标准差	平均值	标准差	平均值	标准差		
LJ	3.593	1.202	3.923	0.951	3.719	1.170	3.196	0.042
CX	3.506	1.205	3.959	0.958	3.812	1.176	5.604	0.004
FC	3.519	1.295	3.878	0.965	3.938	1.190	3.626	0.028
ZW	3.444	1.323	3.986	0.925	3.906	1.174	7.842	0.000
ZH	3.494	1.131	3.878	0.946	3.688	1.176	4.358	0.014
RW	3.494	1.205	3.86	0.999	3.719	1.326	3.405	0.034
BK	3.457	1.333	3.946	0.996	3.844	1.167	5.849	0.003
BL	3.543	1.107	3.896	0.899	3.781	1.263	3.774	0.024

根据表8,这17个问题的显著性水平均小于0.05,在JN自我管理、HD自我管理、WY自我管理、GR自我发展、XK基础型劳动、GY基础型劳动、TL待客做客、KZ待客做客、ZX人身安全、LJ人身安全、CX人身安全、FC设备安全、ZW设备安全、ZH环境安全、RW生活环境、BK饮食卫生、BL饮食卫生的变量检验均达到显著水平,表明不同家庭成员数的大学生在这15个分项指标上存在显著不同。因此,对于这17个分项指标的认同度,家庭成员数为4人的大学生最高,其次是家庭成员数为5人的大学生,再次是家庭成员数为3人的大学生。在自我教育、独特型劳动、情感型劳动、服务长辈、服务晚辈这些分项指标上的认同度差异较小。

5. 基于监护人教育情况的大学生家务劳动状况比较

根据大学生家务劳动调查情况显示,大学生监护人教育情况对大学生家务劳动情况具有影响,这与监护人的教育理念密切相关,不同的监护人教育情况下的大学生对家务劳动的主观评价和具体实践存在差异。运用描述统计和单因素方差分析方法了解监护人教育情况与大学生家务劳动状况的相关关系,结果如表9所示。

表9　高校大学生监护人教育情况与大学生家务劳动的关系

变量	高中及以下(1)		大学(2)		研究生(3)		F	p
	平均值	标准差	平均值	标准差	平均值	标准差		
DG	3.777	1.092	3.551	1.006	3.958	0.853	3.391	0.035
ZQ	3.825	0.997	3.633	1.019	4.028	0.894	3.365	0.036
CC	3.759	1.063	3.571	1.025	3.986	0.853	3.467	0.032
BZ	3.717	1.067	3.531	1.017	3.944	0.969	3.301	0.038
YS	3.530	1.214	3.714	1.084	4.000	0.862	4.505	0.012

续表

变量	高中及以下(1)		大学(2)		研究生(3)		F	p
	平均值	标准差	平均值	标准差	平均值	标准差		
TL	3.819	1.034	3.561	1.149	4.056	0.843	4.824	0.009
FC	3.801	1.102	3.592	1.156	4.070	0.867	4.092	0.018
BM	3.825	0.997	3.418	1.175	3.859	0.946	5.582	0.004

根据表9,这8个问题的显著性水平均小于0.05。DG情感型劳动、ZQ情感型劳动、CC服务长辈、BZ服务晚辈、YS服务晚辈、TL待客做客、FC设备安全、BM饮食卫生8个变量检验均达到显著水平,表明监护人不同教育情况的大学生在这些分项指标上存在显著差异。监护人为研究生学历的大学生在这8个分项指标上的认同度均优于监护人为高中及以下学历和大学学历的大学生。在自我管理、自我教育、自我发展、基础型劳动、独特型劳动、人身安全、环境安全、生活环境这些分项指标上的认同度差异较小。

6. 家务劳动的总体状况

大学生家务劳动的总体情况如表10所示。大学生对家务劳动不同方面的认同程度存在差异。指标均值越高表示越认同,四个分项指标的均值都超过了3.0接近4.0,表示大学生认可学校应该倡议大学生参与家务劳动、家长应该严格执行学校安排的家务劳动实践活动和加强"家-校-社"有关家务劳动的全面评价比较认同,其中认同度最高的是家长严格执行,说明学生认为家务劳动的家庭教育更加重要。大学生对于当前从事家务劳动的总体状况表现为不确定,说明大学生家务劳动情况仍有待提升空间。

表10 大学生家务劳动状况的总体情况

变量	平均分		排序与认同等级	
	均值	标准差	排序	认同等级(依据均值评价)
ZT	2.51	0.90	5	不确定
NQ	3.71	0.99	4	认同
GL	3.56	1.14	3	认同
XG	3.59	1.16	1	认同
JK	3.77	1.16	2	认同

调查显示,58.96%的大学生认同或非常认同劳动精神、工匠精神有助于自身的发展,71.94%的大学生认同或非常认同体力劳动可以增强体质、磨砺意志。由此说明,大部分大学生认同劳动的重要性和劳动对于自身发展的意义,但大学生从事家务劳动的总体状况却与认知大相径庭,56.71%的大学生不认同自己从事家务

劳动,30.14%的大学生对自己从事家务劳动的行为不确定,而认同自己从事家务劳动的学生仅占 9.85%,非常认同的仅占 3.28%。由此可见,虽然大部分学生能意识到劳动的意义,但是缺乏家务劳动实践。

(二)大学生自我服务型劳动状况分析

自我服务是日常家庭生活的重要组成部分。自我服务是学生进行自我管理、自我约束和自主生活。自我服务型劳动主要调查大学生的生活习惯和生存能力状况,具体分为自我管理、自我教育和自我发展三个方面。大学生的自我服务型家务劳动状况存在差异。指标均值越高表示越认同,三个方面的均值都超过了 3.0 接近 4.0,表明大学生对自我服务型劳动状况的认同程度较高。大学生自我服务型家务劳动状况的总体情况如表 11 所示。其中大学生对体力劳动可以增强体质、磨砺意志(GR)的认同程度最高,注重专业知识学习(SP)次之,良好的心理调节能力(KC)认同程度最低。

表 11 大学生自我服务型家务劳动状况的总体情况

核心指标	变量	平均分		排序与认同等级	
		均值	标准差	排序	认同等级(依据均值评价)
自我管理	JN	3.65	1.11	8	认同
	KC	3.61	1.11	10	认同
	HD	3.65	1.02	8	认同
	WY	3.75	1.07	3	认同
自我教育	ZU	3.74	1.00	4	认同
	SP	3.76	1.02	2	认同
	KY	3.68	1.03	7	认同
自我发展	DY	3.68	1.07	6	认同
	GR	3.76	1.06	1	认同
	SH	3.73	1.12	5	认同

1. 基于自我管理的大学生家务劳动状况分析

自我管理劳动包括四类,分别为作息时间规律、良好的心理调节能力、事前合理规划、较强的生活自理能力,整体来看,学生比较认同自身的自我管理能力。相对来看,作息时间规律、良好的心理调节能力、事前合理规划三个方面为自我服务型家务劳动状况维度中认同度最低的三个方面,均值分别为 3.65、3.61、3.65。良好作息习惯可以增强身体机能,改善精神状态,帮助学生以一个更好的身心状态去学习、生活。心理调节能力是学生通过正确认识和评价个人与环境,消除内心的悲伤与愤懑,积极地参与学习、生活,保持情绪积极而稳定,从而达到保持身心健康的目的。合理规划事情是学习与生活必不可少的能力。较强的生活自理能力在自我服务型家务劳动指标中排在第三位，学生较为认同。自我管理型家务劳动是学生健康生活的基本要求，但从调查结果来看，依然有很多大学生须提高这方面的能力。

2. 基于自我教育的大学生家务劳动状况分析

自我教育劳动包括三类，分别为良好的人际交往意识、注重专业知识学习、坚持阅读课外名著，整体来看，学生比较认同自身的自我教育能力。就自我教育劳动状况来看，学生更注重专业知识学习，相对最不认同坚持阅读课外名著。专业学习是大学生的根本任务，但是课外阅读对学生也非常重要，课外阅读能够帮助学生开阔视野、拓展知识面、提高自身的文学素养，并培养自主学习的良好习惯。

3. 基于自我发展的大学生家务劳动状况分析

自我发展劳动包括三类，分别为考研就业的规划、对体力劳动的认识、对劳动精神的认识。整体来看，学生比较认同自身的自我发展能力。就自我发展劳动状况来看，学生对体力劳动认可度最高，相对最不认同自身有良好的考研就业规划。职业生涯规划能够帮助学生更好地了解自身的优势与缺陷，有针对性地学习提高，是学业与就业等个人发展不可或缺的重要手段。

(三)大学生家庭服务型劳动状况分析

家庭服务型劳动是家庭成员在日常的家庭生活中必须从事的一种无报酬劳动。它以家庭为服务对象，为了满足家庭对劳务的需求或者优化家庭环境而进行的劳动。不仅包括洗衣做饭、扫地拖地、整理房间等基础型劳动，还包括独特型劳动与情感型劳动。大学生家庭服务型家务劳动状况的总体情况如表 12 所示。其中大学生对支持大学生做基本家务(XK)的认同程度最高，帮助家人搬物品或买菜(GY)次之，组装家用物品、发明家庭好用物的家务(JC)认同程度最低。

表 12 大学生家庭服务型家务劳动状况的总体情况

核心指标	变量	平均分		排序与认同等级	
		均值	标准差	排序	认同等级(依据均值评价)
基础型劳动	QT	3.81	0.99	3	认同
	ZJ	3.77	1.04	7	认同
	XK	3.89	1.00	1	认同
	GY	3.88	1.02	2	认同
独特型劳动	JC	3.68	1.05	10	认同
	JW	3.81	1.05	5	认同
	JF	3.72	1.08	9	认同

续表

核心指标	变量	平均分		排序与认同等级	
		均值	标准差	排序	认同等级(依据均值评价)
情感型劳动	LF	3.65	1.10	11	认同
	DG	3.75	1.03	8	认同
	ZQ	3.81	0.99	4	认同
	AS	3.79	1.08	6	认同

1. 大学生基础型家务劳动状况

通过数据分析,77.61%的大学生支持做基本的家务,73.13%的大学生会主动做扫地、清洁类家务,68.96%的大学生能做简单的饭菜,73.73%的大学生会主动帮助家人搬物品,可以看到,大部分同学掌握简单的家务劳动技能,但结合访谈情况,大学生们在校时间较长,在家的时候还是以父母做家务为主,个人仅偶尔帮助父母进行家务劳动。

2. 大学生独特型家务劳动状况

独特型劳动状况的均值为3.74,表明学生比较认可个人独特型劳动状况,其中66.87%的大学生会主动组装家用物品或购置便于生活的家用工具,相对于家庭服务类的另两个方面来说,大学生的独特型劳动状况认同度相对较低。72.4%的学生认同做家务有利于培养自己动手操作的能力,66.76%的学生认同做家务可以激发自己的创新潜力。

3. 大学生情感型家务劳动状况

74.33%的大学生认为做家务可以促进家庭和谐,71.94%的大学生认为做家务可以增进家人感情。从数据看,相对于做家务对自身发展的价值与意义,大学生更认同做家务对家庭本身的价值。

(四)大学生交往服务型劳动状况分析

交往服务型劳动是在家庭交往活动中所表现出来的尊重、友好的行为规范,包括起身迎、引入座、敬茶水、摆座椅、备饭菜等惯例服务型劳动,主要指的是在交往中所表现出来的一种为他人提供周到、热情、主动服务的劳动。交往服务型劳动具体分为服务长辈、服务晚辈和待客做客三个方面。大学生的交往服务型家务劳动状况存在差异。指标均值越高表示越认同,三个方面的均值都超过了3.5接近4.0,表明大学生对交往服务型家务劳动的不同方面的认同程度都比较高。大学生交往服务型家务劳动状况的总体情况如表13所示。其中大学生对个人礼貌做客的能力(DD)的认同程度最高,热情接待的能力(TL)次之,与长辈说话不急躁、不催促(TB)认同程度最低。

表 13 大学生交往服务型家务劳动状况的总体情况

核心指标	变量	平均分		排序与认同等级	
		均值	标准差	排序	认同等级(依据均值评价)
服务长辈	TB	3.63	1.13	9	认同
	ZD	3.75	1.06	4	认同
	CC	3.75	1.02	3	认同
服务晚辈	BZ	3.71	1.04	5	认同
	YS	3.68	1.12	7	认同
	CS	3.67	1.06	8	认同
待客做客	DD	3.86	0.99	1	认同
	TL	3.79	1.05	2	认同
	KZ	3.70	1.05	6	认同

1. 大学生服务长辈家务劳动状况

敬爱长辈、关心晚辈、与家人相亲相爱是维系一个家庭的纽带,是一个家庭不可或缺的部分,大学生服务长辈家务劳动认同度得分的均值为 3.71,表明学生比较认可个人服务长辈的劳动状况,但低于待客做客的均值。在访谈中也发现,虽然很多学生很爱自己的爷爷奶奶、姥姥姥爷等长辈,但是部分学生缺乏表达或陪伴,更多与老人的交流是在餐桌上,有时会教老人使用一些智能设备,但是由于老人学得慢,往往缺乏耐心。

2. 大学生服务晚辈家务劳动状况

大学生服务晚辈家务劳动的认同度均值为 3.69,表明学生比较认可个人服务晚辈的劳动状况,但相对于服务长辈和待客做客,服务晚辈的劳动状况均值较低。其中,66.46%的学生认为自己可以给晚辈(包括弟弟妹妹)树立良好的做家务榜样,66.17%的学生能做到在晚辈(包括弟弟妹妹)学习时不玩手机,66.17%的学生可以以身作则地教给晚辈(包括弟弟妹妹)良好的生活习惯。访谈中发现由于部分学生是独生子女,缺乏服务晚辈的经验。

3. 大学生待客做客家务劳动状况

从调查数据看,大学生们更重视接人待客,大学生待客做客家务劳动的认同均值为 3.79,表明学生比较认可个人待客做客的劳动状况。其中,74.48%的学生认为自己能做到热情大方地迎接客人来访,73.59%的学生能在别人家做客时保持良好的举止谈吐,67.65%的学生能做到父母不在家时热情接待客人。

(五)大学生家庭安全型劳动状况分析

申喜阁(2018)将安全意识教育引入家务劳动中,表明对家庭安全教育的重视立场，同时也说明家庭安全型劳动在维持家庭的日常运转时的重要地位。阻止身边的安全隐患，时时刻刻不忘记安全，督促、制止家人的不安全行为，在安全的前提下，家庭才能幸福，因此安全也是大学生必须具备的意识与能力。家庭安全型劳动主要表现在大学生具有家庭安全意识并掌握安全知识，如防火防盗等。调查组将家庭安全型家务劳动分为三类，分别为人身安全、设备安全、环境安全。大学生的家庭安全型家务劳动状况存在差异，指标均值越高表示越认同，三个方面的均值都超过了 3.7 不足 4.0，表示大学生家庭安全型家务劳动不同方面的认同程度都较高。大学生家庭安全型家务劳动状况的总体情况如表 14 所示。其中大学生对辨识和区分网络诈骗的能力(YB)的认同程度最高，注意燃气或煤气使用安全的能力(ZW)次之，确保家用电器的电源关闭(HF)认同程度最低。

表 14　大学生家庭安全型家务劳动的总体情况

核心指标	变量	平均分		排序与认同等级	
		均值	标准差	排序	认同等级(依据均值评价)
人身安全	ZX	3.81	1.03	6	认同
	LJ	3.82	1.04	4	认同
	CX	3.84	1.06	3	认同
设备安全	FC	3.80	1.08	7	认同
	HF	3.76	1.09	9	认同
	ZW	3.85	1.08	2	认同
环境安全	YB	3.87	1.02	1	认同
	ZH	3.77	1.03	8	认同
	NH	3.82	1.01	5	认同

1. 大学生人身安全家务劳动状况

大学生人身安全家务劳动的均值为 3.69，表明学生比较认可人身安全的劳动状况，但相对于设备安全和环境安全，家务劳动中的人身安全状况的均值较低。其中，70.62%的学生认为自己在做家务时会注意自己和家人的人身安全，73.29%的学生能正确地使用家用电器、不触电，72.7%的学生掌握一定的家庭火灾逃生技能。

2. 大学生设备安全家务劳动状况

大学生设备安全家务劳动的均值为 3.80，表明学生比较认可设备安全的劳动状况。其中，72.11%的学生能及时更换老旧的电路，70.03%的学生能确保不用的家用电器关闭电源，72.4%的学生注意燃气或煤气使用安全。

3. 大学生环境安全家务劳动状况

大学生环境安全家务劳动的均值为 3.82，表明学生比较认可环境安全的劳动状况。其中，70.62%的学生主动辨识和区分网络诈骗，68.55%的学生有很强的防止家庭隐私信息泄露的安全防范意识，71.51%的学生能做到不高空抛物或垃圾分类，并引导他人。

(六)大学生人员卫生型劳动状况分析

人员卫生型劳动是指保持家庭成员生活环境的卫生、饮食方面的卫生以及日常作息的健康、养成良好的卫生习惯的一种家务劳动。这有助于家庭成员身心健康的发展，保持个人卫生清洁和进行独立活动的能力。卫生型劳动具体分为生活环境和饮食卫生两个方面。大学生的卫生型家务劳动状况存在差异，指标均值越高表示越认同，两个方面的均值都超过了 3.7 不足 4.0，表明大学生卫生型家务劳动的不同方面的认同程度都较高。大学生卫生型家务劳动状况的总体情况如表 15 所示。其中大学生对定期更换床单、被套(WH)的认同程度最高，饭前便后勤洗手(BK)次之，定期组织家庭大扫除(SE)认同程度最低。

表 15　大学生家庭卫生型家务劳动状况的总体情况

核心指标	变量	平均分		排序与认同等级	
		均值	标准差	排序	认同等级(依据均值评价)
生活环境	WH	3.84	1.03	1	认同
	SE	3.70	1.06	7	认同
	RW	3.76	1.09	5	认同
饮食卫生	BK	3.82	1.12	2	认同
	BL	3.80	1.00	3	认同
	BM	3.71	1.06	6	认同
	BN	3.78	1.04	4	认同

1. 大学生生活环境家务劳动状况

大学生生活环境家务劳动的均值为 3.77，表明大学生比较认可生活环境的劳动状况。其中，74.48%的学生主动定期更换床单、被套，65.58%的学生主动定期组织家庭大扫除，67.36%的学生支持健康的生活作息，不熬夜。

2. 大学生饮食卫生家务劳动状况

大学生饮食卫生家务劳动的均值为 3.78，表明大学生比较认可饮食卫生的劳动状况。其中，71.81%的大学生主动做到饭前便后勤洗手，66.77%的学生做到生、熟食物分开放置，67.06%的学生经常清理冰箱卫生，70.30%的学生倡导家庭就餐时用公筷、公勺。

四、改善当前大学生家务劳动状况的对策

(一)改善大学生家务劳动状况的宏观对策

1. 加强高校劳动教育,提高学生家务劳动能力

家务劳动是大学生劳动的重要内容之一,劳动教育是当代学生的必修课,高校要用心设计课程,将劳动教育落到实处,更好地发挥劳动教育的作用。《纲要》指出,普通高等学校使学生"巩固良好日常生活劳动习惯,自觉做好宿舍卫生保洁,独立处理个人生活事务,积极参加勤工助学活动,提高劳动自立自强能力"。首先要更新劳动教育观念,劳动教育不仅仅是思政课程或劳动课程的任务,每个学科都涉及劳动教育,因此要打破原有教育理念,将劳动教育融入学科专业教育中;其次要开发劳动教育课程,不仅是劳动理论教育课程,还要教会学生自我服务、家庭服务、交往服务、家庭安全和人员卫生五种类型的家务劳动知识与技能,也应设计开设家务劳动实践课程(如烹饪公选课),通过课程开展常态化劳动教育;最后要开展多样化劳动活动(如做饭),发挥大学生创新能力,不仅体验家务劳动,也通过学生的智慧创新劳动过程,更新劳动工具,提高劳动效率,劳动活动也要注意给予学生自主设计劳动活动的机会,发挥学生主体能动性,让学生自主了解劳动知识,挖掘劳动精神,内化劳动价值。

2. 深化家校社合作,延伸家务劳动实践

学校和家庭双向联动才能真正培养学生的家务劳动理念与能力。家长参与学生的劳动教育,既能保障劳动教育的连贯性,又能帮助学生培养劳动习惯,增加劳动实践,强化劳动教育效果。习近平总书记在全国教育大会上指出,家庭是人生的第一所学校,家长是孩子的第一任老师,要给孩子讲好"人生第一课",帮助扣好人生第一粒扣子。《意见》从四个方面强调发挥家庭在劳动教育中的基础作用:一是鼓励孩子自觉参与、自己动手、随时随地、坚持不懈地进行劳动,每年掌握 1～2 项生活技能;二是鼓励孩子利用节假日参加社会劳动;三是树立崇尚劳动的家风,让孩子养成从小爱劳动的习惯;四是学校和社区、妇联等开展学生生活技能展示活动,加强对家庭劳动教育的指导。家校合作的劳动教育要加强顶层设计,首先要帮助家长形成正确的劳动价值观,摒弃家长家务劳动很简单没意义的思想,明确家务劳动的价值与意义;其次家长要有意识地确立学生作为家庭主人公的主体地位,明确家务劳动的职责,家务劳动不仅仅是简单的刷碗扫地,从个人服务到家庭服务、交往服务、家庭安全和人员卫生都是家务劳动的组成部分,也都是学生可以实践的劳动内容;最后家长和学校要及时了解学生的劳动思想与动态,及时鼓励与帮助,深化学生劳动观念。

3. 优化劳动教育评价机制,推动家务劳动健康发展

建立学生家务劳动实践评价机制,形成家庭、学校乃至社会崇尚劳动、尊重劳动者的风气。建立学生劳动教育档案,将劳动教育纳入学生考核体系中,将学生的家务劳动水平作为考核标准。《意见》明确提出:"将劳动素养纳入学生综合素质评价体系,制定评价标准。"建立劳动实践评价机制,切实跟进了解学生的家务劳动情况,依据实践水平进行评价,实现评价的多元化。学生自评,让学生了解自己的家务实践水平,设立下一步家务劳动目标;学生互评,让学生了解同辈人的家务劳动水平,记录相互帮助的足迹,并向榜样学习;家长参评,一方面,家人对于学生家务劳动的实际情况更加了解,评价更加真实,另一方面,也让家长见证学生的成长。建立完备的学生劳动实践奖励机制,精神奖励与物质奖励相结合,激发学生参与家务劳动的积极性。

(二)改善大学生家务劳动状况的微观对策

1. 改善家务劳动观念,提高自我服务能力

家务劳动应该是每位同学自己的事情,要提高大学生家务劳动认知,提升家务劳动主动性,培养学生正确的劳动价值观。教师和家长以身作则,改善家务劳动观念,培育良好的家务劳动班风和家风,让学生以进行家务劳动为荣。教师和家长通过交流沟通,了解每位学生的实际情况,因材施教,通过多种途径向学生传授时间管理、职业规划等必会知识,并根据学生的实际基础,通过举例、自身示范等多种方法帮助学生实践所学知识,形成良好的作息规律,养成健康的心态,提升人际交往能力,实现自我管理、自我教育与自我发展。

2. 强化家庭服务实践,培养良好劳动习惯

培养大学生劳动兴趣,增强大学生劳动的自觉性。列出家务劳动清单,家庭成员对家务劳动进行合理分工,避免家长对家务劳动大包大揽。在大学生进行家务劳动的过程中,相信学生的能力,不能因为学生动作慢、做不好而批评学生,或者直接动手操作,而应该观察大学生的劳动情况和心态,适当给予提醒和帮助,在家务劳动结束后,给予适当的表扬和鼓励,在潜移默化中帮助学生养成良好的劳动习惯。并在合适的时机进行劳动技能的交流,提升学生家庭服务型家务劳动能力。

3. 改善交流沟通态度,提升人际交往能力

尊老爱幼是家庭情感维系的桥梁,人际交往是大学生走向社会必备的基础能力。家庭是最好的"训练场",在日常的家庭交往服务劳动中,须以尊老敬老为基础,以谦让理解为态度,以礼仪涵养为目标,形成包括尊敬爱戴长辈的服务长辈劳动、爱护包容晚辈的服务晚辈劳动,以及懂得待客之道,学会接待客人,同时了解做客之道,知道客随主便的待客做客礼仪。

4. 传授居家安全知识,提升家务劳动安全意识

加强大学生的安全教育工作,学校要将安全教育融入专业教育中,搭建安全教育系统,通过多种形式传授安全知识,让学生能便利地查找家务劳动安全知识,学习隐患排查的理论知识和实践方法。通过多次强调与案例分析,提升学生的安全防范意识,养成学生安全防范习惯,在家务劳动及日常生活中,注意自己和家人的人身安全、财产安全、信息安全等。

5. 加强健康卫生知识,提高家务劳动安全能力

通过多种途径,让学生了解人员卫生与环境卫生对个人健康的重要性,掌握垃圾分类等卫生知识。将卫生理念融入专业教育,在课程中通过举例、讨论等方式,加强学生对生活环境和饮食卫生的了解与理解,潜移默化地帮助学生培养健康意识。同时,加强监督,在校时,可以由学生群策群力制订整理内务的规划与安排,学生互相监督,并评选卫生寝室,宣扬健康生活方式与环境卫生。在家时,由家长与学生共同制订整理计划,家长监督学生实践,并提供必要的帮助和建议。

参考文献

陈敏霞,2022. 多维合作 乐享劳动——小学低年级“趣—智—美”劳动教育模式探索[J]. 教学月刊小学版(综合)(3):41-43.

方晨晨,曹连喆,2021. 家庭劳动对初中生能力发展的影响——基于 CEPS 数据的实证研究[J]. 湖南师范大学教育科学学报,20(2):56-63,89.

黄栩,2022.“家务打卡”如何落到实处——劳动教育主题实践性作业设计与实践[J]. 福建教育(4):48-49.

李晓凤,2021. 中学生家务劳动态度量表的编制和应用[D]. 成都:西南交通大学.

刘宏森,2017. 在劳动中走向“自立”——关于青少年劳动教育的一些思考[J]. 山东青年政治学院学报,33(5):1-8.

申喜阁,2018. 家庭教育视角下的小学生安全意识教育存在的问题及对策[J]. 基础教育研究(1):71-72.

伍伟萍,2011. 社会性别视角下“80 后”家庭分工模式的研究[D]. 上海:华东师范大学.

周圣燕,2020. 学生家庭劳动好习惯培养调查报告[J]. 华人时刊(校长)(12):76-77.

周钰琳,张佳沈,陈艳林,等,2019. 大学生对家务劳动价值认识的研究[J]. 劳动保障世界(33):76.

APLIN T, CHIEN C W, GUSTAFSSON L, 2016. Initial validation of the dimensions of home measure[J]. Australian Occupational Therapy Journal,63(1):47-56.

MORINAGA-OKADA Y, KOSHI R, 1988. Preferences and perceived social norms for division of work and family responsibilities among Japanese college students[J]. Psychol Rep, 63(2): 403-406.

ROGOFF B, 2003. The cultural nature of human development[M]. New York: Oxford University Press.

TEPPER D L, HOWELL T J, BENNETT P C, 2022. Executive functions and household chores: Does engagement in chores predict children's cognition? [J]. Australian Occupational Therapy Journal, 69(5): 1-14.

WHITE L K, BRINKERHOFF D B, 1981. Children's work in the family: Its significance and meaning[J]. Journal of Marriage & Family, 43(4): 789-798.

北京S高校大学生职业生涯规划与就业能力调查

钱雪骏[①]

摘要:开展大学生职业生涯(简称职涯)规划教育对促进大学生健康成长和顺利就业具有重要意义,是培养大学生的职业意识和职业素养、提高就业指导实效性的重要途径。然而,当前中国大学生的职涯规划教育仍存在不容忽视的问题。本报告以北京S高校为例,系统进行大学生职涯规划与就业能力现状调查,并分析问题形成原因,给出改善大学生职涯规划和提升就业能力的对策。

关键词:大学生　职涯规划　就业能力　现状调查　改善对策

正确的大学生职业生涯(职涯)规划是帮助和引导大学生经营好宝贵的大学时光,实现终身职业生涯可持续发展的基础(徐颖云,2012)。在大学生时期形成职业初期目标、培养职业生涯规划意识、提升综合能力在今后就业中非常重要,很多毕业生就业失败后总结的教训是没能做好大学阶段的职涯规划。在高校建立全程职涯规划教育机制,将有助于端正大学生的自我定位,调整就业心态,增强其就业内驱力,从而有效提升大学生的就业能力。本报告从总体状况、职涯规划、就业能力三个维度进行调查,结合职涯认知、职业环境、职业选择、职业适应、职业发展五个核心指标分析大学生职涯规划现状,用专业水平、实践操作、社会适应、人际交往、组织管理、创新创业六个核心指标分析大学生就业能力现状,经起草、讨论形成具有综合性、实践性、开放性、针对性的线上问卷体系。通过调查大学生职涯规划教育现状及其对就业能力的影响,探讨充分发挥职涯规划在提升大学生就业竞争力中的作用及对策建议,帮助大学生做好职涯规划,为他们提升就业能力提供行动指南。

一、概念界定与背景分析

(一)职涯规划

个人的职涯规划作为个人人生规划的主体与其自身所生活的环境密切相关,

---

① 钱雪骏,女,硕士,中国劳动关系学院安全工程学院辅导员,主要从事学生管理、劳动教育研究。

同时要依照实际情况具体安排，并且需要有一定的灵活性。大学生的职涯规划既要结合自身的价值观、性格、兴趣、能力来确定进入社会后愿意从事的职业，同时明确关于职业发展方向的行动方案，让既定的目标能够实现（邹霞 等，2014）。此外，职涯规划的有无及好坏将直接影响到学生在校期间的生活质量，更将直接影响到其求职、就业（陈海菊 等，2013）。总之，职涯规划是指根据自身条件与所处环境，为个人未来的职业确定发展目标、明确努力方向并制定相应的规划。

（二）大学生就业能力

就业能力概念由英国学者在 20 世纪 50 年代首次提出，到 90 年代，就业能力就已成为欧美劳动力市场政策分析和人力资源管理等研究领域中一个重要的研究工具。英国提高学生就业能力合作组织把就业能力定义为：是一组使个人能更好地就业并能使他们成功地胜任所选择的职业的能力。美国教育与就业委员会对就业能力的定义是：获得和保持工作的能力。国际劳工大会认为，就业能力是为个体获得和保持工作，并在工作中进步，以及应对工作中出现的变化的能力。随着西方各国高等教育相继进入大众化阶段，对就业能力的研究越来越深入。中国自 20 世纪 90 年代引进就业能力的概念，最初运用于下岗工人再就业研究中，随着高校大规模扩招，大学生就业难的问题突出，对大学生就业能力的研究也就逐渐增多了。中国学者第一次明确提出大学生就业能力概念的是郑晓明（2002），认为就业能力是指大学毕业生在校期间通过知识的学习和综合素质的开发而获得的能够实现就业理想、满足社会需求、在社会生活中实现自身价值的本领（方志勇 等，2014）。中国也有许多文献对就业能力作了研究，认为就业能力除了保持、更换工作的能力，还有最终在个体职涯中永续实现自我的能力。总之，大学生就业能力是指那些直接影响大学生就业概率和职涯成功概率的一系列知识、技能、价值观、核心竞争力的总和，既是大学生求职和就业时体现出来的综合竞争能力，也是用人单位筛选和培养人才的重要考量因素。

二、调查对象与样本选择

（一）调查对象和样本情况

本调查以北京 S 高校 4 个年级在校生为调查对象，系统调查了 S 高校大学生职涯规划与就业能力的基本现状，如表 1 所示。

表 1 调查对象体情况

项目	分类	人数	百分比/%
性别	男	162	47.23
	女	181	52.77
政治面貌	群众	96	27.99
	共青团员	175	51.02
	中共党员	72	20.99
独生子女	是	182	53.06
	否	161	46.94
户籍类型	农村	151	44.02
	城镇	192	55.98
年级	大一	100	29.15
	大二	101	29.45
	大三	102	29.74
	大四	40	11.66

(二)问卷发放与调查过程

调查问卷从 2022 年 7 月 23 日至 8 月 10 日投放北京 S 高校,共回收问卷 345 份,其中有效问卷 343 份,问卷有效率为 99.42%,调查对象符合问卷调查要求,并进行了个人访谈。

本研究对调查问卷的信度分析主要应用的是克隆巴赫信度系数(Cronbach's alpha),该系数愈高,即工具的信度愈高,如表 2 所示,本调查问卷克隆巴赫信度系统为 0.975,表明问卷信度很好。本研究对调查问卷的效度分析主要应用的是 KMO 和 Bartlett 球形检验,以说明问卷的内在结构是否有效,如表 3 所示,本问卷的 KMO 取值为 0.977,根据 Kaiser 对 KMO 取值范围标准的确定,认定 KMO 的值在 0.9~1.0,表示问卷的结构效度良好。

表 2 调查问卷的可靠性分析

克隆巴赫信度系数	基于标准化项的克隆巴赫信度系数	项数
0.975	0.975	41

表 3 调查问卷的结构效度分析

KMO 取样适切性量数	Bartlett 球形检验		
	近似卡方	自由度	显著性
0.977	9191.534	820	0.000

三、调查数据统计与结果分析

(一)大学生职涯规划与就业能力总体状况分析

本次调查分为职涯规划和就业能力两个维度,如表 4 所示。调查选项分为非常认同、认同、不确定、不认同和非常不认同五个等级。

表 4 调查对象职涯规划与就业能力调查指标

维度	核心指标	变量	调查问题
职涯规划	职涯认知	JN	您已经有明确的理想追求
		KC	您正在朝着自己憧憬的理想而努力
		HD	您喜欢自己的专业
		WY	您擅长自己所学的专业技能
	职业环境	ZU	目标职业是人们口中的“铁饭碗”
		SP	目标行业是近五年内新兴崛起的行业
		KY	目标行业没有受到此次新冠疫情的影响
	职业选择	DY	您的兴趣爱好有明确对应的职业
		GR	最重要和最想要的东西能在职业上体现
		SH	您的职业选择能帮助您实现人生的最终目标
		QT	努力让现有的职业与人生的基本目标一致
	职业适应	ZJ	为达到职业要求,您参加或定制过相关培训或考证
		XK	您有学习第二学位的计划
		GY	职业生涯规划是一个周而复始的过程
	职业发展	JC	您有制定每日学习或工作计划表
		JW	在 3～5 年内,有明确的职业发展目标
		JF	明确制定了长期(如十年)的发展规划
就业能力	专业水平	LF	您的专业课成绩很好
		DG	您的通识课成绩很好
	实践操作	ZQ	您有很强的动手能力
		AS	您对新技能的学习能力很强
		TB	您习惯将理论知识运用到实践中
		ZD	假期都参加社会实习
		CC	实践或实验操作再难都会克服困难完成
		BZ	您是完美主义者

续表

维度	核心指标	变量	调查问题
就业能力	社会适应	YS	一入学就很快适应了大学生活
		CS	假期积极从事社会实践活动
		DD	目前已经有很多大学生朋友
	人际交往	TL	您和同学们的关系很好
		KZ	您和师长的关系很好
		ZX	参加学校里的工作、活动并喜欢团队作战
	组织管理	LJ	有一定组织能力,组织或参与过相关活动
		CX	有过学生干部、团干部或社团干部经历
		FC	喜欢参与团队活动
	创新创业	HF	您是一个富有想象力的人
		ZW	学校开设的创业课程很有意思
		YB	积极参加创新创业大赛及活动

1. 大学生职涯规划与就业能力总体状况分析

运用 SPSS 24.0 软件对大学生职涯规划与就业能力总体状况进行描述性统计,结果如表 5 所示。在被调查的大学生群体中,职涯规划的清晰度与自身就业能力的认同程度存在差异,指标均值越高表示越认同。调查的四项评价内容均值都超过了 3.0 接近 4.0,表示该校大学生对职涯规划与就业能力的总体状况的认同程度较高。

表 5　大学生职涯规划与就业能力的总体状况

评价内容	平均分		认同等级(根据均值评价)
	均值	标准差	
您所在学校有专门提升职涯规划或就业能力的课程或培训	3.82	0.898	认同
职涯规划课程对您的帮助很大	3.86	0.882	认同
您已经有了清晰的职涯规划方案	3.80	0.843	认同
您已具备完备的就业能力	3.67	0.944	认同

调查显示,有 65.60%的调查对象明确表示学校目前专门开设了提升职涯规划或就业能力的课程或培训,其中 83.11%的学生表达了课程对自己有很大的帮助,并且有 80.21%的学生已经有了清晰的职涯规划方案,能有规划地开启大学生活。另外,78.67%的调查对象认为自身已具备完备的就业能力。与此同时,仍有 34.40%的调查对象表示相关课程并没有普及或者存在讲授不到位的

情况。

2. 职涯规划与专业水平相关关系分析

(1)职涯认知与专业水平相关关系分析

采用 Spearman 相关关系分析职涯认知清晰程度与专业水平两个非正态分布等级变量的相关关系,如表 6 所示。说明职涯认知清晰程度和专业水平存在中等程度的正相关关系,即职涯认知清晰程度升高与专业水平升高相关。本次调查中,学生认同职涯认知清晰可以有效提高自身的专业水平。

表 6 职涯认知与专业水平的 Spearman 相关关系分析

变量		专业水平	
		LF	DG
职涯认知	JN	0.515**	0.482**
	KC	0.484**	0.528**
	HD	0.484**	0.490**
	WY	0.524**	0.511**

注:** $p \leqslant 0.01$。

(2)职业环境与专业水平相关关系分析

采用 Spearman 相关关系分析职业环境认知程度与专业水平两个非正态分布等级变量的相关关系,如表 7 所示。说明职业环境认知程度和专业水平存在中等程度的正相关关系,即职业环境认知清晰程度升高与专业水平升高相关。本次调查中,学生认同对职业环境认知明确可以提升自身的专业水平。

表 7 职业环境与专业水平的 Spearman 相关性分析

变量		专业水平	
		LF	DG
职业环境	ZU	0.384**	0.452**
	SP	0.354**	0.383**
	KY	0.509**	0.502**

注:** $p \leqslant 0.01$。

(3)职业选择与专业水平相关关系分析

采用 Spearman 相关关系分析职业选择与专业水平两个非正态分布等级变量的相关关系,如表 8 所示。说明职业选择和专业水平存在中等程度的正相关关系,即职业选择正确度升高与专业水平升高相关。本次调查中,学生认同职业选择正确可以提高自己的专业水平。

表 8　职业选择与专业水平的 Spearman 相关关系分析

变量		专业水平	
		LF	DG
职业选择	DY	0.481**	0.553**
	GR	0.510**	0.549**
	SH	0.497**	0.514**
	QT	0.518**	0.547**

注：** $p \leqslant 0.01$。

(4)职业适应与专业水平相关关系分析

采用 Spearman 相关关系分析职业适应与专业水平两个非正态分布等级变量的相关关系，如表 9 所示。说明职业适应和专业水平存在中等程度的正相关关系，即职业适应能力升高与专业水平升高相关。本次调查中，学生认同对职业尽早适应可以提升自身的专业水平。

表 9　职业适应与专业水平的 Spearman 相关关系分析

变量		专业水平	
		LF	DG
职业适应	ZJ	0.401**	0.472**
	XK	0.409**	0.446**
	GY	0.392**	0.421**

注：** $p \leqslant 0.01$。

(5)职业发展与专业水平相关关系分析

采用 Spearman 相关关系分析职业发展清晰程度与专业水平两个非正态分布等级变量的相关关系，如表 10 所示。说明职业发展清晰程度和专业水平存在中等程度的正相关关系，即职业发展清晰程度升高与专业水平升高相关。数据表明，被调查者的职业发展规划清晰程度越高，自己的目标越明确，专业水平越高。

表 10　职业发展与专业水平的 Spearman 相关关系分析

变量		专业水平	
		LF	DG
职业发展	JC	0.528**	0.542**
	JW	0.445**	0.471**
	JF	0.454**	0.515**

注：** $p \leqslant 0.01$。

3. 就业能力与专业水平相关关系分析

(1)实践操作能力与专业水平相关关系分析

采用 Spearman 相关关系分析实践操作能力与专业水平两个非正态分布等级变量的相关关系，如表 11 所示。说明实践操作能力与专业水平存在中等程度的正相关关系，即实践操作能力升高与专业水平升高相关。数据表明，被调查者的实践经验丰富，动手能力越强，工作质量越高，专业水平越高。

表 11 实践操作能力与专业水平的 Spearman 相关关系分析

变量		专业水平	
		LF	DG
实践操作	ZQ	0.522**	0.506**
	AS	0.531**	0.508**
	TB	0.463**	0.485**
	ZD	0.492**	0.517**
	CC	0.533**	0.554**
	BZ	0.427**	0.504**

注：** $p \leqslant 0.01$。

(2)社会适应能力与专业水平相关关系分析

采用 Spearman 相关关系分析社会适应能力与专业水平两个非正态分布等级变量的相关关系，如表 12 所示。说明社会适应能力与专业水平存在中等程度的正相关关系，即社会适应能力升高与专业水平升高相关。数据表明，被调查者的社会适应能力越强，专业水平更能得到提升。

表 12 社会适应能力与专业水平的 Spearman 相关性分析

变量		专业水平	
		LF	DG
社会适应	YS	0.510**	0.564**
	CS	0.476**	0.487**
	DD	0.416**	0.502**

注：** $p \leqslant 0.01$。

(3)人际交往能力与专业水平相关关系分析

采用 Spearman 相关关系分析人际交往能力与专业水平两个非正态分布等级变量的相关关系，如表 13 所示。说明人际交往能力与专业水平存在中等程度的正相关关系，即人际交往能力水平升高与专业水平升高相关。数据表明，被调查者拥有良好的人际交往关系，沟通能力强，有强烈的团队合作意识，可以提升专业水平。

表 13　人际交往能力与专业水平的 Spearman 相关关系分析

变量		专业水平	
		LF	DG
人际交往	TL	0.491**	0.451**
	KZ	0.508**	0.464**
	ZX	0.402**	0.476**

注：** $p \leqslant 0.01$。

(4)组织管理能力与专业水平相关关系分析

采用 Spearman 相关关系分析组织管理能力与专业水平两个非正态分布等级变量的相关关系，如表 14 所示。说明组织管理能力与专业水平存在中等程度的正相关关系，即组织管理能力水平升高与专业水平升高相关。数据表明，被调查者具备较强的组织管理能力，可以提升专业水平。

表 14　组织管理能力与专业水平的 Spearman 相关性分析

变量		专业水平	
		LF	DG
组织管理	LJ	0.448**	0.510**
	CX	0.503**	0.448**
	FC	0.479**	0.498**

注：** $p \leqslant 0.01$。

(5)创新创业能力与专业水平相关关系分析

采用 Spearman 相关关系分析创新创业能力与专业水平两个非正态分布等级变量的相关关系，如表 15 所示。这说明创新创业能力与专业水平存在中等程度的正相关关系，即创新创业能力水平升高与专业水平升高相关。数据表明，被调查者创新创业思维和实践基础越夯实，专业水平越完善。

表 15　创新创业能力与专业水平的 Spearman 相关性分析

变量		专业水平	
		LF	DG
创新创业	HF	0.496**	0.558**
	ZW	0.464**	0.517**
	YB	0.539**	0.563**

注：** $p \leqslant 0.01$。

(二)大学生职涯规划状况结果分析

1. 大学生职涯认知状况

大学生的职涯认知是通过明确自身的职业价值观、性格、兴趣、能力来树立大学学习目标,根据目标发现与现实的差距,更客观地认识自身的个性特质,科学分析环境因素和社会需求,采取可行的步骤和措施,实现学业目标,提高自身综合素质,来满足市场对人才的需求。调查显示,大学生职涯认知水平高于76%(表16),表明大学生职涯认知基本清楚,有努力动因。同时,也有部分学生没能充分认知自我,导致对所学专业不满意,缺乏学习动力,专业成绩不理想,相关技能掌握不到位,而影响到大学生活和今后发展。

表16 大学生职涯认知状况描述性分析

评价内容	极大值	极小值	均值	百分比/%	标准差	方差
您已经有明确的理想追求	5.00	1.00	3.83	76.60	0.885	0.784
您正在朝着自己憧憬的理想而努力	5.00	1.00	3.82	76.40	0.913	0.834
您喜欢自己的专业	5.00	1.00	3.82	76.40	0.889	0.789
您擅长自己所学的专业技能	5.00	1.00	3.85	77.00	0.870	0.756

2. 大学生职业环境状况

大学生职业环境分析,就是要认清所选职业在社会大环境中的发展状况、未来发展趋势等,可以通过评估环境因素了解其对职涯发展的影响。2021年12月28日,教育部召开新闻发布会指出,2022年高校毕业生规模达1076万人,规模和增量均创历史新高。就业市场用人需求存在不确定性,部分中小企业扩大吸纳就业的能力下降,就业的结构性矛盾尚未得到根本缓解,"就业难"与"招人难"并存的现象仍然存在(郑晓明,2002)。调查显示,大学生职业环境分析水平高于72%(表17),表明大学生对目前职业环境的分析基本符合当下形势。调查对象愿意从事"铁饭碗"工作的意愿较高,很大原因受当前形势下"就业难"和行业稳定性差的影响,多数学生还是能做好职业环境分析,合理规划学涯和职涯的衔接。

表17 大学生职业环境状况描述性分析

评价内容	极大值	极小值	均值	百分比/%	标准差	方差
目标职业是人们口中的"铁饭碗"	5.00	1.00	3.76	75.20	0.894	0.800
目标行业没有受到此次新冠疫情的影响	5.00	1.00	3.76	75.20	0.965	0.931
目标行业是近五年内新兴崛起的行业	5.00	1.00	3.62	72.40	0.964	0.930

调查显示,有58.89%的调查对象表示目标行业是近五年内新兴崛起的行业,通过深入访谈了解到,近些年兴起的医疗卫生行业、街道管理工作等,是他们主要的选

择方向,目前人才缺口较大。但也不得不考虑,新形势下相关行业能否继续上升发展甚至成为人们口中的"铁饭碗"?答案是不确定的。大学生的职涯规划需要结合时势,否则就会造成学涯、职涯规划脱节,不是"学无用武之地",就是"书到用时方恨少"。

3. 大学生职业选择状况

通过职涯认知和职业环境分析,大学生做出自己的正确职业选择,能够激发自己的工作热情。调查显示,大学生职业选择水平高于76%(表18),表明本次调查中多数被调查者能有幸将自己的兴趣爱好结合到明确对应的职业中,学生能学以致用,最重要和最想要的东西能在职业上体现,认为职业选择能帮助他们实现人生的最终目标。职业选择有人做出了正确选择,就会有人选择错误,有三成多的同学表示专业对口的职业并非自己感兴趣或符合自身个性,加之能力若无法胜任后果不堪设想,究其原因可能是职业价值观的不认同,结果就会影响职业路线的发展。

表18 大学生职业选择状况描述性分析

评价内容	极大值	极小值	均值	百分比/%	标准差	方差
您的兴趣爱好有明确对应的职业	5.00	1.00	3.83	76.60	0.895	0.801
最重要和最想要的东西能在职业上体现	5.00	1.00	3.81	76.20	0.913	0.834
您的职业选择能帮助您实现人生的目标	5.00	1.00	3.84	76.80	0.899	0.809
努力让现有的职业与人生目标一致	5.00	1.00	3.85	77.00	0.922	0.850

4. 大学生职业适应状况

大学生职业适应是指使人与职业匹配合理、科学,以提高工作效率。调查显示,大学生职业适应水平高于72%(表19),表明较多调查对象为达到职业要求,参加或定制过相关培训或考证;当原专业不能匹配合适的岗位或从事的行业需要复合型人才、需要更多专业技能时,学生会通过学习第二学位来适应职业要求或有意愿学习;调查显示,65.60%的调查对象认同职涯规划是一个周而复始的连续过程,其过程包括自我评估、环境因素评估、职业目标确定、制定计划、行动、评估与反馈这六个步骤,注意内外环境的变化,不断地审视自我,不断地调整自我,不断地修正目标和策略等,使自己在强压的竞争市场上能厚积薄发,稳步上升。反之,如果职业适应在大学阶段不及时,勉强地踏入用人市场只会让人寸步难行,发展后劲和动力就会不足。

表19 大学生职业适应状况描述性分析

评价内容	极大值	极小值	均值	百分比/%	标准差	方差
为达到职业要求,您参加或定制过相关培训或考证	5.00	1.00	3.67	73.40	0.884	0.781
您有学习第二学位的计划	5.00	1.00	3.62	72.40	1.014	1.028
职业生涯规划是一个周而复始的过程	5.00	1.00	3.83	76.60	0.931	0.867

5. 大学生职业发展状况

根据中国职业规划师协会的定义，职业发展就是在自己选定的领域里，在自己能力所及的范围内，成为最好的专家。当然，“罗马不是一天建成的”，专家也不是一天培养出来的，是日积月累发展起来的。调查显示，大学生职业发展水平高于74%（表20），表明被调查学生有制定每日学习或工作计划表的习惯，并在3～5年内有明确的职业发展目标，在此基础上，约有73%的学生明确制定了长期（如10年）的发展规划。大学生如果短时间没有一个需要完成的目标，浪费时间的情况就会出现，很容易受到外界环境的干扰和影响。如果做不好职业发展规划，那么你就没有很强的进取意识，做起事情来比较消极，而且拖拉，经常为自己找各种借口，容易陷入异想天开的思维当中，会导致你不愿意脚踏实地去工作，丧失眼前和将来的机会。

表20　大学生职业发展状况描述性分析

评价内容	极大值	极小值	均值	百分比/%	标准差	方差
您有制定每日学习或工作计划表	5.00	1.00	3.77	75.40	0.883	0.779
在3～5年内，有明确的职业发展目标	5.00	1.00	3.81	76.20	0.906	0.820
明确制定了长期（如10年）的发展规划	5.00	1.00	3.72	74.40	0.911	0.830

（三）大学生就业能力状况结果分析

1. 大学生专业素养能力状况

大学期间在学好专业知识和技术的基础上，还应与基础知识有机结合，搭建合理的知识结构，将专业学习更好地运用到职业发展中。调查显示，大学生专业素养能力高于75%（表21），一方面反映出大学生认同目前自己的专业课成绩很好。通识课成绩很好，专业素养已经较为完善，能够适应职业对于理论知识的需求；另一方面也反映出有部分学生专业水平能力有限，还需要不断提升以适应就业市场需求。

表21　大学生专业素养能力描述性分析

评价内容	极大值	极小值	均值	百分比/%	标准差	方差
您目前的专业课成绩很好	5.00	1.00	3.78	75.60	0.887	0.786
您的通识课成绩很好	5.00	1.00	3.79	75.80	0.840	0.706

2. 大学生实践操作能力状况

大学生有了一定的理论知识积累，还应具备实际应用能力，不仅要干得了，还要干得好，追求“量”和“质”。调查显示，大学生实践操作能力高于74%（表22），多数学生认同自己有很强的动手能力，对新技能的学习能力很强，会自觉将理论知识运用到实践中,并在假期中会参加社会实习来检验自己的学习,在实践或实验操作中遇到再大的困难也会克服完成。约有65%的调查对象是完美主义者,对自己的实践操作能力提出较高要求。同时,也反映出有部分学生的实践经验匮乏,动手能力较差,这在将来的就业中会输在"起跑线"上。

表22 大学生实践操作能力描述性分析

评价内容	极大值	极小值	均值	百分比/%	标准差	方差
您有很强的动手能力	5.00	1.00	3.78	75.60	0.874	0.764
您对新技能的学习能力很强	5.00	1.00	3.79	75.80	0.871	0.759
您习惯将理论知识运用到实践中	5.00	1.00	3.76	75.20	0.921	0.848
假期都参加社会实习	5.00	1.00	3.83	76.60	0.911	0.830
实践或实验操作再难都会完成	5.00	1.00	3.82	76.40	0.901	0.811
您是完美主义者	5.00	1.00	3.72	74.40	0.888	0.789

3. 大学生社会适应能力状况

所谓大学生社会适应能力,简单理解为"适者生存",时代变化万千,大学生从"读书人"到"社会人"的角色转变,应具备既快又好地适应新的学习、工作、生活环境的能力。调查显示,大学生社会适应能力高于75%(表23),一方面反映出较多调查对象一入学就很快适应了大学生活,在假期也能积极从事社会实践活动,从校内到校外,全面提高自己的社会适应能力;另一方面也可以看到还有一部分大学生没能很好地适应大学生活,社会适应能力弱,职业适应能力也受到影响。

表23 大学生社会适应能力描述性分析

评价内容	极大值	极小值	均值	百分比/%	标准差	方差
一入学就很快适应了大学生活	5.00	1.00	3.85	77.00	0.919	0.844
假期积极从事社会实践活动	5.00	1.00	3.81	76.20	0.861	0.741
目前已经有很多大学生朋友	5.00	1.00	3.78	75.60	0.891	0.795

4. 大学生人际交往能力状况

大学生人际交往是相互传递、交流信息和获取知识、经验的重要途径,是个体认识自我、完善自我的重要手段。大学生今后必然会走入社会,在社会中摸爬滚打,也必然会与社会中形形色色的人打交道,面对不同的人,需要有不同的为人处事方法,以便协调好各种人际关系。众所周知,大学就是社会的缩影,既然是社会,就避免不了社交。所以在大学生迈入社会之前,就要有意识地培养自己的社交能力,具备适应社会发展的人际交往能力。这也是现在组织讲究团队合作精神的基础。调查显示,大学生人际交往能力高于75%(表24),有近七成的被调查者和同学们建立了友谊关系,并能与老师亲切交流,形成良好的师生关系。同样有多数学生参加学校里的工作、活动并喜欢团队作战，反映了良好的人际交往能力。反之，有部分学生性格孤僻，很难与他人保持良好的人际关系，交往能力差，这在今后的工作中也可能存在同事关系紧张的问题，有需要合力完成的工作可能无法胜任。

表 24　大学生人际交往能力描述性分析

评价内容	极大值	极小值	均值	百分比/%	标准差	方差
您和同学们的关系很好	5.00	1.00	3.89	77.80	0.897	0.804
您和师长的关系很好	5.00	1.00	3.87	77.40	0.906	0.822
参加学校里的工作、活动并喜欢团队作战	5.00	1.00	3.78	75.60	0.831	0.690

5. 大学生组织管理能力状况

组织管理能力，即通过建立部门组织结构，规定职位或职务，明确团队成员间的权责关系，使组织中的各成员之间可以相互协作配合、共同劳动，分工明确，有效实现组织目标，这也是大学生在大学四年中应该培养的重要能力。在 343 名调查对象中，大学生组织管理能力高于 75%（表 25），学生认为自己有一定的组织能力，有活动的组织管理经历。171 人有过学生干部、团干部或社团干部任职经历，169 人喜欢参与团队活动。同时，有部分学生缺乏学生干部、团干部或社团干部任职经历，也不喜欢参与团队活动，导致组织管理能力欠缺，就业能力不足。

表 25　大学生组织管理能力描述性分析

评价内容	极大值	极小值	均值	百分比/%	标准差	方差
有一定组织能力，组织或参与过活动	5.00	1.00	3.79	75.80	0.892	0.796
有过学生干部、团干部或社团干部经历	5.00	1.00	3.85	77.00	0.883	0.780
喜欢参与团队活动	5.00	1.00	3.75	75.00	0.927	0.860

6. 大学生创新、创业能力状况

大学生创新能力是技术和各种实践活动领域中不断提供具有经济价值、社会价值、生态价值的新思想、新理论、新方法和新发明的能力。指以现有的思维模式提出有别于常规或常人思路的见解为导向，利用现有的知识和物质，在特定的环境中，本着理想化需要或为满足社会需求而改进甚至创造新的事物，并能获取一定有益效果的行为，是时代持续高速向前发展的必要能力。调查显示，大学生创新、创业能力高于 75%（表 26）。在此次问卷中，相较于别的数据，创新、创业能力在所有的问题中，肯定答案的占比相对较低。半数调查对象认为自己是一个富有想象力的人，48.69%的学生觉得学校开设的创业课程很有意思，48.10%的人会参加创新、创业大赛、活动；表明当下大学生的创新创业意识在提升，但能力的培养还有很大的空间。作为一名在校大学生，应该利用各种途径，逐渐培养自己的创新能力，有意识地积极参加学校开展的社会实践活动、校内创新大赛，培养自己的发散思维、逆向思维,勇敢提出自己的观点与看法。

表 26　大学生创新、创业能力描述性分析

评价内容	极大值	极小值	均值	百分比/%	标准差	方差
您是一个富有想象力的人	5.00	1.00	3.85	77.00	0.869	0.755
学校开设的创业课程很有意思	5.00	1.00	3.78	75.60	0.889	0.791
积极参加创新创业大赛及活动	5.00	1.00	3.75	75.00	0.902	0.813

四、改善大学生职涯规划与就业能力状况的对策与建议

本次调查显示,当前大学生职涯规划和就业能力不足的问题主要体现在职涯规划重视度不高、就业能力培养针对性低、自主创新意识薄弱、主观能动性潜力未被发掘、社会资源就业服务体系不健全等方面,急需加强改善大学生职涯规划与就业能力状况。

1. 提高就业观念,加强大学生职涯规划教育

前面提到,中国的职涯规划概念引入较晚,全民意识的普及还远远不到位,要加强宣传教育力度,从娃娃抓起,在中小学开展普及化职涯规划教育,使大学中的职涯规划教育更加专业化、职业化。目前,很多高校都开展了形式多样的大学生就业服务活动,为学生提供了专业的职涯规划课程和就业指导,但是却普遍存在着学生参与度不高或是被动参与的情况,他们的就业能力没有得到充分的挖掘,导致就业率、就业质量不高。2021 年 3 月 19 日,人力资源社会保障部印发的《关于做好 2021 年全国高校毕业生就业创业工作的通知》要求,拓展精细化职业指导,组建专业化高素质职业指导师队伍,开展职业指导师进校园进社区活动,每人联系服务一定数量的本地高校和社区,为毕业生提供求职指导、职业规划等服务,有条件的地方可开发面向毕业生的职业指导教材,推出一批精品指导课(敖蓉,2022)。要加强对大学生的职涯规划教育,转变他们的就业观念,使他们自觉通过职涯规划明确就业目标,帮助他们树立正确的职业价值观,把重心从盲目就业转移到提升自身的就业竞争力上,从根本上改善"就业难"的现状。

2. 科学职涯规划,有针对性地培养就业能力

2021 年 8 月 27 日,国务院印发《"十四五"就业促进规划》明确提出:"加强职业生涯教育和就业创业指导,加大就业实习见习实践组织力度,开展大规模、高质量高校毕业生职业技能培训,提高高校毕业生就业能力。"如今的就业市场竞争已然成为人才就业能力的竞争,就业能力的培养将一直伴随着大学生活和今后发展。职涯规划应有针对性地培养大学生的就业能力,培养他们良好的劳动素养、责任意识、敬业精神,使他们在学生活动、志愿服务、假期社会实践等活动中,有意识地感

知社会，感知就业、创业的环境和氛围，从而培养社会适应能力，为自己的职业目标积蓄能量、培养能力，促进大学生专业素养、实践操作、社会适应、人际交往、组织管理、创新创业等能力全面发展。

3. 培养创新能力，高度重视政策性就业引导

为了解决高校毕业生“就业难”的问题，国家出台了一系列优惠政策和措施，鼓励、帮助、扶持大学毕业生自主创业，要求高校和社会对大学生创业给予指导和平台。2021 年 11 月 16 日，教育部发布《关于做好 2022 届全国普通高校毕业生就业创业工作的通知》提出：“加强职业生涯教育和就业创业指导，组织举办大学生职业生涯规划比赛活动。”当前大学生自主创业受到了广泛的肯定，特别是提出“中国创造”的口号后，青年的创新创业尤其被高度重视，而且创业机会多、环境更加公平公正、政策帮扶坚实。大学生创新创业首先须具备强烈的创业竞争意识和良好的心理素质，再有自信、自强、自主、自立的创业精神，也少不了全面的创业能力，包括决策能力、经营管理能力、专业技术能力、交往协调能力等，这些都是更高要求的就业能力。高校给予充分的指导和帮助，在市场调研、创业环境以及专业技术指导等方面，切实有效地帮助大学生迈好创业第一步，提高创业的能力。

4. 激发内在动力，促进主观能动性

2018 年 5 月 2 日，习近平总书记来到北京大学考察时强调，当代青年是同新时代共同前进的一代。我们面临的新时代，既是近代以来中华民族发展的最好时代，也是实现中华民族伟大复兴的最关键时代。广大青年既拥有广阔发展空间，也承载着伟大时代使命。青年是国家的希望、民族的未来。2020 年 7 月 7 日，习近平总书记在给中国石油大学（北京）克拉玛依校区毕业生的回信中再次强调，同学们生逢其时、肩负重任。希望全国广大高校毕业生志存高远、脚踏实地，不畏艰难险阻，勇担时代使命，把个人的理想追求融入党和国家事业之中，为党、为祖国、为人民多作贡献。大学生是职涯规划的主体，也是培养就业能力的主体，要充分发挥大学生的主观能动性，促使其积极主动地对自己的职业生涯进行规划。首先要树立正确的职业价值观，然后运用理论、方法，准确地评价自己，明确自身的个性特征、兴趣爱好、就业能力，全面深入了解职业环境，设立稳固的职业目标和发展路线，不断提升自己的就业能力，更从容地迈入职业社会。高校就业服务部门应当指导学生通过科学的方法，合理地实施职涯规划，全面提升自己的综合素质，为进一步创造自己的未来做好准备。

5. 整合社会资源，构建完善的就业服务体系

2023 年 3 月 30 日，人力资源社会保障部印发《关于开展 2023 年高校毕业生等青年就业创业推进计划的通知》指出，高校毕业生等青年就业关系民生福祉、经济发展和国家未来。大学生职涯规划是一项系统工程，需要整合社会资源以建立起一个完善的就业服务体系。除了政府提供的政策环境和信息支持外，社会上的职

涯咨询机构和人才市场也应当发挥他们在大学生职涯规划中的作用,加强校企合作,开展职业教育和就业推介活动。高校可以引入教学实践单位的"一线"技术培训、模拟面试、生产实习等,让大学生熟悉就业过程中应该注意的问题和所需具备的能力素质,有条件的还可以由企业提供实习和就业机会,为解决"就业难"问题开辟了一条可行的道路。

参考文献

敖蓉,2022. 今年高校毕业生预计1076万人,规模和增量均创历史新高——切实解决好青年就业问题[N]. 经济日报,2022-02-13[1].

陈海菊,侍朋宝,李佩忠,等,2013. 职业生涯规划教育对提升大学生就业能力的调研[J]. 河北科技师范学院学报(社会科学版),12(4):87-93.

方志勇,伏晓红,王景,2014. 从提升大学生就业能力的角度改变职业生涯规划教学模式[J]. 经营与管理 (10):156-157.

徐颖云,2012. 高校提升大学生就业力的长效机制研究[J]. 贵州社会科学(5):129-132.

郑晓明,2002."就业能力"论[J]. 中国青年政治学院学报(3):91-92.

邹霞,李继富,2014. 论职业生涯规划在提升大学生就业竞争力中的作用及其实现途径[J]. 重庆理工大学学报(社会科学),28(7):150-152.

上海Y高校大学生志愿服务与公益劳动调查

罗 广[①]

摘要:志愿服务与公益劳动是反映大学生在社会场域下劳动教育状况的重要指标。本报告以上海Y高校为例,对大学生志愿服务与公益劳动状况进行系统调查。调查结果发现,有近80%的学生认为当前高校大学生志愿服务与公益劳动总体状况较好或好。最后,针对大学生志愿服务与公益劳动的现实问题提出了改善策略。

关键词:大学生 志愿服务与公益劳动 现状调查 改善对策

当前,大学生是志愿服务与公益劳动的主要参与者。2015年3月16日,教育部《学生志愿服务管理暂行办法》提出,要规范学生志愿服务工作,加强学生志愿服务管理,进一步推进立德树人,提高学生社会实践能力,增强学生社会责任感,学生志愿者在志愿服务过程中要弘扬"奉献、友爱、互助、进步"的志愿精神。2019年7月,习近平总书记在致中国志愿服务联合会第二届会员代表大会的贺信中强调,希望广大志愿者、志愿服务组织、志愿服务工作者立足新时代、展现新作为,弘扬奉献、友爱、互助、进步的志愿精神,继续以实际行动书写新时代的雷锋故事(王鹏 等,2019)。开展大学生志愿服务与公益劳动现状调查具有重要的现实意义。

一、志愿服务与公益劳动研究文献综述

(一)国内研究现状与文献综述

1. 志愿服务方面

目前,国内学者对大学生志愿服务的研究主要从志愿服务的价值、作用和动机等方面展开。但从总体上看,由于中国的大学生青年志愿者服务起步较晚,尚处于经验积累阶段,在体制建设和运行方式等方面还需进一步加强与改善,许多问题亟

---

① 罗广,男,硕士,中国劳动关系学院安全工程学院辅导员,主要从事学生管理、劳动教育研究。

待解决。丁元竹等(2001)将志愿服务定义为,任何人自愿贡献个人时间和精力,在不为物质报酬的前提下,为推进人类发展、社会进步和社会福利事业而提供的服务。佘双好(2013)认为,志愿服务是在志愿精神感召下志愿开展的无偿的社会服务。李凯等(2016)认为,大学生志愿服务即大学生自发或在一定组织领导下,不以营利为目的,运用自身知识、技能、时间等为他人和社会提供服务,促进社会发展和大学生自身成长的过程。曹阳等(2019)认为,大学生志愿服务是大学生不以获得报酬为目的,自愿奉献时间和智力、体力、技能等,帮助他人、服务社会的公益行为。在本研究中,大学生志愿服务定义为大学生个人组织或是由学校的团委、社团和志愿服务队组织,引导鼓励大学生充分发挥自己的专业知识才能,合理利用空暇时间,力所能及地帮助他人,实现育人与助人目标的活动(李芸芸,2021)。

2. 公益劳动方面

中国对公益问题进行研究的论著较少,但随着国家相关政策的出台,关注公益方面研究的学者逐年增多。关于大学生公益劳动的研究相对于国外起步较晚。杨阳等(2015)认为,公益劳动是大学生融合自我、家庭、社会职场的磨炼方式,在提升大学生智育、德育、美育、体育等综合素质方面一直有重要作用。林美莺(2008)认为,大学生参与公益劳动,是通过认知、认同体验而融会真知、涵养真性、感悟真理的过程,也是达到灵魂深处完成思想政治素质内化的过程。李磊(2011)认为,大学生公益劳动是指学生直接服务于社会的有益的无偿劳动,是学校劳动技术教育和学生参加社会实践的一项重要内容,也是学校对青少年进行集体主义、共产主义教育的重要手段。

(二)国外研究现状与文献综述

1. 志愿服务方面

志愿服务是起源于西方国家具有宗教性质的慈善活动,其社会效益受到越来越多国家政府的重视。许多国家的志愿服务活动起步早、规模大、社会效益好,已逐渐步入组织化、规范化和系统化的轨道,形成了一套比较完整的运作机制和国际惯例(胡蓉,2005)。美国学者马克・A・ 缪其克等(2013)认为,志愿服务并不是简单的无偿劳动,而是为了正确理由而实施的无偿劳动;激发"善行"的是美德,像慷慨、博爱、感恩、忠诚、勇气、同情心和对正义的渴望。Wilson(2000)认为,志愿服务意味着一种通过免费、自愿地贡献自己的时间使得他人、团体或组织受益的行动。Bekkers(2005)指出,志愿服务主要具有价值功能、理解功能、提高功能、职业功能、社会功能、保护功能六方面。

2. 公益劳动方面

国外的公益事业起源相对中国要早,已经积淀了良好的社会信誉和深厚的群众基础。在日本,公益志愿精神的教育现已成为教育的一部分,已有大学引进志愿服务课程(陆亚男,2013)。而在德国,公益参与者具有两个很重要的功能,经济功能、社会功能。经济功能方面,创造出大量经济价值;社会功能方面,大多数人认为公益参与者具有社会整合和社会教化的功能。

总之,国外志愿服务和公益劳动已经形成一定体系及规模,对其的研究也比较丰富。相对来说,中国志愿服务研究较多,公益劳动的相关研究较少,也不够深入,尤其对大学生这一特殊的群体的研究更少。本报告以上海 Y 高校为例,系统总结当前大学生参与志愿服务与公益劳动过程中存在的问题,从志愿服务认知、志愿服务组织与实施、志愿服务活动、公益劳动认知、公益劳动组织与实施、公益劳动活动六个维度开展了问卷调查,并针对当前大学生志愿与公益劳动现状提出相应对策与建议。

二、调查对象与样本选择

(一)调查对象和样本情况

本调查以上海 Y 高校在校生为调查对象,系统调查了 Y 高校大学生志愿服务和公益劳动的基本状况,如表 1 所示。

表 1　被调查者具体情况

项目	分类	人数	百分比/%
性别	男	113	38.31
	女	182	61.70
政治面貌	群众	44	14.91
	共青团员	178	60.33
	中共党员	68	23.05
独生子女	是	43	14.58
	否	253	85.76
户籍类型	农村	165	55.93
	城镇	130	44.07
年级	大一	28	9.49
	大二	59	20.00
	大三	80	27.12
	大四	128	43.39

(二)问卷发放与调查过程

调查问卷从 2022 年 7 月 23 日到 8 月 10 日投放上海 Y 高校,共收回问卷 331

份，其中，有效问卷 295 份，问卷有效率为 89.1%，样本男女比为 1∶1.6，符合问卷调查要求。

本研究对调查问卷的信度分析主要应用的是克隆巴赫信度系数(Cronbach's α)，一般该系数如果在 0.9 以上，则该测验或量表的信度较佳。本次调查信度检验结果如表 2 所示，Cronbach's α 系数为 0.928，大于 0.9，表明问卷信度非常好。本研究对问卷的效度分析主要应用的是 KMO 和 Bartlett 球形检验，以说明问卷的内在结构是否有效。如表 3 所示，KMO 检验的结果显示，KMO 的值为 0.936，同时，Bartlett 球形检验的结果显示，显著性 p 值为 0.000，水平上呈现显著性，拒绝原假设，各变量间具有相关关系，因子分析有效，程度为适合。

表 2　调查问卷的可靠性分析

克隆巴赫信度系数	基于标准化项的克隆巴赫信度系数	项数	样本数
0.928	0.935	31	295

表 3　KMO 检验和 Bartlett 球形检验

KMO 值	Bartlett 球形检验		
	近似卡方	自由度	显著性
0.936	5808.533	465	0.000

三、调查数据统计与结果分析

(一)大学生志愿服务与公益劳动总体状况分析

本次调查包括志愿服务和公益劳动两个维度，分志愿服务认知、志愿服务组织与实施、志愿服务活动、公益劳动认知、公益劳动组织与实施、公益劳动活动六个核心指标开展，见表 4。

表 4　被调查者志愿服务与公益劳动调查指标

维度	核心指标	变量	调查问题
总体状况		JN	您认为当前高校大学生志愿服务与公益劳动总体状况如何
		KC	在开展志愿服务与公益劳动的过程中，您会非常注重职业健康
		HD	在开展志愿服务与公益劳动的过程中，您会非常注重职业安全
		WY	在开展志愿服务与公益劳动的过程中，您会非常注重职业应急

续表

维度	核心指标	变量	调查问题
志愿服务	志愿服务认知	ZU	您认为大学生对志愿服务的认同感如何
		SP	您认为大学生每年参与志愿服务活动的次数是多少
		KY	您认为影响大学生参加志愿服务积极性的原因是什么
		DY	如果今后学校号召大学生参加志愿服务，您是否愿意
	志愿服务组织与实施	GR	您认为学校目前提供的各种志愿服务机会很多
		SH	您所在的学校经常开展大学生志愿服务培训
		QT	如果学校组织了志愿服务活动，您会主动报名参加
	志愿服务活动	ZJ	您认为主动参与志愿服务活动是值得的事情
		XK	您参与志愿服务活动时总是兴趣浓厚，有明确的目标和计划
		GY	您每次参与志愿服务活动时，习惯做充分准备，认真对待
		JC	您认为自己毕业后仍会主动参与志愿服务
公益劳动	公益劳动认知	JW	您认为大学生对公益劳动的认同感如何
		JF	您每年参与公益劳动活动的次数是多少
		LF	您认为影响大学生参加公益劳动积极性的原因是什么
		DG	如果今后学校号召大学生参加公益劳动，您的态度是什么
	公益劳动组织与实施	ZQ	您认为学校目前提供的各种公益劳动机会很多
		AS	您所在的学校经常开展大学生公益劳动培训
		TB	如果学校组织了公益劳动活动，您会主动报名参加
	公益劳动活动	ZD	您认为主动参与公益劳动是值得的事情
		CC	您参与公益劳动时总是兴趣浓厚，有明确的目标和计划
		BZ	您每次参与公益劳动时，习惯做充分准备
		YS	您认为自己毕业后仍会主动参与公益劳动

1. 基于性别的大学生志愿服务与公益劳动状况分析

本调查运用独立样本 t 检验了解不同性别参加志愿服务与公益劳动状况的差异，显著性水平小于 0.05 的项目见表 5，表明不同性别参加志愿服务活动次数存在显著差异。

表 5　性别与参加志愿服务与公益劳动状况的关系

变量	男(1)		女(2)		t	p
	均值	标准差	均值	标准差		
SP	1.850	0.966	2.082	0.997	−1.974	0.049

2. 基于年级的大学生志愿服务与公益劳动状况分析

本调查运用描述统计和单因素方差分析方法了解所在年级与参加志愿服务和公益劳动状况的相关关系,显著性水平小于 0.05 的项目见表 6。结果显示,KY 参加志愿服务积极性、LF 参加公益劳动积极性的 t 统计量均达到显著水平,表示不同年级大学生对参加志愿服务和公益劳动积极性影响因素认识存在显著差异。

表 6　年级与参加志愿服务与公益劳动的关系

变量	大一(1)		大二(2)		大三(3)		大四及其他(4)		F	p
	均值	标准差	均值	标准差	均值	标准差	均值	标准差		
KY	2.643	1.224	2.390	1.326	2.275	1.283	3.117	1.390	7.963	0.000
LF	2.571	1.230	2.288	1.260	2.462	1.432	3.125	1.392	6.800	0.000

3. 基于是否独生子女大学生志愿服务与公益劳动状况分析

本调查运用独立样本 t 检验了解独生子女与非独生子女大学生参加志愿服务与公益劳动的差异(表 7),研究结果发现独生子女与非独生子女大学生参加志愿服务与公益劳动不存在显著差异($p>0.05$)。因此,是否是独生子女对大学生参加志愿服务与公益劳动状况无显著影响。

表 7　是否独生子女与参加志愿服务与公益劳动的关系

变量	独生子女(1)		非独生子女(2)		t	p
	均值	标准差	均值	标准差		
XK	4.212	0.725	4.033	0.860	1.847	0.066

4. 基于是否学生干部的大学生志愿服务与公益劳动状况分析

本调查运用独立样本 t 检验了解是否担任学生干部对参加志愿服务与公益劳动的影响(表 8),研究结果发现是否担任学生干部对参加志愿服务与公益劳动状况没有影响($p>0.05$)。如表 8 所示。

表 8　是否学生干部与参加志愿服务与公益劳动的关系

变量	学生干部(1)		非学生干部(2)		t	p
	均值	标准差	均值	标准差		
ZD	4.371	0.762	4.200	0.785	1.900	0.058
BZ	4.300	0.784	4.142	0.777	1.738	0.083

5. 大学生志愿服务与公益劳动的总体状况分析

本次调查总体情况如表 9 所示,大学生对志愿服务与公益劳动总体情况的不同方面的认同程度存在差异。指标值最大为 5 分,表示非常认同,最小为 1 分,表示非常不认同，中间值依次表示认同、不确定、不认同。指标均值越高表示越认同，四个变量的均值都超过了4.0，表明大学生对志愿服务与公益劳动总体持非常认同态度。对开展过程中应重视“职业安全”“职业健康”和“职业应急”持非常认同态度。

表9　大学生志愿服务与公益劳动总体情况

变量	平均分		排序与认同等级	
	均值	标准差	排序	认同等级(依据均值评价)
JN	4.075	0.796	4	非常认同
KC	4.197	0.801	2	非常认同
HD	4.261	0.810	1	非常认同
WY	4.156	0.822	3	非常认同

表10结果显示，有79.66%的学生认为当前高校大学生志愿服务与公益劳动总体状况较好或好。在开展志愿服务过程中，有83.66%的学生认同或非常认同应非常注重职业健康，有83.39%的学生认同或非常认同应非常注重职业安全，有81.02%的学生认同或非常认同应非常注重职业应急。八成以上的学生在进行实践过程中有较高的安全意识，但仍有约二成的学生安全意识较低，有待提高。

表10　大学生志愿服务与公益劳动总体情况频率表

变量	百分比/%				
	非常不认同	不认同	不确定	认同	非常认同
JN	0.34	3.05	16.95	48.14	31.53
KC	0.34	3.05	12.88	44.07	39.66
HD	0.34	2.37	13.90	37.63	45.76
WY	0.68	2.37	15.93	42.71	38.31

(二)大学生志愿服务状况分析

1. 大学生志愿服务认知状况分析

认知是行为的先导，大学生对志愿服务的认知直接影响其志愿行为的方向。由表11可知，大学生对志愿服务的认同感和响应学校号召参加志愿服务的态度均值都大于4.0，都呈非常认同态度。在参加志愿活动次数方面，平均每人每年参加5～10次。总之，大学生志愿服务认知较好，有助于大学生志愿行为的实施。

表 11　大学生志愿服务认知认同度

<table>
<tr><th rowspan="2">变量</th><th colspan="2">平均分</th><th colspan="2">排序与认同等级</th></tr>
<tr><th>均值</th><th>标准差</th><th>排序</th><th>认同等级(依据均值评价)</th></tr>
<tr><td>ZU</td><td>4.197</td><td>0.838</td><td>2</td><td>非常认同</td></tr>
<tr><td>SP</td><td>1.993</td><td>0.99</td><td>SP 为次数,不参与排序</td><td>SP 为次数,不参与等级评价</td></tr>
<tr><td>KY</td><td>2.698</td><td>1.38</td><td>3</td><td>认同</td></tr>
<tr><td>DY</td><td>4.268</td><td>0.791</td><td>1</td><td>非常认同</td></tr>
</table>

表 12 结果显示,在 ZU 问题中,选择频率由高到低依次为"认同"(41.69%)、"非常认同"(41.36%)、"不确定"(12.88%)、"不认同"(3.39%)、"非常不认同"(0.68%)。可见,83.05%学生都对志愿服务持有认同态度,有参加志愿服务的意愿和想法。在 DY 问题中,"非常认同"(44.75%)、"认同"(40.34%)、"不确定"(12.20%)、"不认同"(2.37%)、"非常不认同"(0.34%),不难发现,大学生参加志愿服务的意愿较强,能够积极响应学校志愿工作的开展。在 SP 问题中,结果显示在一年内参加志愿服务次数 0 次占 1.36%,1～5 次占 37.29%,6～10 次占 36.61%,11～20 次占 16.95%,20 次以上占 7.8%。可见,只有极少数学生一年内没有参加过志愿服务,大多数学生能够积极投身到志愿服务中去。在 KY 问题中,选择频率由高到低依次是"不清楚到哪里去参与"(33.22%)、"学习任务重"(31.86%)、"不相信公益机构,担心受骗"(15.93%)、"自身生活艰难,没能力帮助"(12.54%)、"其他"(6.44%)。可见,由志愿者的内在个人条件而影响志愿服务进程的比例明显低于客观外部条件,客观外部条件是影响大学生参与志愿服务积极性的重要原因。

表 12　大学生志愿服务认知频率表

<table>
<tr><th rowspan="2">变量</th><th colspan="5">百分比/%</th></tr>
<tr><th>非常不认同</th><th>不认同</th><th>不确定</th><th>认同</th><th>非常认同</th></tr>
<tr><td>ZU</td><td>0.68</td><td>3.39</td><td>12.88</td><td>41.69</td><td>41.36</td></tr>
<tr><td>DY</td><td>0.34</td><td>2.37</td><td>12.20</td><td>40.34</td><td>44.75</td></tr>
<tr><td rowspan="2">变量</td><td colspan="5">参加不同志愿活动次数占比/%</td></tr>
<tr><td>0 次</td><td>1～5 次</td><td>6～10 次</td><td>11～20 次</td><td>20 次以上</td></tr>
<tr><td>SP</td><td>1.36</td><td>37.29</td><td>36.61</td><td>16.95</td><td>7.80</td></tr>
<tr><td rowspan="2">变量</td><td colspan="5">影响志愿服务效果的原因占比/%</td></tr>
<tr><td>学习任务重</td><td>自身生活艰难,没能力帮助</td><td>不相信公益机构,担心受骗</td><td>不清楚到哪里去参与</td><td>其他</td></tr>
<tr><td>KY</td><td>31.86</td><td>12.54</td><td>15.93</td><td>33.22</td><td>6.44</td></tr>
</table>

2. 大学生志愿服务组织与实施状况分析

高校志愿服务组织是大学生参与志愿服务的重要平台，是保障大学生志愿服务高效、有序、稳定运行的重要依托。据表13调查结果可知，大学生会积极响应学校组织的志愿活动，会主动报名参加，该指标认同度最高。对学校目前提供了很多种志愿服务机会和学校经常开展志愿服务培训这两个指标呈认同态度，且认同度依次降低。这表明学校在这两方面的工作开展情况仍有待提升，应力求为学生提供更大的志愿服务实施平台与保障。

表13　大学生志愿服务组织与实施认同度

变量	平均分		排序与认同等级	
	均值	标准差	排序	认同等级(依据均值评价)
GR	3.973	0.918	2	认同
SH	3.915	0.956	3	认同
QT	4.095	0.848	1	非常认同

表14结果显示，在GR问题中，选择频率由高到低依次是“认同”(41.36%)、“非常认同”(31.86%)、“不确定”(20.00%)、“不认同”(5.76%)、“非常不认同”(1.02%)，这一结果说明学校为大学生提供了较多的志愿服务机会，七成以上大学生认可学校志愿服务工作，能够把握学校提供的志愿服务机会，对所在高校志愿服务组织的认知较好。

在SH问题中，选择频率由高到低依次是“认同”(39.32%)、“非常认同”(30.51%)、“不确定”(23.73%)、“不认同”(4.07%)、“非常不认同”(2.37%)，结果表明有69.83%的学生认为学校志愿服务培训次数足够多，23.73%对所在高校是否经常开展志愿服务培训了解不足，6.44%认为学校志愿服务培训工作没有落实到位。

在QT问题中，选择频率由高到低依次是“认同”(43.39%)、“非常认同”(35.59%)、“不确定”(16.37%)、“不认同”(4.41%)、“非常不认同”(0.24%)，这一结果说大学生主动参加志愿服务的积极性很高，普遍具有较强的服务意识，能够把握学校提供的志愿服务机会。

表14　志愿服务组织与实施频率表

变量	百分比/%				
	非常不认同	不认同	不确定	认同	非常认同
GR	1.02	5.76	20.00	41.36	31.86
SH	2.37	4.07	23.73	39.32	30.51
QT	0.24	4.41	16.37	43.39	35.59

3. 大学生志愿服务活动状况分析

由表15调查结果可知,四个指标的均值均大于4.0,表明大学生对四个指标非常认同。普遍认为主动参与志愿服务活动是值得的事情,总是抱有浓厚兴趣和有明确的目标和计划,且在参与志愿服务时习惯做充分准备并认真对待,认为自己毕业后仍会主动参与志愿服务。

表15　志愿服务活动认同度

变量	平均分		排序与认同等级	
	均值	标准差	排序	认同等级(依据均值评价)
ZJ	4.305	0.762	1	非常认同
XK	4.102	0.814	4	非常认同
GY	4.207	0.779	2	非常认同
JC	4.119	0.843	3	非常认同

表16结果显示,在ZJ问题中,选择频率由高到低依次是"非常认同"(46.78%)、"认同"(38.98%)、"不确定"(12.20%)、"不认同"(2.03%)、"非常不认同"(0.01%),这一结果说明大学生自身对于志愿服务活动的价值取向和价值认可度是很高的,且没有人对志愿服务秉持非常不认同的观念。

在XK问题中,选择频率由高到低依次是"认同"(43.73%)、"非常认同"(34.92%)、"不确定"(18.31%)、"不认同"(2.71%)、"非常不认同"(0.33%),结果表明有78.65%的学生表示在参与志愿服务活动时总是兴趣浓厚。

在GY问题中,有明确的目标和计划,在参加志愿工作之前充分准备,认真对待每一份志愿工作的人数达到了83.39%。

在JC问题中,选择频率从高到低依次是"认同"(42.03%)、"非常认同"(37.29%)、"不确定"(15.93%)、"不认同"(4.75%)、"非常不认同"(0.00%),可反映出79.32%的同学表示自己在毕业之后仍会主动参与志愿服务活动,且没有人对毕业后参与志愿服务表示"非常不认同"。

以上数据很大程度上表明了同学们对于志愿服务活动的积极心态,也能看出大学生们参与志愿活动的主动积极及认真负责,能够挺身而出为社会无私奉献的同学不在少数。

表16　志愿服务活动频率表

变量	百分比/%				
	非常不认同	不认同	不确定	认同	非常认同
ZJ	0.01	2.03	12.20	38.98	46.78
XK	0.33	2.71	18.31	43.73	34.92

续表

变量	百分比/%				
	非常不认同	不认同	不确定	认同	非常认同
GY	0.00	2.71	13.90	43.39	40.00
JC	0.00	4.75	15.93	42.03	37.29

(三)大学生公益劳动状况分析

1. 大学生公益劳动认知状况分析

大学生对公益劳动类型的认知直接影响其志愿行为的方向。由表17调查结果可知,大学生对公益劳动的认同感和响应学校号召参加公益劳动的态度均值都大于4.0,都呈非常认同态度。由结果可知,大学生公益劳动认知较好,有助于大学生公益劳动行为的实施。

表17　公益劳动认知认同度

变量	平均分		排序与认同等级	
	均值	标准差	排序	认同等级(依据均值评价)
JW	4.197	0.822	2	非常认同
JF	1.942	1.082	JF为次数不参与排序	JF为次数,不参与等级评价
LF	2.725	1.403	LF为原因不参与排序	SP为原因,不参与等级评价
DG	4.247	0.793	1	非常认同

表18结果显示,在JW问题中,选择频率由高到低依次为"非常认同"(41.36%)、"认同"(40.68%)、"不确定"(14.58%)、"不认同"(3.39%)、"非常不认同"(0.43%)。由此可见,大多数学生都对公益劳动活动持有认同态度,有参加社会公益的意愿和想法。

在JF问题中,结果显示在一年内参加公益劳动活动次数0次占2.71%,1～5次占7.46%,6～10次占16.95%,11～20次占27.12%,20次以上占45.76%。从这一结果可看出,在对于公益劳动的参与度上与志愿服务活动具有一定的相似性,仅有2.71%的学生一年内没有参加过公益劳动,不难发现,大学生参加公益劳动的意愿较强,能够积极响应公益劳动活动工作的开展,有97.29%的同学每年都或多或少地积极参与公益,想通过自己的力量,为社会尽一份力,为公益事业添砖加瓦。

在LF问题中,选择频率由高到低依次是"不清楚到哪里去参与"(32.54%)、"学习忙没时间"(31.18%)、"不相信公益机构,担心受骗"(14.24%)、"自身生活艰难,没能力帮助"(13.90%)、"其他"(8.14%),这一结果说明,由志愿者的内在个人条件而影响公益劳动活动进程的比例明显低于客观外部条件,客观外部条件是影响大学生参与公益劳动活动积极性的重要原因。

在DG问题中,选择频率由高到低依次是“非常认同”(44.07%)、“认同”(39.32%)、“不确定”(13.90%)、“不认同”(2.37%)、“非常不认同”(0.00%),有83.39%的同学对今后学校号召大学生参加公益劳动的行为表示认同和非常认同的态度,没有人对这项举措表示非常不认同。

表18 公益劳动认知频率表

变量	百分比/%				
	非常不认同	不认同	不确定	认同	非常认同
JW	0.43	3.05	14.58	40.68	41.26
DG	0.00	2.71	13.90	39.32	44.07
变量	参加不同志愿活动次数占比/%				
	0次	1~5次	6~10次	11~20次	20次以上
JF	2.71	45.76	27.12	16.95	7.46
变量	影响志愿服务效果的原因占比/%				
	学习忙没时间	自身生活艰难,没能力帮助	不相信公益机构,担心受骗	不清楚到哪里去参与	其他
LF	31.18	13.90	14.24	32.54	8.14

2. 大学生公益劳动组织与实施状况分析

公益劳动是一种直接服务于公益事业、不取报酬的劳动。学校的公益劳动组织成立的目的在于培养学生为人民服务、为公众谋利益的良好思想品德,推动学生接触社会、深入生活,参加各种社会实践,形成良好社会风尚。表19结果显示,大学生会积极响应学校组织的公益劳动,会主动报名参加,此指标认同度最高。其次是认为学校目前为大学生提供了各种公益劳动机会。最后是学校经常开展大学生公益劳动培训。表明学校在公益劳动培训方面的工作应进一步加强,为公益劳动活动的开展与实施提供保障。

表19 公益劳动组织与实施认同度

变量	平均分		排序与认同等级	
	均值	标准差	排序	认同等级(依据均值评价)
ZQ	4.051	0.869	2	非常认同
AS	3.969	0.905	1	认同
TB	4.119	0.827	3	非常认同

表20结果显示,在ZQ这一问题中,选择频率由高到低依次是“认同”(40.34%)、“非常认同”(34.92%)、“不确定”(20.00%)、“不认同”(4.41%)、“非常

不认同”(0.33%),这一结果表明学校为大学生提供了较多的公益劳动机会。

在AS这一问题中,选择频率由高到低依次是“认同”(38.98%)、“非常认同”(32.21%)、“不确定”(23.05%)、“不认同”(5.08%)、“非常不认同”(0.68%),结果表明有28.82%的学生对所在高校是否经常开展公益劳动培训了解不足,5.76%的同学认为学校的公益劳动服务培训工作没有落实到位。

在TB这一问题中,选择频率由高到低依次是“认同”(42.37%)、“非常认同”(36.61%)、“不确定”(17.63%)、“不认同”(3.05%)、“非常不认同”(0.34%),这说明大学生主动参加公益劳动的积极性很高,具有较强的公益精神,这些也都充分说明学校的公益劳动活动组织实施与推进工作都得到了学生们的认可与支持。

表20 公益劳动组织与实施频率表

变量	百分比/%				
	非常不认同	不认同	不确定	认同	非常认同
ZQ	0.33	4.41	20.00	40.34	34.92
AS	0.68	5.08	23.05	38.98	32.21
TB	0.34	3.05	17.63	42.37	36.61

3. 大学生公益劳动活动状况分析

由表21可知,四个指标的均值均大于4.0,表明大学生对四个指标非常认同。普遍认为主动参与公益劳动活动是值得的事情,总是抱有浓厚兴趣和有明确的目标与计划,且在参与公益劳动时,习惯做充分准备,认真对待,认为自己毕业后仍会主动参与公益劳动。

表21 公益劳动活动认同度

变量	平均分		排序与认同等级	
	均值	标准差	排序	认同等级(依据均值评价)
ZD	4.281	0.777	2	非常认同
CC	4.163	0.779	3	非常认同
BZ	4.217	0.783	1	非常认同
YS	4.119	0.913	4	非常认同

表22结果显示,在ZD这一问题中,选择频率由高到低依次是“非常认同”(45.08%)、“认同”(41.02%)、“不确定”(10.85%)、“不认同”(3.05%)、“非常不认同”(0%),据统计结果可以发现超过八成的大学生都认为主动参与公益劳动是一件值得的事情。

在CC这一问题中,选择频率由高到低依次是“认同”(44.75%)、“非常认同”(36.95%)、“不确定”(16.27%)、“不认同”(1.69%)、“非常不认同”(0.34%),这些数据表明大学生在参与公益劳动时保持着浓厚的兴趣，同时对自己所从事的公益活动也有着明确的目标和清晰的计划。

在BZ这一问题中，选择频率由高到低依次是“非常认同”(41.35%)、“认同”(41.36%)、“不确定”(14.92%)、“不认同”(2.37%)、“非常不认同”(0%)，这表明绝大多数同学在每次参与公益劳动时都习惯提前做好充分的准备工作，并为后续的公益劳动活动更好地进行奠定基础，并且没有同学在参与公益劳动活动前丝毫不进行准备，充分展现了大学生对公益劳动活动的认真与负责。

在YS这一问题中，选择频率由高到低依次是“非常认同”(40.68%)、“认同”(37.63%)、“不确定”(14.91%)、“不认同”(6.44%)、“非常不认同”(0.33%)，这表明在毕业后大多数同学仍会热心公益劳动，积极参与公益活动。

表22　公益劳动活动频率表

变量	百分比/%				
	非常不认同	不认同	不确定	认同	非常认同
ZD	0.00	3.05	10.85	41.02	45.08
CC	0.34	1.69	16.27	44.75	36.95
BZ	0.00	2.37	14.92	41.36	41.35
YS	0.34	6.44	14.91	37.63	40.68

四、改善大学生志愿服务与公益劳动状况的对策

1. 政府层面应着力完善志愿服务和公益劳动保障体系

在推进志愿服务和公益劳动保障方面，政府应建立大学生志愿服务和公益劳动的保障体系。具体包括：一是加快推进相关法律法规的建立与健全，不断完善志愿管理办法和志愿服务长效机制、激励机制、学分制度、督导评估机制等。二是在推动志愿服务资源覆盖面方面，可以设立大学生志愿服务和公益劳动方面运作的专项基金，发动募捐，争取更多的企业及个人赞助；三是出台有利于大学生志愿者进行志愿服务和公益劳动的政策规定，从法律政策上进一步保障大学生志愿者的合法权益。

2. 学校层面应大力推进志愿服务和公益劳动培训教育

学校在培养综合能力强的大学生志愿者队伍方面应重点推动培训工作。具体包括：一是在培训目标上，以立志、立学、立德为目标，志愿服务和公益劳动组织对大学生志愿者进行思想教育(李芸芸，2021)，培养担任民族复兴的时代新人。二是学校志愿服务和公益劳动组织应联合社会培训资源，有计划、有质量地对大学生志愿者进行培训，使他们成为合格的志愿者。三是在培训内容上，志愿服务和公益劳动组织要以志愿服务和公益劳动知识培训、岗位培训和心理素质培训为主，并且根

据志愿服务和公益劳动的内容，合理安排志愿者进行岗位技能培训，提升大学生参与志愿服务和公益劳动的能力。

3. 个人层面大学生应努力参与志愿服务和公益劳动

志愿者是决定志愿服务和公益劳动开展成功与否的关键因素：一是带着能力提升的目标导向去参加志愿服务和公益劳动，大学生可以在参与活动过程中有针对性地提升自身的社交能力、领导能力等，丰富社会经验，将志愿服务和公益劳动作为锻炼自身的第二课堂，使其成为思政育人、全面发展的有力措施。二是结合自身专业技能素养参与志愿服务和公益劳动，大学生所学的专业技能不能仅仅停留于书本理论知识的学习，终究还是需要落到实践中去，通过专业的技能、素养与水平的融合，提升整个活动的服务质量。三是根据社会需要和人民需求参与志愿服务和公益劳动，大学生应当关注社会热点和人民需求的相关问题，如非常时期的疫情、救灾、赛事服务等，树立建设国家、奉献社会、服务人民的服务意识、大局意识和奉献精神，立志在自己的各个阶段通过自己的双手为国家、社会和人民做出力所能及的贡献，在这一过程中成长成才。

参考文献

曹阳，储祖旺，2019. 服务学习视角下新时代我国大学生志愿服务机制优化研究[J]. 中国高等教育(Z1)：69-71.

丁元竹，江汛清，2001. 志愿活动研究：类型、评价和管理[M]. 天津：天津人民出版社.

胡蓉，2005. 我国非营利组织志愿者的管理研究[D]. 成都：西南交通大学.

李凯，陈霞，2016. 评述大学生志愿服务活动的内涵及实践路径[J]. 教育现代化，3 (27)：218-220.

李磊，2011. 公益劳动与大学生思想道德素质提升之研究[J]. 中国集体经济(12)：210-211.

李芸芸，2021. 疫情防控背景下大学生志愿服务现状调查研究[D]. 呼和浩特：内蒙古师范大学.

林美莺，2008. 艰辛知人生，实践长才干——论大学生参加公益劳动的意义及策略[J]. 赤峰学院学报(汉文哲学社会科学版)(2)：15-17.

陆亚男，2013. 大学生公益活动研究[D]. 哈尔滨：东北林业大学.

马克·A·缪其克，约翰·威尔逊，2013. 志愿者[M]. 魏娜，等，译. 北京：中国人民大学出版社.

佘双好，2013. 志愿服务概论[M]. 武汉：武汉大学出版社.

王鹏，王思北，孙少龙，2019. 在民族复兴伟业中书写志愿服务新篇章——习近平总书记致中国志愿服务联合会第二届会员代表大会的贺信指明方向、鼓舞人心[N]. 经济日报[07-25](02).

杨阳，房龙飞，张丽，2015. 大学生公益劳动拓展创新必要性研究[J]. 山海经(故事)(4)：17.

BEKKERS R H F P, 2005. Participation in voluntary associations: relations with resources, personality, and political values[J]. Wiley-blackwell(3): 439-454.

WILSON J, 2000. Volunteering[J]. Annual Review of Sociology, 26(1): 215-240.

山东G高校大学生生产实习状况调查

孙 娟 田欣玉[①]

摘要:生产劳动状况是反映大学生在企业场域下劳动教育状况的重要指标。本报告以山东G高校为例,对大学生生产实习劳动状况进行系统调查。调查结果显示,大多数学生在实习过程中遇到了实践经验、技能不足的困境,同时认为实习经验对其职业发展有积极的影响,可以帮助他们更好地适应未来的工作环境。最后,针对此次工科大学生生产实习的现实问题提出了改善对策。

关键词:工科大学生 生产实习 现状调查 改善对策

生产实习是高等学校和中等专业学校学生在生产现场,以工人、技术员、管理员等身份直接参与生产过程,使专业知识与生产实践相结合的教学形式。2021年5月,习近平总书记在中国科学院第二十次院士大会、中国工程院第十五次院士大会、中国科协第十次全国代表大会上强调,要更加重视青年人才培养,努力造就一批具有世界影响力的顶尖科技人才,稳定支持一批创新团队,培养更多高素质技术技能人才、能工巧匠、大国工匠。生产实习正是培养大学生实际工作能力和经验的重要手段,但长期以来,生产实习作为培养学生综合分析能力和学科交叉融合能力的重要课程,易受到实习经费、区位条件、地方经济产业结构和校企部门壁垒等因素的限制,因此,开展大学生生产实习调查,客观分析大学生生产劳动状况具有重要意义。

一、生产实习研究文献综述

生产实习是大学生从校园走向社会的重要桥梁,尤其是对于工科学生而言,生产实习既可以帮助学生将理论知识应用于实际工作,提高实际操作能力,又可以为学生提供深入工厂、企业、实验室等实际工作环境的机会,亲身体验相关工作岗位的职责和要求,了解并掌握基本的工作技能。

---

① 孙娟,女,硕士,山东管理学院智能工程学院党总支副书记,主要从事学生管理、劳动教育研究。
田欣玉,女,硕士,山东管理学院智能工程学院组织员,主要从事学生思政教育、劳动教育研究。

(一)国内生产实习研究文献综述

国内学者非常注重生产实习方面的研究。张航伟等(2013)指出,93.4%的同学不同程度地认为生产实习之后的最终收获达到生产实习之前的预期收获;管艳梅等(2021)指出,学生对生产实习课程期待程度较高,但对实习时长和实习方式不够满意;贺国文等(2014)、肖霄等(2009)调查得出,大学生普遍认同生产实习的积极作用,但多数学生认为生产实习缺少实际操作,课程设置应进行改进;赵林琳等(2013)归纳分析得出,目前高校工科类专业实践教学中生产实习所需校外现场难以满足要求;白文林等(2013)认为,在专业技术综合训练及科研训练等方面尚需进一步完善。胡亦杰(2022)提出构建"线上观摩、互助互学、线下实操"三位一体的教学方法和"全过程、多元化"教学评价方法可以有效缓解工学矛盾、师资匮乏、实践单位难求、考核形式化等问题;吴心平等(2023)提出搭建线上课程教学平台、线上工程实践平台及线下企业实习平台;刘志等(2021)探究实践课程线上线下混合模式教学方法,强化实践课程教学效果;吴立波(2015)建议把生产实习指导教师队伍建设摆在突出位置,进一步提高基本素质和专业能力;孙丰龙等(2023)提出使用生产实习过程信息化管理平台以强化学生实习参与度和认同感;曾晓云等(2020)指出校内实践操作教育很难全面培养大学生的工程素养,需要高校采用生产实习的方式,将学科教育、实践操作与各种教育模式有机整合,培养大学生良好的创新意识与实践操作技能,为其后续的发展夯实基础;汪冰峰(2018)提出将专业课程与生产实习内容关联,在实习前期进行生产实习项目的规划和准备,在实习期间做好严格的控制和管理,在实习之后进行科学的考核和总结;夏志新等(2017)针对大学工科实习中存在的问题,提出了一些探索性改革措施,用于提高实习过程中学生的认可度和实习效果,培养大学生面对实际工程应用的实践能力和综合素质;周志鹏等(2018)通过分析部分高校机电类大学生生产实习现状,结合学生在实习中遇到的问题,提出生产实习教学模式改革的必要性,阐述将生产实习和结构设计、工艺设计相融合的思想和具体措施;郑彬等(2018)从制定符合专业风险特性的安全管理制度、将安全教育融入专业课程、加强实习期间安全管理、建立实习安全事故保障机制等方面构建大学生实习安全管理模式,以保障大学生实习安全;赵鑫等(2020)分析了大学生在校期间认识实习、生产实习、毕业实习的参与现状、重要性、影响因素以及三种混合实习之间相辅相成的关系,旨在深化混合性实习对大学生就业以及未来发展的影响,以期为教育管理和政策的完善提供参考;黄斌等(2017)设计了将企业技术需求与大学生创新实习活动相结合的思路,实验以企业小课题为导向的大学生创新型生产实习模式;潘红波等(2017)建议政府和相关部门应进一步完善实践教学管理和保障体制,工科院校要不断改进实践教育模式,逐渐提高学生的整体实践水平。

(二)国外生产实习研究文献综述

Sandra Raquel Gonçalves Fernandes(2014)探讨了在高等教育中使用项目制学习(PBL)促进学生深度学习和职业实践的重要意义，认为面对的主要困难和挑战为繁重的工作量和评估方法。Armarego(2007)对从业者进行研究分析得出，行业对毕业生的期望与高等教育目标之间存在一定的差距，因此在对之前应用认知学徒制和基于问题的学习周期进行评估的基础上，开发并实施了一个基于反思性实践的模型，为学生就业打下了坚实基础。Cleary 等(2003)提出将课程"土木工程实践"纳入土木工程课程以解决专业实践问题。Magnell 等(2019)研究指出学术研究和专业实践的双重耦合可以提高工科专业学生的学习动力，并为其就业做好准备。Butkus 等(2004)将专业实践问题融入本科工程设计项目中，发现学生与企业的充分交流使得其更完整地理解了所学知识。Piselli 等(2018)将传统的材料选择理论框架与工业案例研究应用相结合，实现了高等教育与工业界的双赢战略，使学生能够获得关于特定市场环境中最常用的材料和技术的专业知识。马来西亚 Kebangsaan 大学土木与结构工程系已将专业实践纳入课程，以加强学生的技术知识，Mutalib 等(2013)介绍了在四年制土木工程课程中整合专业实践的经验。Agapiou(2006)设计并使用了基于网络的模拟游戏作为传统教学方法的有益补充，有助于培养本科生的通用专业实践技能。Goncalves 等(2020)提出了一种基于项目的学习和实践活动，目前已应用于数字工程项目，包括环境、土木、计算机、生产、电气、机械、自动化和化学工程，可以有效提高工科专业大学生的学习兴趣。以实践为基础的法律、医学、教育、护理和工程等专业学生通常对实践领域的性质了解有限，所学学科领域理论与专业实践之间往往存在脱节，Dalgarno 等(2014)使用视频会议、网络会议和移动视频等丰富的媒体技术将大学课堂与专业实践场所连接起来，帮助解决传统实践教育方法中发现的问题。

综上所述，生产实习在工科专业大学生的培养过程中具有重要的意义。通过生产实习的开展，学生可以提高实践能力、创新能力和团队协作能力，为未来的职业生涯打下坚实的理论基础和实践基础。然而，生产实习过程中存在的现实问题却不容忽视。为进一步提高生产实习成效，需要校企双方的共同努力，加强校内实习基地建设，完善课程评分考核机制，构建专业实践教学团队，为大学生实习提供全方位支持。

二、调查对象与样本选择

(一)调查对象和样本情况

本调查以山东 G 高校在校生为调查对象，系统考察大学生对于生产实习的认知情况，并围绕大学生生产实习的真实状况开展调查。如表 1 所示。

表 1 被调查者具体情况

项目	分类	人数	百分比/%
性别	男	200	67.57
	女	96	32.43
政治面貌	群众	76	25.68
	共青团员	212	71.62
	党员	8	2.70
	其他	0	0.00
所学专业	电子信息工程	131	44.26
	安全工程	84	28.38
	机器人工程	81	27.36
年级	大一	121	40.88
	大二	93	31.42
	大三	73	24.66
	大四	9	3.04
户籍类型	农村	240	81.08
	城镇	56	18.92

(二)问卷发放与调查过程

调查问卷在 2022 年 7 月 22 日到 8 月 17 日投放山东 G 高校，共收回问卷 305 份，其中有效问卷 296 份，问卷有效率为 97.05%，样本男女比为 2∶1，符合问卷调查要求。

本研究对调查问卷的信度分析主要应用的是克隆巴赫信度系数(Cronbach's α)，该系数愈高，即工具的信度愈高，如表 2 所示，本调查问卷该系数 0.990，表明问卷信度很好。本研究对调查问卷的效度分析主要应用的是 KMO 和 Bartlett 球形检验，以说明问卷的内在结构是否有效，如表 3 所示，本问卷的 KMO 取值为 0.963，根据 Kaiser 对 KMO 取值范围标准的确定，认定 KMO 的值在 0.9～1.0，表示问卷的结构效度良好。

表 2 调查问卷的可靠性分析

克隆巴赫信度系数	基于标准化项的克隆巴赫信度系数	项数
0.990	0.991	31

表 3 调查问卷的结构效度分析

<table>
<tr><td rowspan="2">KMO 取样适切性量数</td><td colspan="3">Bartlett 球形检验</td></tr>
<tr><td>近似卡方</td><td>自由度</td><td>显著性</td></tr>
<tr><td>0.963</td><td>18 820.75</td><td>465</td><td>0</td></tr>
</table>

三、调查数据统计与结果分析

本次调查包括三个维度，分别为高校、企业、学生，如表 4 所示。调查选项分为非常认同、认同、不确定、不认同和非常不认同五个等级。

表 4 被调查对象生产实习调查指标

<table>
<tr><td>维度</td><td>核心指标</td><td>变量</td><td>调查问题</td></tr>
<tr><td colspan="2" rowspan="7">总体状况</td><td rowspan="3">ZT</td><td>您认为高校大学生生产实习总体状况如何</td></tr>
<tr><td>在实习期间，您每天的实习时间</td></tr>
<tr><td>在实习期间，您每周的生产实习天数</td></tr>
<tr><td rowspan="2">ZJ</td><td>您认为生产实习与所学专业相关</td></tr>
<tr><td>您从事生产实习的主要类型</td></tr>
<tr><td>XK</td><td>学校要求您签订了详尽的实习协议</td></tr>
<tr><td>GY</td><td>学校或企业在实习前购买保险或人身伤害意外险有重要作用</td></tr>
<tr><td rowspan="11">高校</td><td rowspan="3">实习计划与安排</td><td>JC</td><td>您认为学校非常重视生产实习及相关安排</td></tr>
<tr><td>JW</td><td>您认为学校的实习管理制度非常健全</td></tr>
<tr><td>JF</td><td>学校有固定的实习基地，且定期安排学生实习</td></tr>
<tr><td rowspan="3">实习教学与指导</td><td>LF</td><td>您认为学校在生产实习前开展实习教育、实习指导与培训非常重要</td></tr>
<tr><td>DG</td><td>指导老师会主动询问您的实习情况并对实习产生的问题进行详细指导</td></tr>
<tr><td>ZQ</td><td>指导教师在实习过程中及时跟进您的实习，并进行经验交流、现场指导和检查考核</td></tr>
<tr><td rowspan="5">实习考核与评价</td><td>YS</td><td>您认为所在学校的实习考核方式公平合理</td></tr>
<tr><td>CS</td><td>您所在学校有针对生产实习的详细考核指标</td></tr>
<tr><td>DD</td><td>您所在学校生产实习的考核评价指标非常全面</td></tr>
<tr><td rowspan="2">TL</td><td>在实习过程中，指导教师也会进行考核与评价</td></tr>
<tr><td>您认为学校是生产实习考核评价的主体</td></tr>
</table>

续表

维度	核心指标	变量	调查问题
企业	入厂教育与培训	HF	您认为实习单位非常重视学生实习工作
		ZW	您所在实习单位有明确的实习生岗位职责和培训要求
		YB	您所在实习单位每次实习前进行必要的实习安全教育和应急技能培训
	实习内容与实施	ZH	生产实习中，企业为您安排了有经验的指导教师
		NH	生产实习中，实习单位认真组织了观摩相关流程与设备或重要管理环节
		WH	生产实习中，实习单位安排的实习内容与所学专业相关度比较高
	实习效果与鉴定	SE	通过实习，您更愿意从事本专业工作
		RW	通过实习，您了解和掌握了从事本专业所需的知识与能力要求
		JH	企业的实习评价考核能够真实反映您的生产实习过程及效果
学生	实习态度与认知	CD	您认为大学生生产实习的主要目标（多选题）
			您认为实习对于大学生的能力培养很重要
			请按影响程度由高到低排序您的实习动机
			您所期待的生产实习
		TY	您认为当前高校生产实习目标和要求很明确
	实习过程与记录	LR	在生产实习中，您认为以下哪些问题是最棘手的（多选题）
			在生产实习过程中，您遇到问题时会如何解决
			在生产实习过程中，您会定期回顾总结记录实习过程中的经验与教训
		SJ	在生产实习过程中，您严格遵守学校和实习单位的安全规章制度和劳动纪律
		BF	您会根据实习要求认真撰写实习报告
	实习效果与总结	FK	您会通过实习周报与总结来反思实习过程并不断调整提高
		QK	您认为实习报告能准确记录和反映您实习的实际情况
		JS	您认为您的生产实习超出预期效果
			通过实习，您的哪种能力得到了较大提升

（一）大学生在个人方面生产实习总体情况分析

1. 大学生性别与生产实习的关系

根据对大学生生产实习情况的调查，不同性别对生产实习情况有一定影响，因为性别不同，一部分大学生对于生产实习的认识存在差异，但大部分情况下不受性别影响。运用统计学差异（p）了解不同性别间生产实习状况的差异，结果如表5所示。

表 5　大学生性别与生产实习的关系

变量	男(1)		女(2)		t	p	平均值差值	科恩值
	平均值	标准差	平均值	标准差				
ZT	4.11	1.00	3.95	0.90	1.32	0.24	0.16	0.16
ZJ	4.04	1.09	4.05	0.90	−0.11	0.04	−0.01	−0.01
XK	3.81	1.28	3.26	1.36	3.40	0.47	0.55	0.42
GY	3.92	1.20	3.84	1.15	−0.55	0.69	0.08	0.07
JC	4.14	0.97	4.15	0.94	−0.02	0.78	−0.01	−0.002
JW	4.09	1.01	4.06	1.01	0.23	0.93	0.03	0.03
JF	4.11	1.01	4.08	1.05	0.17	0.61	0.02	0.02
LF	4.21	0.93	4.26	0.86	−0.45	0.42	−0.05	−0.06
DG	4.16	0.96	4.23	0.86	−0.62	0.25	−0.07	−0.08
ZQ	4.15	0.96	4.22	0.84	−0.58	0.12	−0.12	−0.07
YS	4.17	0.97	4.22	0.82	−0.45	0.07	−0.05	−0.06
CS	4.17	0.98	4.23	0.83	−0.49	0.06	−0.06	−0.06
DD	4.16	0.97	4.22	0.82	−0.53	0.07	−0.06	−0.07
TL	4.17	0.97	4.26	0.80	−0.88	0.03	−0.09	−0.10
HF	4.11	1.01	4.16	0.84	−0.42	0.04	−0.05	−0.05
ZW	4.12	1.01	4.12	0.89	−0.08	0.14	−0.01	−0.01
YB	4.11	1.01	4.17	0.91	0.61	0.25	−0.06	−0.06
ZH	4.14	0.98	4.19	0.87	0.37	0.19	−0.04	−0.05
NH	4.16	0.98	4.20	0.87	−0.30	0.18	−0.04	−0.04
WH	4.15	0.98	4.20	0.85	−0.38	0.12	−0.04	−0.05
SE	4.13	1.00	4.13	0.89	0.08	0.18	0.01	0.01
RW	4.12	0.99	4.20	0.82	−0.68	0.04	−0.07	−0.08
JH	4.14	0.97	4.18	0.85	−0.33	0.14	−0.04	−0.04
CD	4.25	0.90	4.38	0.77	−1.14	0.08	−0.12	−0.14
TY	4.20	0.95	4.25	0.86	−0.39	0.28	−0.04	−0.05
LR	4.21	0.90	4.27	0.79	−0.61	0.14	−0.07	−0.08
SJ	4.16	0.92	4.34	0.79	−1.66	0.10	−0.18	−0.21
BF	4.15	0.97	4.33	0.78	−1.74	0.02	−0.18	−0.20
FK	4.16	0.96	4.28	0.79	−1.14	0.04	−0.12	−0.13
QK	4.19	0.94	4.25	0.79	−0.57	0.06	−0.06	−0.07
JS	4.10	1.00	4.15	0.86	−0.38	0.09	−0.05	−0.05

注：检验水准为 0.05。

根据表 5,不同性别大学生在 ZJ“您认为生产实习与所学专业相关”(总体状况)、TL“在实习过程中,指导教师也会进行考核与评价”(实习考核与评价)、HF“您认为实习单位非常重视学生实习工作”(企业入厂教育与培训)、RW“通过实习,您了解和掌握了从事本专业所需的知识与能力要求”(实习效果与鉴定)、BF“您会根据实习要求认真撰写实习报告”(实习过程与记录)、FK“您会通过实习周报与总结来反思实习过程并不断调整提高”(实习效果与总结)这 6 个问题上存在显著的统计学差异($p \leqslant 0.05$)。

2. 高校大学生所在年级与生产实习的关系

大学生生产实习调查情况显示,大学生所在年级对生产实习的认识具有比较明显的影响,不同年级生产实习的教学安排情况不同,主观评价也存在差异。所在年级差异运用描述统计和单因素方差分析方法了解不同年级生产实习状况的差异,显著性水平小于 0.05 的项目如表 6 所示。

表 6 高校大学生所在年级与生产实习的关系

变量	大一(1)		大二(2)		大三(3)		大四(4)		p
	平均值	标准差	平均值	标准差	平均值	标准差	平均值	标准差	
ZT	3.94	1.05	4.25	0.87	4.07	0.90	3.60	1.07	0.001
HF	4.05	1.02	4.35	0.83	4.04	0.93	3.60	1.17	0.030
ZW	4.05	1.01	4.33	0.88	4.04	0.94	3.60	1.26	0.045
YB	4.10	1.03	4.31	0.90	4.01	0.95	3.50	1.18	0.040
WH	4.11	1.01	4.34	0.85	4.13	0.87	3.50	1.18	0.047
RW	4.09	1.02	4.34	0.80	4.09	0.85	3.50	1.18	0.046

注:检验水准为 0.05。

根据表 6,不同年级大学生在 ZT“您认为高校大学生生产实习总体状况如何”、HF“您认为实习单位非常重视学生实习工作”(企业)、ZW“您所在实习单位有明确的实习生岗位职责和培训要求”(企业)、YB“您所在实习单位每次实习前进行必要的实习安全教育和应急技能培训”(企业)、WH“生产实习中,实习单位安排的实习内容与所学专业相关度比较高”(实习内容与实施)、RW“通过实习,您了解和掌握了从事本专业所需的知识与能力要求”(实习效果与鉴定)这 6 个问题上存在显著的统计学差异($p \leqslant 0.05$)。指标值最大为 5 分,表示非常认同,最小为 1 分,表示非常不认同。在有显著性差异的指标中,相较于大一的学生来说,大二的学生对生产实习的认知与实践有所提高。

3. 是否为独生子女与生产实习的关系

根据大学生生产实习调查情况显示,大学生是否为独生子女在其对生产实习的主观评价和具体实践方面没有明显差异。运用描述统计和单因素方差分析方法了解大学生独生子女与非独生子女间生产实习认知状况的差异,结果如表 7 所示。

表 7　是否为独生子女与生产实习的关系

变量	独生子女(1)		非独生子女(2)		p
	平均值	标准差	平均值	标准差	
ZT	4.06	1.08	4.05	0.92	0.54
ZJ	4.06	1.07	4.03	1.01	0.70
XK	3.65	1.35	3.63	1.32	0.82
GY	3.91	1.20	3.90	1.18	0.84
JC	4.15	0.93	4.14	0.97	0.93
JW	4.09	1.00	4.08	1.02	1.00
JF	4.11	1.00	4.09	1.03	0.99
LF	4.20	0.93	4.24	0.90	0.73
DG	4.17	0.93	4.19	0.93	0.83
ZQ	4.15	0.92	4.19	0.93	0.67
YS	4.14	0.98	4.21	0.90	0.67
CS	4.18	0.97	4.20	0.92	1.00
DD	4.12	1.00	4.21	0.89	0.63
TL	4.16	0.98	4.22	0.89	0.76
HF	4.07	1.01	4.15	0.93	0.59
ZW	4.04	1.05	4.16	0.93	0.46
YB	4.06	1.03	4.16	0.96	0.48
ZH	4.14	1.00	4.17	0.93	0.93
NH	4.11	1.01	4.21	0.91	0.53
WH	4.13	0.98	4.19	0.93	0.68
SE	4.09	1.01	4.15	0.94	0.70
RW	4.10	1.01	4.17	0.90	0.75
JH	4.12	0.98	4.17	0.91	0.82
CD	4.25	0.90	4.31	0.85	0.56
TY	4.23	0.92	4.22	0.92	0.91
LR	4.14	0.97	4.27	0.81	0.41
SJ	4.10	0.98	4.28	0.83	0.18

续表

变量	独生子女(1)		非独生子女(2)		p
	平均值	标准差	平均值	标准差	
BF	4.10	1.00	4.26	0.87	0.20
FK	4.14	0.97	4.23	0.88	0.53
QK	4.17	0.96	4.23	0.87	0.77
JS	4.10	0.98	4.12	0.95	0.92

注:检验水准为 0.05。

根据表 7,31 个问题的显著性水平都大于 0.05,说明独生子女与非独生子女间在这 31 个问题上不存在统计学差异。

4. 大学生生产实习的总体情况

大学生生产实习状况的总体情况如表 8 所示。大学生对生产实习总体状况的不同方面的认同程度存在差异。指标均值越高表示越认同,4 个细分指标的均值都超过了 3.0,其中 2 个细分指标的均值超过了 4.0,表明大学生对生产实习总体状况、生产实习与所学专业的相关性、学校要求签订详尽的实习协议以及学校或企业在实习前购买保险或人身伤害意外险有重要作用方面比较认同,其中认同度最高的是对高校大学生生产实习总体状况,说明学生认为高校大学生生产实习总体状况较好。大学生对于学校要求签订详尽的实习协议表现为不确定,说明学校与学生签订详尽实习协议方面有待提升。

表 8 大学生生产实习的总体情况

变量	平均分		排序与认同等级	
	均值	标准差	排序	认同等级
ZT	4.06	0.97	1	非常认同
ZJ	4.04	1.03	2	非常认同
XK	3.64	1.33	4	认同
GY	3.90	1.18	3	认同

(二)大学生在高校方面生产实习总体情况分析

大学生高校生产实习是指大学生在高校学习过程中,进入高校的教学实验室、工厂或与高校合作的企业进行实习,实际参与生产过程,了解和学习高校科研、教学和企业管理方面的知识。这种实习对于大学生和专业院校都具有重要意义。具体分为实习计划与安排、实习教学与指导、实习考核与评价三个方面。大学生高校生产实习状况存在差异。指标均值越高表示越认同,三个方面的均值都超过了 4.0

接近4.3,表示大学生对高校生产实习状况的认同程度较高。大学生在高校方面生产实习的总体情况如表9所示。其中认为LF“学校在生产实习前开展实习教育、实习指导与培训非常重要”的认同程度最高,认为TL“在实习过程中,指导教师也会进行考核与评价”次之,认为JW“学校的实习管理制度非常健全”认同程度最低。

表9　大学生在高校方面生产实习的总体情况

核心指标	变量	平均分		排序与认同等级	
		均值	标准差	排序	认同等级
实习计划与安排	JC	4.14	0.96	7	非常认同
	JW	4.08	1.01	10	非常认同
	JF	4.10	1.02	9	非常认同
实习教学与指导	LF	4.23	0.91	1	非常认同
	DG	4.13	0.98	8	非常认同
	ZQ	4.17	0.92	5	非常认同
实习考核与评价	YS	4.18	0.93	4	非常认同
	CS	4.19	0.93	3	非常认同
	DD	4.17	0.93	5	非常认同
	TL	4.20	0.92	2	非常认同

1. 实习计划与安排

实习计划与安排是实习活动的基础,它包括了实习的目的、内容、时间、地点等基本要素。一个合理的实习计划与安排能够使大学生更加明确实习目标,有效地分配时间和精力,提高实习效果。认为JC“学校非常重视生产实习及相关安排”的均值最高,为4.14,标准差最小,为0.96,反映了学生对于学校在生产实习安排方面的认可。认为JW“学校的实习管理制度非常健全”的均值最低,为4.08,反映了学生对实习管理制度的不认可,可能受到了一些不合理制度的限制,影响了实习效率。JF“学校有固定的实习基地,且定期安排学生实习”的均值为4.10,处于中间位置。

2. 实习教学与指导

实习教学与指导是实习活动的核心,包括实习导师的讲解、演示、指导等。实习导师的水平和经验对实习生的学习效果至关重要。优秀的实习导师能够用浅显易懂的语言讲解生产过程中的关键技术,并通过实际操作演示让实习生更容易理解与掌握。同时,实习导师还需要关注实习生的学习进度,针对不同的学生给予针对性的指导,帮助实习生解决实际问题。认为LF“学校在生产实习前开展实习教育、实习指导与培训非常重要”的均值是最高的(4.23),DG“指导老师会主动询问您的实习情况并对实习产生的问题进行详细指导”的均值最低(4.13),表明指导老师应该加强培训。

3. 实习考核与评价

实习考核与评价是检验实习效果的重要手段,通常包括实习报告、实际操作考核、面试等形式。通过这些考核方式,可以评估实习生对生产技能的掌握程度和对理论知识的理解水平。考核结果可以激励实习生更加努力地学习,同时也可以帮助实习导师调整教学计划,提高整体实习效果。在实习过程中,TL“指导教师也会进行考核与评价”均值最高,达到 4.20,反映了学生在生产实习过程中认识到了指导教师的重要性。

(三)大学生在企业方面生产实习总体情况分析

大学生企业方面生产实习是指大学生在完成学业过程中,进入企业进行实习,实际参与企业生产过程,了解和学习企业运作和管理的知识。这种实习对于大学生和企业都具有重要意义。大学生企业方面生产实习的总体状况如表 10 所示,包含入厂教育与培训、实习内容与实施、实习效果与鉴定三个方面。入厂教育与培训方面,大学生对 HF“实习单位非常重视学生实习工作”、ZW“实习单位有明确的实习生岗位职责和培训要求”、YB“实习单位每次实习前进行必要的实习安全教育和应急技能培训”三者的认同度基本一致;实习内容与实施方面,大学生对 NH“生产实习中,实习单位认真组织了观摩相关流程与设备或重要管理环节”和 WH“生产实习中,实习单位安排的实习内容与所学专业相关度比较高”认同度最高;实习效果与鉴定方面,大学生对 RW“通过实习,您了解和掌握了从事本专业所需的知识与能力要求”和 JH“企业的实习评价考核能够真实反映您的生产实习过程及效果”认同度最高。

表 10 大学生在企业方面生产实习的总体情况

核心指标	变量	平均分		排序与等级	
		均值	标准差	排序	非常等级
入厂教育与培训	HF	4.12	0.96	7	非常认同
	ZW	4.12	0.97	7	非常认同
	YB	4.12	0.98	7	非常认同
实习内容与实施	ZH	4.16	0.95	3	非常认同
	NH	4.17	0.94	1	非常认同
	WH	4.17	0.94	1	非常认同
实习效果与鉴定	SE	4.13	0.96	6	非常认同
	RW	4.15	0.94	4	非常认同
	JH	4.15	0.93	4	非常认同

1. 入厂教育与培训

通过数据分析,认为 HF“实习单位非常重视学生实习工作”、ZW“所在实习单位有明确的实习生岗位职责和培训要求”和 YB“所在实习单位每次实习前进行必要的实习安全教育和应急技能培训”三者的认同度基本一致。这表明入厂教育与培训有助于大学生更好地了解企业的运作,更快地适应实习环境。如果入厂教育与培训不够充分,大学生可能会在实习过程中遇到各种困难,影响实习效果。

2. 实习内容与实施

ZH“企业为学生安排了有经验的指导教师”的均值为 4.16,标准差为 0.95,三者中认同度最低,表明一部分学生对于该项不满意;NH“实习单位认真组织了观摩相关流程与设备或重要管理环节”与 WH“实习单位安排的实习内容与所学专业相关度比较高”均值相同,均为 4.17。结果表明实习的实施过程需要有企业的导师进行指导和监督,这一方面应该加强,以确保大学生能够在实习过程中学到有用的知识。

3. 实习效果与鉴定

“通过实习,您更愿意从事本专业工作”(SE)的均值为 4.13,标准差为 0.96,认可度最低,表明应该为学生安排专业更对口的、学生更感兴趣的实习岗位。“通过实习,您了解和掌握了从事本专业所需的知识与能力要求”(RW)均值与“企业的实习评价考核能够真实反映您的生产实习过程及效果”(JH)相同,均为 4.15,表明学生认可度较高,反映出大学生在实习过程中的成长和收获,以及企业的实习管理水平。

(四)大学生在学生方面生产实习的总体情况分析

通常来说,大学生在生产实习前往往缺乏实践经验,对实践的重要性理解不够深刻。在实践前,学校、指导老师等未能对生产实习的目标、要求进行详细的说明和解释,导致学生对实习的重要性认识不足。当前社会对大学生的期望越来越高,许多人认为学历和文凭是最重要的,而对实践经验的重视不足,这也影响了大学生对生产实习的认识。因此,学校应该加强对生产实习的宣传,让学生了解生产实习的目标和要求,同时也要让家长和社会大众了解生产实习的重要性。学生方面生产实习总体情况具体分为实习态度与认知、实习过程与记录、实习效果与总结三个方面。大学生在学生方面生产实习的总体状况存在差异。指标均值越高表示越认同,三个方面的均值都超过了 4.2 接近 4.3,表明大学生在生产实习过程中对这三个方面的认同程度较高。大学生在学生方面生产实习的总体情况如表 11 所示。其中大学生对 CD“实习对于大学生的能力培养很重要”的认同程度最高,LR“定期回顾总结记录实习过程的经验与教训”次之,JS“生产实习超出预期效果”认同程度最低。

表 11　大学生在学生方面生产实习的总体情况

核心指明	变量	平均分		排序与等级	
		均值	标准差	排序	非常等级
实习态度与认知	CD	4.29	0.86	1	非常认同
	TY	4.22	0.92	3	非常认同
实习过程与记录	LR	4.23	0.86	2	非常认同
	SJ	4.22	0.89	3	非常认同
	BF	4.21	0.92	5	非常认同
实习效果与总结	FK	4.20	0.91	7	非常认同
	QK	4.21	0.90	6	非常认同
	JS	4.12	0.96	8	非常认同

1. 实习态度与认知

学习态度与认知是指实习生对待实习任务的心态和理解程度。一个积极主动、虚心学习的实习生更容易从实习过程中学到有价值的知识，提高实习效果。相反，一个缺乏积极性和主动性的实习生可能难以充分汲取实习经验。“认为实习对于大学生的能力培养很重要”的均值为 4.29，表明学生比较认可生产实习的作用，对于能力培养十分关键，且高于“认为当前高校生产实习目标和要求很明确”的均值(4.219)。

2. 实习过程与记录

实习过程与记录是指实习生在实习工作中参与任务、解决问题和记录实习经历的过程。一个完整、详细的实习过程与记录有助于实习生回顾和反思自己的经历，从中汲取经验教训。反之，一个缺乏条理和深度的实习过程可能难以为实习生提供有效的学习素材。“定期回顾总结记录实习过程中的经验与教训”的均值为 4.226，高于“严格遵守学校和实习单位的安全规章制度和劳动纪律”(4.219)和“会根据实习要求认真撰写实习报告”(4.209)，表明大部分同学会定期回顾总结记录实习过程中的经验与教训，严格遵守学校和实习单位的安全规章制度和劳动纪律，根据实习要求认真撰写实习报告。

3. 实习效果与总结

实习效果与总结是指实习生在实习结束后对实习过程的反思和收获的总结。一个深刻的总结可以帮助实习生发现自己的优点和不足，明确未来努力的方向。一个仓促、肤浅的总结可能无法帮助实习生充分认识到自己的问题，影响实习效果。“会通过实习周报与总结来反思实习过程并不断调整提高”的均值和标准差分别是 4.2 和 0.91；“认为实习报告能准确记录和反映您实习的实际情况”的均值和标准差分别是 4.206 和 0.90；“认为您的生产实习超出预期效果”的均值最低(为

4.12),但标准差最高(为 0.96),表明一部分同学认为生产实习没有超出预期效果。

四、改善当前大学生生产实习状况的基本对策

针对提升大学生生产实习效果的基本对策这一问题,学生的选择频率由高到低依次是"加强学校生产实习的顶层设计"(72.6%)、"加强学校指导教师的过程指导"(68.9%)、"学校应提供更优质的生产实习单位"(66.2%)、"学校课程设计符合企业要求"(57.1%)、"企业应加强实习学生的指导"(52.7%)。

(一)端正学生生产实习认知

调查显示,相当比例的学生对生产实习课程信息不甚了解,说明课前设计不合理,课前准备不到位。学生实习目的不明确严重影响了其实习的自觉性、主动性和积极性(张凤 等,2019)。提升学生生产实习认知的具体措施:一是在生产实习的先修课程中巧妙地结合实习内容,明确介绍实习的目标、知识与能力培养要求,以及先修与后续课程关系等;二是举办实习相关系列讲座,系统地进行实习动员工作,确保学生对实习持认真态度,并讲清楚实习考核与安全管理制度;三是在实习前组织开展生产实习专业基础与安全知识竞赛,以实习分组合作参赛,并将该成绩计入实习成绩,激发学生的学习热情与积极性,增加实习的趣味性。

(二)加强校内实习基地建设

加强校内实习基地建设,充分发挥学校创新实践能力培养主阵地作用,建设线上线下、课上课下全覆盖的实践拓展中心,给学生提供更多的实习机会,帮助学生更好地掌握实践技能。具体可包括:一是加大投入。学校可以加大投入,为校内实习基地提供更多的资源和支持,比如购买先进的设备、增加师资力量等。二是与企业合作。学校可以与企业合作,共同建设校内实习基地,借鉴企业的实践经验提高实习基地的实际效益。三是加强管理。学校应加强对校内实习基地的管理,建立规范的管理制度和流程,确保实习过程的质量和安全。四是建立实习基地库。学校可以建立实习基地库,收集整理校内实习基地信息,为学生提供更加便捷的实习资源查询服务。五是建立实习经验分享平台。学校可以建立实习经验分享平台,让学生分享实习经验和心得,以此促进学生之间的交流和学习。

(三)倡导校企合作交流互动

加强大学和企业的合作交流与互动,可以促进双方的合作共赢。校企合作具体包括:一是加强校企联系和合作,这是解决生产实习场所问题的关键,高校应把

握主动，采取不同途径与企业取得联系并逐步建立实习基地，向企业输送优秀人才和服务地方经济社会。二是与企业开展产学研合作，能及时了解专业发展状况和企业技术需求，促进教师科研的顺利开展，逐步形成相互促进、互惠互利的机制。三是学校可以定期开展校企合作交流会，邀请企业代表到校园与学生面对面交流，介绍企业的发展情况、招聘需求和人才培养方向，同时也可以了解学生对企业的需求和期望。四是学校与一些重要的企业联合建立校企合作联盟，共同开展人才培养、科技研发、社会服务等方面的合作，为学生提供更多的实习机会和就业机会。可以与企业合作开展一些具体的项目，比如科技创新项目、社会调研项目、市场推广项目等，让学生在实践中提高专业技能和实际能力。五是学校与企业建立信息共享机制，建立校企双向信息沟通渠道，让企业更好地了解学校的人才培养情况和学生的就业需求，同时也可以让学校更好地了解企业的需求和期望。

(四)完善课程评分考核机制

完善实习课程的评分考核机制，可以帮助教师更好地了解学生的实习表现和实际能力，从而及时调整教学内容和教学方法，提升实践教学能力。通过实习课程的评分考核机制，可以让学生更加重视实习过程和实习表现，促进实践能力和职业素养的提高，为学生的职业发展打下坚实的基础。具体包括：一是学校可以制定实习课程评分考核标准，明确评分标准和权重，让学生和教师都知道如何评价实习课程的表现。二是通过建立实习管理规章制度，明确实习课程的要求和流程，规范实习过程的管理和评估。三是加强实习课程的监督和指导，为学生提供充足的实习指导，帮助学生理解实习任务和要求，优化实习表现。四是引入多种考核方式，比如实习报告、实习日志、实习成果展示等，从不同的角度对学生的实习表现进行评估。五是突出实践能力的考核，以实际任务完成情况、实习经验的总结和反思为主要考核内容，强调实践能力的提高和职业素养的培养。六是加强评估结果的反馈，及时向学生反馈实习表现，帮助学生发现问题并加以改进，同时也可为教师提供评估结果反馈，帮助教师不断改进实习教学质量。

(五)构建专业实践教学团队

持续开展“走出去、请进来”的校企人才交流活动，统一并优化教师培训体系和课程内容，构建稳定运作、持续产出“双师双能型”师资的校企合作模式。具体包括四个步骤：一是学校和企业建立合作关系。由学校教师和企业专业人员联合构建专业实践教学团队，共同开展实践教学活动。二是学校和企业派出教学团队。学校和企业可以相互派出教学团队，共同参与实践教学活动。学校派出的教学团队可以提供学科知识和教学方法，企业派出的教学团队可以提供企业实践经验和实践技能。三是学校和企业共同培训。学校和企业可以共同开展培训活动，提高专业实践教学团队的能力和素质。四是加强团队协作。学校和企业的教学团队应注重协作，加强沟通和交流，共同推动实践教学活动顺利进行。

参考文献

白文林，尹荣焕，姜午旗，等，2013. 动物科学专业实践教学环节教学效果的调查分析与改革思路[J]. 畜牧与饲料科学，34(4)：35-37，53.

管艳梅，孙道胜，李萍，2021. 材料类专业学生对生产实习认知和需求的调查及对策[J]. 淮北师范大学学报(自然科学版)，42(4)：77-82.

贺国文，吴丹，肖谷清，等，2014. 高分子材料与工程专业生产实习问题调查及对策[J]. 中国校外教育(S3)：433-434.

胡亦杰，2022. 开放教育土木工程线上线下混合实践教学模式构建——以“生产实习”课程为例[J]. 宁波开放大学学报，20(3)：54-57.

黄斌，周杨，刘春柱，等，2017. 研究型生产实习模式的探索实践[J]. 大学教育(7)：153-154.

刘志，王宗乾，谢艳霞，等，2021. 实践课程线上线下混合教学模式改革探讨[J]. 吉林工程技术师范学院学报，37(10)：44-47.

潘红波，闫军，沈晓辉，等，2017. 国内外工科生产实习现状分析及对策探讨[J]. 安徽工业大学学报(社会科学版)，34(2)：83-85.

孙丰龙，赵中伟，陈爱良，等，2023. 冶金工程专业生产实习教学信息化管理[J]. 中国冶金教育(1)：48-50，53.

汪冰峰，2018. 理工科大学生生产实习实践探索[J]. 创新与创业教育，9(4)：100-103.

吴立波，2015. 强化生产实习指导教师队伍建设，夯实内涵发展基础[J]. 职业(12)：57-59.

吴心平，张博强，李武杰，2023. 新工科背景下车辆工程生产实习体系建设与实践[J]. 高教学刊，9(6)：109-112.

夏志新，李昀臻，王晓南，等，2017. 工科大学生生产实习的个性化与实时化探索[J]. 教育教学论坛(11)：183-184.

肖霄，李健飞，朱云云，2009. 对生物技术与应用专业生产实习调查与反思[J]. 石家庄学院学报，11(3)：119-122.

曾晓云，李志强，2020. 在生产实习中加强对大学生的工程素质培养研究[J]. 当代教育实践与教学研究(14)：155-156.

张凤，吴瑶，付娇娇，2019. 情绪对工科生产实习效果影响的实证研究[J]. 北京航空航天大学学报(社会科学版)，32(2)：153-157.

张航伟，祁广利，陈婵娟，2013. 机械类专业学生生产实习质量评价结果分析[J]. 新西部(理论版)(19)：156-157.

赵林琳，陈宝江，朱焕芝，2013. 高校工科类专业实践教学存在问题的调查与分析[J]. 高等建筑教育，22(5)：120-124.

赵鑫，刘玉，孔凡功，等，2020. 大学生混合实习的重要性及其与就业发展关系研究[J]. 科教文汇(下旬刊)(27)：15-17.

郑彬，张玉红，2018. 大学生实习安全管理模式研究[J]. 安全，39(2)：40-42，45.

周志鹏，石从继，2018. 机电类大学生生产实习教学模式的改革研究[J]. 当代教育实践与教学研究(7)：133-134.

AGAPIOU A, 2006. The use and evaluation of a simulation game to teach professional practice skills to undergraduate architecture students[J]. Journal for Education in the Built Environment, 1(2):3-14.

ARMAREGO J, 2007. Beyond PBL: Preparing Graduates for Professional Practice[C]. Conference on Software Engineering Education & Training. IEEE.

BUTKUS M A, KELLEY M B, 2004. Approach for integrating professional practice issues into undergraduate environmental engineering design projects[J]. Journal of professional issues in engineering education and practice, 130(3):166-172.

CLEARY D B, SUN C C, 2003. Course in professional practice issues[J]. Philippine Architecture Engineering & Construction Record(12):10-15.

DALGARNO B, KENNEDY G, MERRITT A, 2014. Connecting student learning at university with professional practice using rich media in practice-based curricula[M]. New York: Springer.

GONCALVES B D A R, DA COSTA M V A, JOSEPH B, et al, 2020. Developing professional and entrepreneurship skills of engineering students through problem-based learning: A case study in Brazil[J]. The International Journal of Engineering Education, 36(1):155-169.

MAGNELL M, GESCHWIND L, 2019. A seamless blend of research and professional practice: Dual coupling in engineering education[J]. Higher Education Research and Development, 38(1):1-12.

MUTALIB A A, BAHAROM S, RAZALI S F M, et al, 2013. Development of professional competencies in the CSED curriculum at UKM[J]. Procedia - Social and Behavioral Sciences, 102(11):74-79.

PISELLI A, DASTOLI C, SANTI R, et al, 2018. Design tools in materials teaching: Bridging the gap between theoretical knowledge and professional practice[C]. London: Proceedings of the 20th International Conference on Engineering and Product Design Education.

FERNANDES S R G, 2014. Preparing graduates for professional practice: Findings from a case study of Project-based Learning (PBL)[J]. Procedia - Social and Behavioral Sciences, 139(8): 219-226.

附　录

2018—2022 年劳动与职业素养类图书清单

(一)2018 年

北京课工场教育科技有限公司编,《素养——职业导向训练》,电子工业出版社,2018.

陈洪生主编,《就业指导与职业素养提升》,南京大学出版社,2018.

陈慧枫主编,《女大学生职业素养培育》,吉林文史出版社,2018.

陈启琛主编,《国际商务职业素养基础》,对外经济贸易大学出版社,2018.

崔璨主编,《幼儿教师职业道德与素养》,国家开放大学出版社,2018.

单朝辉著,《邮轮乘务员职业道德与素养》,大连海事大学高文杰等主编,《工匠精神与职业素养》,吉林大学出版社,2018.

郭世德主编,《思想政治教育与职业素养》,经济日报出版社,2018.

郝志阔主编,《烹饪专业职业素养与职业生涯规划》,中国质检出版社和中国标准出版社,2018.

贾妮燕著,《财经类大学生职业素养培养研究》,中国商务出版社,2018.

李纯青主编,《职业素养开发与训练》,清华大学出版社,2018.

李德建主编,《商务礼仪与职业素养》,中国财政经济出版社,2018.

李钧主编,《医学生职业素养教育》,高等教育出版社,2018.

李丽霞主编,《大学生职业素养提升》,湖南师范大学出版社,2018.

李世涛主编,《IT 职业素养》,华中科技大学出版社,2018.

李颖主编,《职业素养》,天津科学技术出版社,2018.

梁燕清主编,《中职生职业素养训练》,北京师范大学出版社,2018.

刘天悦主编,《中职生职业素养读本》,中国人民大学出版社,2018.

彭新宇主编,《职业素养的诊断与提高》,电子工业出版社,2018.

彭月嫦主编,《国际商务职业素养能力训练》,对外经济贸易大学出版社,2018.

蒲世民主编,《中职生职业素养》,华中科技大学出版社,2018.

商旭主编,《职业素养与法规》,天津人民出版社,2018.

石邦宏主编,《职业素养》,金城出版社,2018.

史耀忠著,《职业素养教育的探索与实践》,北京理工大学出版社,2018.

宋贤钧主编,《大学生职业素养训练》,高等教育出版社,2018.

宋洋主编,《中学教师职业素养培育》,团结出版社,2018.

孙淑卿主编,《大学生职业素养》,天津科学技术出版社,2018.

孙兆化著,《中职生隐性职业素养培养研究》,吉林文史出版社,2018.

孙志春主编,《服饰文化与职业素养》,北京理工大学出版社,2018.

孙志春主编,《汽车文化与职业素养》,北京理工大学出版社,2018.

孙志春主编,《装备制造业文化与职业素养》,北京理工大学出版社,2018.

孙志春著,《建筑文化与职业素养》,北京理工大学出版社,2018.

汤锐华主编,《大学生职业规划与发展——职业规划与职业素养》,高等教育出版社,2018.

田星著,《体育教师专业化与职业素养研究》,东北师范大学出版社,2018.

王德义著,《军官职业素养研究》,人民日报出版社,2018.

王蕾主编,《职校生核心职业素养训练》,武汉出版社,2018.

王丽娇主编,《就业导向背景下高职学生职业素养培养研究》,台海出版社,2018.

王玥著,《高校大学生职业道德素养构成及其协同开发途径研究》,吉林文史出版社,2018.

吴吉明主编,《现代职业素养》,北京理工大学出版社,2018.

吴佳南主编,《建筑类专业员工职业素养读本》,科学出版社,2018.

武新杰主编,《职业素养》,中国言实出版社,2018.

徐新玉主编,《城市轨道交通员工职业素养》,人民交通出版社,2018.

张嘉良主编,《律师必备的七项职业素养》,北京大学出版社,2018.

张静著,《政法高职学生职业素养培育研究》,中国财富出版社,2018.

张立平主编,《大学生职业素养提升》,中国海洋大学出版社,2018.

张鹏主编,《职业教育师资素养标准》,社会科学文献出版社,2018.

张新敏主编,《职业素养》,中国原子能出版社,2018.

张云霞主编,《职业素养实践教育》,中国人民大学出版社,2018.

周传运主编,《IT 企业文化与职业素养》,北京理工大学出版社,2018.

周金龚主编,《技工院校学生职业素养教育读本——创新创业篇》,浙江科学技术出版社,2018.

朱静主编,《职业素养》,哈尔滨工程大学出版社,2018.

(二)2019 年

艾建勇主编,《职业道德与职业素养》,重庆大学出版社,2019.

艾治琼主编,《职业素养英语》,中国人民大学出版社,2019.

白旭琴主编,《职业素养》,科学出版社,2019.

封智勇主编,《员工职业素养》,中国劳动社会保障出版社,2019.

高伯任主编,《组织学习·信息素养·创造力》,华中科技大学出版社,2019.

韩艳主编,《幼儿教师职业素养与礼仪》,中国传媒大学出版社,2019.

何占周主编,《职业素养教育教程》,河南大学出版社,2019.

李越主编,《职业素养课程标准》,金城出版社,2019.

梁贝妮著,《高职学生职业素养培养研究》,吉林大学出版社,2019.

刘爱国主编,《化工专业学生职业素养》,化学工业出版社,2019.

刘春梅主编,《大学语文教学与职业素养培养》,吉林摄影出版社,2019.

刘益民主编,《职校学生必备素养》,湖南科学技术出版社,2019.

刘峥主编,《高速铁路乘务职业形象与职业素养提升训练》,中国铁道出版社,2019.

隆玲主编,《旅游职业素养》,上海交通大学出版社,2019.

缪劲翔主编,《新时代高校辅导员职业素养》,首都师范大学出版社,2019.

人力资源社会保障部教材办公室编,《职业素养》,中国劳动社会保障出版社,2019.

任庆凤主编,《职业素养与就业指导》,机械工业出版社,2019.

沈阳市汽车工程学校编,《电梯专业技术人员职业素养》,中国铁道出版社,2019.

苏梓梁主编,《大学生职业素养与职业生涯发展》,湖南师范大学出版社,2019.

孙学鹏主编,《高等职业院校师生信息化素养提升》,延边大学出版社,2019.

唐妍霞主编,《工匠精神与职业素养读本》,中国农业出版社,2019.

天津滨海迅腾科技集团有限公司编,《职业素养与能力养成教程》,南开大学出版社,2019.

王红云主编,《财务管理法规及职业素养》,高等教育出版社,2019.

王琳主编,《劳动教育与职业素养》,外语教学与研究出版社,2019.

王娜著,《高中语文教师职业道德与职业素养研究》,华东理工大学出版社,2019.

王天云著,《思想政治教育融入大学生职业素养培育研究》,中国商务出版社,2019.

王新庆主编,《职业素养教程》,清华大学出版社,2019.

王玉明主编,《职业素养》,中国劳动社会保障出版社,2019.

王祖辉著,《职业教育"学生核心素养培养"创新教程教师指导用书》,中国地质大学出版社,2019.

奚进主编,《铁路员工职业素养》,人民交通出版社,2019.

徐丽主编,《大学生职业素养与能力》,东北林业大学出版社,2019.

徐茂,郑真,薛尚兵著,《高校应用型人才职业素养的建构与培养》,吉林文史出版社,2019.

徐祥华主编,《综合职业素养教程》,中国劳动社会保障出版社,2019.

许琼林主编,《职业素养修炼手册》,中国三峡出版社,2019.

杨红玲主编,《职业素养提升与训练》,大连理工大学出版社,2019.

叶碧琼主编,《国际商务职业素养知识读本》,对外经济贸易大学出版社,2019.

郁士宽著,《高校美学教育与专业人才职业素养提升》,东北师范大学出版社,2019.

炅道鹏主编,《高职生职业素养》,山东人民出版社,2019.

周黎华著,《高职学生核心职业素养培养实践》,北京交通大学出版社,2019.

朱静著,《立足职业素养,创新英语课堂教学》,现代出版社,2019.

(三)2020年

曹丽娟主编,《大学生职业素养研究》,中国书籍出版社,2020.

陈守森主编,《IT 职业素养》,清华大学出版社,2020.

程守艳主编,《职业基本素养》,江西人民出版社,2020.

褚文化主编,《心理健康与职业素养》,苏州大学出版社,2020.

范萍主编,《职业素养教育》,辽宁教育出版社,2020.

付加术等主编,《工匠精神与职业素养》,中国农业科学技术出版社,2020.

顾春玲主编,《职业素养与实务》,云南科技出版社,2020.

郭少卿著,《新时代高职学生职业素养教育与就业能力培养研究》,哈尔滨出版社,2020.

华萍著,《LAS 项目课程:发展现代幼儿劳动素养的园本实践探索》,江苏人民出版社,2020

黄爱春主编,《工匠精神与职业素养读本》,中国商务出版社,2020.

黄虎主编,《职业素养》,中译出版社,2020.

季凌斌著,《AI 伦理与职业素养》,中国铁道出版社,2020.

孔德兰主编,《会计职业素养》,中国人民大学出版社,2020.

李福树,姜树秀,张洪涛主编,《劳动素养》,上海交通大学出版社,2020.

李鹤主编,《大学生职业素养提升与职业生涯规划》,中国原子能出版社,2020.

李虎主编,《职业院校学生发展核心素养读本——学贯古今》,江苏凤凰教育出版社,2020.

李华宾主编,《通用职业素养指导与训练》,中国人民大学出版社,2020.

李艳主编,《旅游类高职大学生职业素养教育与实践》,南京大学出版社,2020.

李增艳主编,《中职思想政治教育与职业素养研究》,北京工业大学出版社,2020.

廉蔺主编,《工匠精神与职业素养》,中国农业科学技术出版社,2020.

林业强主编,《职业素养》,广东教育出版社,2020.

刘洪剑主编,《旅游职业素养与职业生涯规划》,高等教育出版社,2020.

刘辉主编,《职业素养训练》,机械工业出版社,2020.

刘兰明主编,《职业基本素养》,高等教育出版社,2020.

刘兰明主编,《职业素养》,电子工业出版社,2020.

吕庆华主编,《职业素养读本》,中国商务出版社,2020.

孟宪生等著,《高校思想政治理论课教师职业素养研究》,东北师范大学出版社,2020.

皮莉丽主编,《面试英语与职业素养教育》,重庆大学出版社,2020.

桑雷著,《高职学生职业核心素养及其培养研究》,南京大学出版社,2020.

商连生主编,《职业精神与职业素养》,华中科技大学出版社,2020.

邵作昌主编,《儒商文化与职业素养》,北京理工大学出版社,2020.

石春金主编,《学生职业素养》,辽宁大学出版社,2020.

史进主编,《劳动教育与职业素养》,福建教育出版社,2020.

苏云波著,《工匠精神引领下的高职大学生职业素养的培育研究》,天津科学技术出版社,2020.

田兆清主编,《中职生职业素养》,电子科技大学出版社,2020.

王官成主编,《劳动教育和职业素养训练》,中国人民大学出版社,2020.

王志军主编,《保险人才职业素养培育》,立信会计出版社,2020.

韦美萍主编,《中职生职业素养教育》,中国人民大学出版社,2020.

巫云著,《职业素养课程体系与实践》,电子工业出版社,2020.

吴学敏主编,《职业素养》,南京大学出版社,2020.

奚小龙主编,《职业素养提升》,中国言实出版社,2020.

阎惠丽主编,《新时代高职学生劳动素养教育》,电子科技大学出版社,2020.

颜仕尧主编,《当代大学生职业素养培育的研究》,延边大学出版社,2020.

杨娟主编,《职业人文素养训练》,南京大学出版社,2020.

余继军著,《大学生职业素养提升研究》,北京航空航天大学出版社,2020.

余彦蓉主编,《营销职业认知与素养训练》,中国水利水电出版社,2020.

袁敏主编,《大学生职业生涯规划——职业素养与能力篇》,北京理工大学出版社,2020.

张建英主编,《大学生职业素养》,高等教育出版社,2020.

赵承雄主编,《劳动素养导论》,哈尔滨出版社,2020.

朱慧群主编,《职业素养实践活动教程》,中国铁道出版社,2020.

朱建忠主编,《新时代技工院校学生职业素养教育》,江苏大学出版社,2020.

朱昱彦主编,《弘扬工匠精神 提升职业素养》,电子科技大学出版社,2020.

(四)2021 年

陈培军主编,《大学生劳动素养与技能提升教程》,中国石油大学出版社,2021.

陈斯毅主编,《职业素养》,北京师范大学出版社,2021.

程淮中主编,《财经职业素养》,经济科学出版,2021.

傅济锋主编,《职业素养提升》,苏州大学出版社,2021.

龚诚主编,《职业化素养》,上海科学普及出版社,2021.

管小青主编,《职业素养入门与提升》,电子工业出版社,2021.

郭福琴主编,《大学生职业素养》,上海交通大学出版社,2021.

韩刚主编,《劳动教育和职业素养训练》,黑龙江大学出版社,2021.

韩刚主编,《劳动教育和职业素养训练》,黑龙江大学出版社,2021.

胡阳秀,潘淳著,《现代高校学生核心职业素养教育研究》,吉林文史出版社,2021.

江红霞著,《职业核心素养与美育》,电子工业出版社,2021.

兰琳主编,《职业素养提升》,江苏大学出版社,2021.

李冬娜主编,《中职生职业素养提升学习读本》,华南理工大学出版社,2021.

李皎主编,《中职生职业核心素养提升》,电子科技大学出版社,2021.

李京辉主编,《职业素养教程》,天津科学技术出版社,2021.

李兴洲主编,《职业核心素养教程》,北京师范大学出版社,2021.

廖建钢主编,《职业素养教程》,广东教育出版社,2021.

刘辉主编,《铁路职业意识与素养》,北京交通大学出版社,2021.

刘兰明主编,《职业素养》,江苏凤凰教育出版社,2021.

刘毅主编,《职业核心素养良好习惯的养成与训练》,中国地质大学出版社,2021.

聂凤主编,《美发师职业素养及健康安全规范》,中国劳动社会保障出版社,2021.

蒲伟主编,《新时代职业人素养》,天津人民出版社,2021.

冉三主编,《保育员职业素养》,江西高校出版社,2021.

石颖主编,《大学生职业素养与就业指导》,中南大学出版社,2021.

宋贤钧主编,《大学生职业素养训练》,高等教育出版社,2021.

孙青主编,《保育员职业素养》,高等教育出版社,2021.

孙翔主编,《大学生就业指导与职业素养》,同济大学出版社,2021.

泰伟主编,《职业院校学生核心能力与素养》,陕西人民出版社,2021.

汤哲主编,《职业核心素养良好习惯的养成与训练》,中国地质大学出版社,2021.

唐春霞主编,《职业素养习养教程》,高等教育出版社,2021.

王慧主编,《铁路职业道德与职业素养》,西南交通大学出版社,2021.

王林主编,《高职职业素养教程》,中国石油大学出版社,2021.

王敏主编,《高职学生职业核心素养培养体系研究》,武汉大学出版社,2021.

王真文主编,《ICT 职业素养训练——基础篇》,电子工业出版社,2021.

王真文主编,《ICT 职业素养训练——心态篇》,电子工业出版社,2021.

文峥嵘主编,《大学生基本职业素养》,北京师范大学出版社,2021.

谢雅宁著,《国有企业思想政治教育与员工职业素养研究》,延边大学出版社,2021.

许大春主编,《中职生职业素养提升教程》,西南财经大学出版社,2021.

许福生主编,《职业素养与就业创业指导》,上海教育出版社,2021.

许琼林主编,《职业素养》,清华大学出版社,2021.

薛靖主编,《就业指导与职业素养》,四川大学出版社,2021.

严月娟主编,《信息化时代教师职业素养》,华中科技大学出版社,2021.

杨珂主编,《大学生的职业素养与就业竞争力》,光明日报出版社,2021.

杨旭丽著,《轨道交通职业意识与职业素养》,哈尔滨工业大学出版社,2021.

张端端主编,《大学生职业人文素养》,教育科学出版社,2021.

张健主编,《新时代大学生劳动教育与职业素养》,北京理工大学出版社,2021.

张健土编,《新时代大学生劳动教育与职业素养教程》,北京理工人学出版社,2021.

张淑英主编,《商务礼仪与职业素养》,浙江大学出版社,2021.

张元主编,《劳动教育和职业素养》,机械工业出版社,2021.

张云生主编,《大学生职业素养指导》,北京交通大学出版社,2021.

周蒋浒主编,《烹饪职业素养与生涯规划》,上海交通大学出版社,2021.

周黎华著,《高职学生核心职业素养培养实践》,北京交通大学出版社,2021.

周士锋主编,《职业素养训练与提升教程》,上海交通大学出版社,2021.

周颖著,《职业素养及其教育的探索与实践》,哈尔滨出版社,2021.

朱艳军著,《大学生职业素养提升研究》,中国纺织出版社,2021.

朱印华主编,《中职生核心素养教育》,中国人民大学出版社,2021.

(五)2022 年

曹琳琳主编,《IT 职业素养》,华中科技大学出版社,2022.

陈承欢主编,《职业素养诊断与提高》,电子工业出版社,2022.

陈珂著,《现代小学英语教师素养与职业技能培养研究》,吉林人民出版社,2022.

陈秀清主编,《通用职业素养》,中南大学出版社,2022.

陈毅君主编,《医生职业道德与职业素养》,西南交通大学出版社,2022.

陈治果主编,《烹饪职业道德与素养》,中国轻工业出版社,2022.

程素琴著,《记者职业素养与实践路径探索研究》,中国传媒大学出版社,2022.

单朝辉主编,《邮轮乘务员职业道德与素养》,大连海事大学出版社,2022.

杜喜亮主编,《职业道德与职业素养》,中国劳动社会保障出版社,2022.

方文利主编,《大学生职业规划与就业指导素养》,航空工业出版社,2022.

管河梁主编,《企业文化与职业素养》,上海交通大学出版社,2022.

郭艳芳主编,《旅游专业职业素养》,广西师范大学出版社,2022.

胡泽民主编,《工程师职业素养》,西安电子科技大学出版社,2022.

黄秀峰著,《人文教育与职业素养实践研究》,广西科学技术出版社,2022.

黄岳山主编,《职业文化素养教程》,团结出版社,2022.

纪曼然著,《当代幼儿园教师的职业素养与专业发展途径研究》,吉林出版集团股份有限公司,2022.

季勇,马俊,韩峰,徐华娥著,《新时代高校药学专业大学生劳动素养提升》,南京大学出版社,2022.

孔萍主编,《职业素养——素养篇》,同济大学出版社,2022.

李纯青主编,《职业素养开发与训练》,清华大学出版社,2022.

李德建主编,《商务礼仪与职业素养》,中国财政经济出版社,2022.

李崑主编,《新闻传播专业职业认知与素养》,重庆大学出版社,2022.

刘海芳著,《法学职业能力素养提升研究》,中国原子能出版社,2022.

刘艳琼著,《大数据时代的企业员工职业素养研究》,吉林文史出版社,2022.

刘益民主编,《职业素养》,重庆大学出版社,2022.

刘英武主编,《大学生劳动素养教育》,湖南大学出版社,2022.

陆水东主编,《保育员职业素养》,湖南师范大学出版社,2022.

罗燕主编,《工匠素养与劳动教育实践教程》,江西高校出版社,2022.

孟佳莹著,《当代英语教学发展与教师职业素养培养的研究》,北京工业大学出版社,2022.

穆瑞杰主编,《大学生就业指导与职业素养》,中国传媒大学出版社,2022.

潘奕羽著,《现代高校辅导员职业能力与素养培育研究》,经济日报出版社,2022.

彭毓梅主编,《中职生职业素养能力训练——上、下册》,高等教育出版社,2022.

佘瑞龙主编,《职业规划与素养实务》,上海交通大学出版社,2022.

石先彬著,《体育健康与职业素养》,人民邮电出版社,2022.

宋绪昆主编,《中职生职业素养》,吉林大学出版社,2022.

孙新著,《中国劳动者职业健康素养》,人民卫生出版社,2022.

唐冰主编,《职业素养教育》,湘潭大学出版社,2022.

王敬良主编,《劳动素养》,中国人民大学出版社,2022.

王盼盼主编,《英语教学与教师职业素养研究》,吉林大学出版社,2022.

王真文主编,《ICT 职业素养训练——职场篇》,大连理工大学出版社,2022.

吴伟生主编,《大学生职业素养》,北京理工大学出版社,2022.

伍香平主编,《保育员职业素养》,安徽人民出版社,2022.

肖琦著,《当代幼儿教师职业素养及专业发展途径》,吉林出版集团股份有限公司,2022.

谢宪毅著,《商用车文化与从业人员职业素养》,人民交通出版社,2022.

杨丽华主编,《大学生职业素养与就业指导》,南京大学出版社,2022.

杨玲主编,《大学生职业素养教育与提升》,北京工业大学出版社,2022.

余立鹏主编,《职业素养——校园篇》,中国地质大学出版社,2022.

张建亮主编,《弟子规与职业素养》,中国人民大学出版社,2022.

张培主编,《职业素养》,中国劳动社会保障出版社,2022.

张云生主编,《大学生职业素养指导》,北京交通大学出版社,2022.

赵瑜佩著,《电子竞技职业认知与人才素养》,浙江大学出版社,2022.

郑长青主编,《中职生职业素养》,湖南人学出版社,2022.

周海钧著,《大数据伦理与职业素养》,清华大学出版社,2022.

朱佳萍主编,《城市轨道交通专业综合职业素养》,高等教育出版社,2022.

2023年中国大学生劳动素养状况调查团队名单

(一)中国劳动和数据调查中心调查团队

华北地区(负责人:石　晶　中国劳动关系学院)

1. 北京市劳动素养调查团队

团队负责人:郭慧馨　北京联合大学

院校负责人:孙辰晨　中国地质大学(北京)

2. 天津市劳动素养调查团队

团队负责人:石　磊　天津工业大学

院校负责人:郭　研　天津音乐学院

郭鹏飞　天津音乐学院

王晓丽　天津理工大学

3. 河北省劳动素养调查团队

团队负责人:鲁明星　防灾科技学院

4. 山西省劳动素养调查团队

团队负责人:张秋慧　太原科技大学

院校负责人:景　钊　山西警察职业学院

5. 内蒙古自治区劳动素养调查团队

团队负责人:郑贵民　包头轻工职业技术学院

院校负责人:李智军　鄂尔多斯应用技术学院

马洪玲　内蒙古化工职业学院

东北地区(负责人:任国友　中国劳动关系学院)

6. 辽宁省劳动素养调查团队

团队负责人:张　展　沈阳化工大学

院校负责人:孙晓静　沈阳化工大学

7. 吉林省劳动素养调查团队

团队负责人:邵彦敏　吉林大学

院校负责人:纪　明　吉林大学

王晓光　长春科技学院

武　磊　长春科技学院

8. 黑龙江省劳动素养调查团队
团队负责人:杨盛奎　东北石油大学
院校负责人:颜玲玉　东北石油大学
　　　　　　王亚飞　黑龙江省科技大学

华东地区(负责人:窦培谦　中国劳动关系学院)

9. 上海市劳动素养调查团队
团队负责人:张小懿　上海应用技术大学

10. 江苏省劳动素养调查团队
团队负责人:吴银芳　江苏护理职业学院
院校负责人:王新颖　常州大学

11. 浙江省劳动素养调查团队
团队负责人:刘俊汲　杭州医学院
院校负责人:孙　斌　浙江警官职业学院
　　　　　　艾兵有　浙江安防职业技术学院
　　　　　　张于祥　浙江安防职业技术学院

12. 安徽省劳动素养调查团队
团队负责人:束舒娅　安徽艺术学院

13. 福建省劳动素养调查团队
团队负责人:刘朝晖　福州大学

14. 江西省劳动素养调查团队
团队负责人:张仲芳　江西财经大学

15. 山东省劳动素养调查团队
团队负责人:孙　娟　山东管理学院
院校负责人:田欣玉　山东管理学院

华中地区(负责人:余志红　中国劳动关系学院)

16. 河南省劳动素养调查团队
团队负责人:闫俊豪　河南理工大学
院校负责人:王　昊　河南理工大学
　　　　　　陈　峰　河南职业技术学院
　　　　　　侯书进　南阳师范学院
　　　　　　侯银海　河南商丘技师学院
　　　　　　吕晔林　河南职业技术学院

17. 湖北省劳动素养调查团队
团队负责人:卓　越　中国地质大学(武汉)
院校负责人:王　社　武汉城市职业学院

18. 湖南省劳动素养调查团队

团队负责人:江晓军　湘潭大学

华南地区(负责人:杨鑫刚　中国劳动关系学院)

19. 广东省劳动素养调查团队

团队负责人:罗　欣　广东金融学院

院校负责人:唐晓嗣　广东华南职业学院

20. 广西壮族自治区劳动素养调查团队

团队负责人:李天军　广西工业职业技术学院

院校负责人:何峥嵘　广西警察学院

21. 海南省劳动素养调查团队

团队负责人:李　鹏　海南大学

西南地区(负责人:胡广霞　中国劳动关系学院)

22. 重庆市劳动素养调查团队

团队负责人:严　怡　西南大学

院校负责人:易云丽　重庆工程学院

23. 四川省劳动素养调查团队

团队负责人:罗　雯　四川师范大学

院校负责人:冯　建　四川轻化工大学

24. 贵州省劳动素养调查团队

团队负责人:欧秀松　贵州师范大学

院校负责人:徐雪莎　贵州工程应用技术学院

25. 云南省劳动素养调查团队

团队负责人:高　娟　昆明学院

26. 西藏自治区劳动素养调查团队

团队负责人:周　鹏　西藏大学

西北地区(负责人:王永柱　中国劳动关系学院)

27. 陕西省劳动素养调查团队

团队负责人:丁芝娟　长安大学

院校负责人:王　飞　长安大学

王　东　长安大学

马　蜜　西安交通工程学院

28. 甘肃省劳动素养调查团队

团队负责人:陈　刚　兰州财经大学

29. 青海省劳动素养调查团队

团队负责人:陈　旭　青海大学

院校负责人:李小安　青海大学
30. 宁夏回族自治区劳动素养调查团队
团队负责人:崔明堂　宁夏大学
院校负责人:阿力木江　宁夏大学
31. 新疆维吾尔自治区劳动素养调查团队
团队负责人:李　军　新疆大学

(二)特邀专题调查团队

1. 大学生职业生涯规划与就业能力状况专题调查团队
钱雪骏　中国劳动关系学院
2. 大学生志愿服务与公益劳动状况专题调查团队
罗　广　中国劳动关系学院
高健强　中国劳动关系学院
王奕萱　中国劳动关系学院
3. 大学生生产实习状况专题调查团队
孙　娟　山东管理学院
田欣玉　山东管理学院
4. 大学生劳动精神状况专题调查团队
史梓萌　中国劳动关系学院
5. 大学生家务劳动状况专题调查团队
吴荣鑫　中国劳动关系学院
高志鹏　中国劳动关系学院